Amt, Ordination, Episkopé
und theologische Ausbildung

Ministry, ordination, episkopé
and theological education

T0126734

Leuenberger Texte / Leuenberg Documents
Nr. 13

Im Auftrag des Rates der
Gemeinschaft Evangelischer Kirchen in Europa

Mandated by the Council of the
Community of Protestant Churches in Europe

Herausgegeben von / edited by Michael Bünker

Amt, Ordination, Episkopé und theologische Ausbildung

Ministry, ordination, episkopé and theological education

Herausgegeben von / Edited by
Michael Bünker und Martin Friedrich

EVANGELISCHE VERLAGSANSTALT
Leipzig

Bibliographische Information der Deutschen Nationalbibliothek
Die Deutsche Nationalbibliothek verzeichnet diese
Publikation in der Deutschen Nationalbibliographie;
detaillierte bibliographische Daten sind im Internet
über http://dnb.dnb.de abrufbar.

© 2013 by Evangelische Verlagsanstalt GmbH · Leipzig
Printed in Germany · H 7627

Das Buch wurde auf alterungsbeständigem Papier gedruckt.

Cover: Kai-Michael Gustmann, Leipzig
Innenlayout und Satz: Steffi Glauche, Leipzig
Druck und Binden: Hubert & Co., Göttingen

ISBN 978-3-374-03158-0
www.eva-leipzig.de

Inhalt/Content

Geleitwort der Herausgeber

Die 7. Vollversammlung der Gemeinschaft Evangelischer Kirchen in Europa (GEKE) in Florenz (20.–26. 9. 2012) verabschiedete neben anderen Texten auch zwei Lehrgesprächsergebnisse. Das Dokument »Schrift, Bekenntnis und Kirche« wird in Kürze als Leuenberger Text 14 erscheinen. Das andere Lehrgesprächsergebnis mit dem Titel »Amt, Ordination, Episkopé« wird in diesem Band dokumentiert, zusammen mit einer thematisch verwandten Studie zum Thema der theologischen Ausbildung.

Die Problematik von »Amt und Ordination« war bereits in der Leuenberger Konkordie (LK 39) beispielhaft als eine der Fragen genannt, über die in den verschiedenen protestantischen Konfessionen unterschiedlich gelehrt wird, ohne dass diese Unterschiede kirchentrennend wären. Da die gegenseitige Anerkennung der Ordinationen zudem eins der zentralen Elemente der Kirchengemeinschaft nach Leuenberger Verständnis war und ist, wurden Amtsverständnis und Amtspraxis immer wieder behandelt. Schon 1976 wurde ein Lehrgespräch »Amt – Ämter – Dienste – Ordination« in Auftrag gegeben, das sich längere Zeit hinzog.[1] Zwei Thesenreihen, die »Neuendettelsau-Thesen« und die Tampere-Thesen, wurden von der Vollversammlung 1987 entgegengenommen, brachten aber, ebenso wie das Kapitel über das Amt in der Studie »Die Kirche Jesu Christi« von 1994, noch keine völlige Übereinstimmung.[2] So gab es für die 6. Vollversammlung im Jahr 2006 zwei gute Gründe, das Thema

---

[1] Eine ausführliche Darstellung mit unveröffentlichtem Material bei HANS CHRISTIAN KNUTH: Gottes Wort und Wirklichkeit. Zwölf Jahre Leuenberger. Lehrgespräche über »das Amt heute«. In: Gerhard Besier, Eduard Lohse (Hg.): *Glaube – Bekenntnis – Kirchenrecht. Festschrift für Vizepräsident i. R. D. theol. Hans Philipp Meyer zum 70. Geburtstag.* Hannover 1989, 248–268.

[2] Über die Dokumente und ihren Ertrag vgl. die Einleitung des vorliegenden Dokuments, Nr. 6–12.

erneut auf die Tagesordnung zu setzen. Zum einen sollte der bestehende Grundkonsens vertieft, weiter entfaltet und für das ökumenische Gespräch mit anderen Konfessionen fruchtbar gemacht werden. Das betraf vor allem die Frage der *Episkopé*, die in der ökumenischen Diskussion in den letzten Jahrzehnten immer wichtiger geworden, in der GEKE bisher aber nur am Rande thematisiert worden war. Zum anderen galt es, wie gerade die Budapester Vollversammlung besonders hervorgehoben hatte, die Gemeinschaft unter den Kirchen der GEKE weiter zu stärken. Ein wichtiges Element hierzu kann der gegenseitige Austausch der Amtsträgerinnen und Amtsträger sein, der durch die gegenseitige Anerkennung der Ordinationen eigentlich nahegelegt ist, dessen Verwirklichung aber von verschiedenen Hindernissen beschränkt wird. Hierzu gehören die Unterschiede bei den Amtsstrukturen sowie bei den Regelungen über Ordination und andere Formen der Beauftragung, und so musste besonders über diese Fragen gearbeitet werden.

Weil auch die unterschiedlichen Bildungsgänge und -abschlüsse dem Wechsel von Ordinierten in den Pfarrdienst anderer Kirchen oft im Wege stehen, wurde 2006 ebenfalls eine Studie zur theologischen Ausbildung in Auftrag gegeben. Das Ergebnis wurde von der Vollversammlung 2012 als »wegweisende[r] Beitrag zu einem gemeinsamen Verständnis von guter theologischer Ausbildung« gewürdigt und den Mitgliedskirchen zur Berücksichtigung empfohlen. Auch eine Weiterarbeit ist vorgesehen, damit die Kooperation der Kirchen in Aus- und Fortbildung gefördert wird.

Die beiden in diesem Band veröffentlichten Texte sind also in ihrer Zielsetzung, ihrer Thematik und auch ihrem Vorgehen eng verwandt. Beide arbeiten heraus, dass sich die unterschiedlichen Ausprägungen im Verständnis von Amt, Ordination und Episkope und auch die verschiedenen Schwerpunktsetzungen bei der theologischen Ausbildung letztlich doch auf ein gemeinsames Grundverständnis zurückführen lassen. Beide plädieren in einigen Fällen für eine stärkere Angleichung der Praxis. Weil aber die Leuenberger Konkordie nicht auf eine »Vereinheitlichung, die die lebendige Vielfalt der Verkündigungsweisen, des gottesdienstlichen Lebens, der kirchlichen Ordnung und der diakonischen wie gesellschaftlichen Tätigkeit beeinträchtigt« (LK 45) zielt, tun sie dies nur höchst behutsam. Da die Einheit der Kirchen nach evangelischem Verständnis nur als eine Einheit in versöhnter Verschiedenheit realisiert werden kann, wird man auch keine allzu schnelle Verwirklichung der mannigfaltigen Anregungen aus beiden Texten erwarten können. Jede einzelne Kirche wird – teilweise im Gespräch mit Partnerkirchen – für sich prüfen und entscheiden müssen, was sie verwirklicht. An gutem Willen, innerhalb der GEKE enger zusammenzurücken, fehlt es jedenfalls nicht.

Über den Aufbau und die wichtigsten Ergebnisse der beiden Dokumente geben die jeweiligen Einleitungen und Zusammenfassungen Auskunft. Das methodische Vorgehen war unterschiedlich. Beim Lehrgespräch wurde zuerst eine kleine Startgruppe berufen, die einen ersten Textentwurf lieferte. Dieser wurde von einer größeren, repräsentativ zusammengesetzten Lehrgesprächsgruppe in zwei Sitzungen gründlich überarbeitet und von einer Redaktionsgruppe finalisiert. Das Projekt zur Ausbildung wurde 2008 mit einer Konsultation eröffnet, zu der die GEKE in Kooperation mit der Evangelischen Kirche in Deutschland eingeladen hatte. Hier wurden Eckpunkte des Dokuments festgelegt, das dann von einer Redaktionsgruppe erarbeitet wurde. Eine zweite Konsultation im Jahr 2010 diskutierte den Entwurf und gab Hinweise zur Überarbeitung, die wiederum von der Redaktionsgruppe vorgenommen wurde. Beide Dokumente gingen an die Kirchen der GEKE (das zur theologischen Ausbildung auch zur Weiterleitung an deren Ausbildungsstätten und theologische Fakultäten), deren Rückmeldungen von den beiden Redaktionsgruppen in den Text eingearbeitet wurden.

Die 7. Vollversammlung der GEKE diskutierte die Dokumente in mehreren Arbeitsgruppen- und Plenarsitzungen und regte einige wenige textliche Änderungen an, die in den vorliegenden Fassungen beachtet sind. Ferner entschied sie über den Status und die weitere Verwendung der Texte. Die Beschlüsse sind auf den Titelseiten der Dokumente vollständig zitiert.

Hervorzuheben ist, dass das Dokument »Amt – Ordination – Episkopé« nicht in allen Teilen denselben Status erhalten hat. Mit der höchsten Stufe der Anerkennung wurden die Erklärung (Teil II) und die Empfehlungen (Teil III) versehen, während das »Studienmaterial« (Teil IV) nur zur Beachtung empfohlen wurde. Dies ist vor allem dem Charakter dieses Abschnitts geschuldet: Er bietet eine historische Darstellung des Amtsverständnisses und der Amtsstrukturen sowie eine Diskussion einzelner besonders umstrittener Fragen ohne einen Anspruch auf eine abschließende Lösung. Die Erklärung dagegen stellt heraus, was gemeinsam über das Thema des Amts gesagt werden kann. Auf diese Weise will sie nicht nur die innerprotestantische Verständigung fördern, sondern auch Eckpunkte einer gemeinsamen Position gegenüber anderen Konfessionen markieren und mit beidem die Gemeinschaft der Mitgliedskirchen der GEKE vertiefen. In der Hoffnung auf eine fruchtbare Diskussion in Kirche und Theologie wird das Lehrgesprächsergebnis deshalb der Öffentlichkeit übergeben.

Die französischen Übersetzungen der beiden Dokumente sind, wie die meisten anderen Dokumente aus der Arbeit der GEKE, zunächst nur auf unserer Website www.leuenberg.eu abrufbar.

Wien, im Januar 2013

Bischof Dr. Michael Bünker, Generalsekretär
Prof. Dr. Martin Friedrich, Studiensekretär

Editors' Foreword

The 7th General Assembly of the Community of Protestant Churches in Europe (CPCE) in Florence (20th to 26th September 2012) approved along with other texts the results of two doctrinal dialogues. The document »Scripture, Confession, Church« will soon appear as Leuenberg Document 14. The other report, entitled »Ministry – Ordination – Episkopé«, is documented in this volume along with a thematically related study on the subject of theological training.

The problems of »Ministry and Ordination« were already mentioned in the Leuenberg Agreement (LA 39) as one instance of the questions on which doctrinal differences persist in the various protestant confessions without being grounds for division. In addition, since the mutual recognition of ordination was and is one of the central elements in the Leuenberg understanding of church fellowship, the understanding and praxis of ministry have repeatedly been discussed. As early as 1976 a doctrinal dialogue was commissioned on »Office – Offices – Ministries – Ordination« and ran for a considerable time.[1] Two series of theses, the »Neuendettelsau Theses« and the »Tampere Theses«, were received by the General Assembly in 1987, but, like the section on ministry in the study »The Church of Jesus Christ« of 1994, did not yet bring a complete agreement.[2] So there were two good reasons for the General Assembly in the year 2006 to put the subject on the agenda afresh. On the one hand the ex-

---

[1] A full presentation with unpublished material is in HANS CHRISTIAN KNUTH: Gottes Wort und Wirklichkeit. Zwölf Jahre Leuenberger Lehrgespräche über »das Amt heute«. In: Gerhard Besier, Eduard Lohse (eds.): *Glaube – Bekenntnis – Kirchenrecht. Festschrift für Vizepräsident i. R. D. theol. Hans Philipp Meyer zum 70. Geburtstag.* Hannover 1989, 248–268.

[2] On these documents and their fruits cf. the introduction to the present document, No. 6–12.

isting fundamental consensus was to be deepened, further developed and made fruitful for the ecumenical dialogue with other confessions. This especially applied to the question of *episkopé*, which has become increasingly important in the ecumenical discussion in recent decades but has only been marginally thematized in the CPCE. On the other it was intended, as the Budapest General Assembly had just especially emphasized, to strengthen further the fellowship between the churches in CPCE. An important element in this can be the mutual exchange of ministers, which the mutual recognition of ordination actually suggests but whose realization is limited by various obstacles. These include the differences in structures of ministry as well as in regulations for ordination and other forms of commissioning, and so work especially needed to be done on these issues.

As the differing theological training courses and qualifications often also hinder the moving of ordained ministers to the service of other churches, a study of theological training was also commissioned in 2006. The report was judged by the 2012 General Assembly to be »a guiding contribution for a common understanding of a good theological training« and recommended to the member churches for consideration. Further work is also intended in order to advance the cooperation of the churches in training and continuing education.

The two texts published in this volume are thus closely related in their aim, their themes and also in their procedure. Both work out how the various forms of understanding of ministry, ordination and episkopé and also the various emphases regarding theological education nevertheless lead back in the end to a shared basic understanding. Both plead in certain cases for a stronger convergence in praxis. Since, however, the Leuenberg Agreement does not aim for a »union detrimental to the lively diversity of styles of preaching, ways of worship, church order, and diaconal and social action« (LA 45), they do this only very cautiously. Since the unity of the church in protestant understanding can only be realized as a unity in reconciled diversity, we also cannot expect any too rapid implementation of the numerous suggestions from the two texts. Each individual church will need to test and decide for itself – in part in conversation with partner churches – what it puts into practice. At any rate there is no lack of positive desire to draw closer together within CPCE.

The respective introductions and summaries give account of the patterns and main results of the two documents. Their working method was different. For the doctrinal dialogue a small initial group was first called together and delivered an initial draft of the text. This was thoroughly reworked in two sessions by a larger, representatively selected group and finalized by an editorial committee. The project on training was opened in 2008 with a consultation called by CPCE in cooperation with the Evangelical Church in Germany. This established parameters for the document, which was then compiled by an editorial group. A second consultation in 2010 discussed the draft and gave directions for its reworking, which was again undertaken by the editorial group. Both documents went to the CPCE churches (that on theological training also for further distribution to their training centres and theological faculties) and their responses were worked into the text by the two editorial groups.

The 7th General Assembly of CPCE discussed the documents in several working groups and plenary sessions and suggested a few textual changes which are taken into account in the present version. It further decided on the status and future use of the texts. The resolutions are cited in full on the title pages of the documents.

It should be emphasized that the document »Ministry – Ordination – Episkopé« was not given the same status in all its parts. The highest degree of assent was ascribed to the Statement (Part II) and the Recommendations (Part III), while the Resource Material (Part IV) was only commended for consideration. The reason lies above all in the character of this section: It offers an historical sketch of the understanding and structures of ministry as well as a discussion of particular especially controversial questions without claiming a final resolution of them. By contrast the Statement spells out what can be said together on the subject of ministry. It aims in this way not only to advance internal protestant understanding, but also to mark parameters of a shared position towards other confessions, and in both respects to deepen the fellowship of the member churches of CPCE. Thus the doctrinal document is given to the public in the hope of a fruitful discussion in church and theology.

Both texts are first reproduced in the language in which they were composed, then in an (English or German) translation. As with most other documents from the work of CPCE, the French translations of both documents will initially only be accessible on our website, www.leuenberg.eu.

Vienna, January 2013

Dr. Michael Bünker, General Secretary of the Community of Protestant Churches in Europe
Prof. Martin Friedrich, Study Secretary of the Community of Protestant Churches in Europe

Ministry – Ordination – Episkopé

Result of a doctrinal discussion of the Community of Protestant Churches in Europe

Revised Version

Resolutions of the 7th General Assembly of the CPCE, Florence 2012:

1. The General Assembly thanks all persons involved in the 2009 consultations and the drafting group for considering and for compiling the document »Ministry – Ordination - Episkope«.
2. The General Assembly welcomes the broad discussion of the document amongst the member churches and is grateful for the differentiated comments; their evaluation was taken into account in the final version.
3. The General Assembly adopts the statement and the recommendations and commends the accompanying resource material to the churches.
4. The General Assembly invites the churches to consider the statement, and to bring it into their discussions both internally and with other churches and traditions.

Content

1 Introduction

1. The understanding of ministry and ordination, combined with the question of episkopé, is one of the core issues in ecumenical conversations. There is an urgent need for further work on this topic, not only to deepen church fellowship within the Community of Protestant Churches in Europe (CPCE), but also in connection with its dialogues with other churches and confessions, especially with those Lutheran churches which so far have not signed the Leuenberg Agreement, and with the Anglican Communion, the Roman Catholic Church and the Orthodox churches.

1.1 The Challenge

2. As already stated in the *Leuenberg Agreement* (LA) 39, differences in the order of ministries and the understanding and practice of ordination are not »grounds for division« among the member churches. This means that, regarding such issues, diversity in doctrine and order does not destroy the church fellowship among them. Nevertheless, with LA 39 the CPCE churches pledge themselves to study further these issues, especially where they pertain to »the remaining doctrinal differences that persist within and between the participating churches«. This obligation is a part of the churches' shared commitment to »bear their witness and perform their service together, and strive to deepen and strengthen the fellowship they have found together« (LA 35).

3. The document *The Church of Jesus Christ* (CJC) adopted by the Fourth General Assembly of the Leuenberg Church Fellowship (LCF, now CPCE) in 1994, summarized the first round of talks about the question of ministry and ministries in the church. This document recognized that no consensus has yet been reached among the churches of the LCF, but that the Fellowship is »on the way towards consensus« (ch. I.2.5.1.1).

4. Differences in the shaping and ordering of ministries and the understanding and practice of ordination, while not calling church fellowship in word and sacrament into question, may nevertheless turn out to be obstacles for common witness and service. Among other things, differing convictions about the ordination of those who are homosexual and, in few cases, the limiting of ordination only to men have been seen as a burden for the fellowship between churches and within confessional bodies like the Lutheran World Federation and the World Communion of Reformed Churches. This means that, even though uniformity is not being claimed, a further convergence may be helpful for the deepening of church fellowship. This is all the more true, as the »further development of the structural and legal shape« is on the agenda of the CPCE for the sake of »strengthening commitment«.[1] The legitimacy of diversity, but also the limits of diversity need further consideration (see below ch. I.4).

5. In addition to the need for internal clarification, the broader ecumenical context also challenges the Protestant churches of Europe to deal with questions of ministry, ordination and episkopé. On the one hand they ought to articulate jointly the basic convictions which unite them over these issues and to put these convictions forward confidently. On the other hand they ought to work for deepening their consensus especially in cases where unilateral decisions have caused conflict and stress in ecumenical relations. An example of this is the discussion sparked off, both within the EKD and in relation to the Roman Catholic Church, by the Bishops' Conference of the United Evan-

---

[1] Cf. Freedom is binding. Final Report of the 6th General Assembly of CPCE 2006, no. 4.1 (German original in: *Gemeinschaft gestalten – Evangelisches Profil in Europa. Texte der 6. Vollversammlung der Gemeinschaft Evangelischer Kirchen in Europa – Leuenberger Kirchengemeinschaft – in Budapest, 12.–18. September 2006*, ed. W. Hüffmeier, M. Friedrich, Frankfurt am Main 2007, p. 317; English version for download in http://www.cpce-assembly.eu/media/pdf/Vollversammlung/2006/2006_final_report.pdf.

gelical Lutheran Church in Germany (VELKD) with its recent papers on ordination and commissioning[2]. This example makes clear how important further work is on this topic. Last but not least, the CPCE churches need to discuss new ecumenical developments such as the new models of ecclesial communion between Anglican churches and churches of CPCE, such as the Meissen Declaration, the Porvoo Common Statement and the Reuilly Common Statement.

1.2 The State of the Discussion within CPCE

6. The *Leuenberg Agreement* referred to the question of ministry in article 13, stating that it »is the task of the Church to transmit this Gospel through the spoken word in preaching, through pastoral comfort, and through Baptism and the Lord's Supper. In preaching, Baptism and the Lord's Supper, Jesus Christ is present through the Holy Spirit. Justification in Christ is thus imparted to people, and in this way the Lord gathers his church together. He works through various forms of ministry and service and through the witness of all the members of his church.« Moreover, it named ministry and ordination among the differences of doctrine which demand further study (LA 39, see above no. 2).

---

[2] *Allgemeines Priestertum, Ordination und Beauftragung nach evangelischem Verständnis* (›The Protestant Understanding of Universal Priesthood, Ordination and Commissioning‹), Texte aus der VELKD 130/2004, and »*Ordnungsgemäß berufen*«. Eine Empfehlung der Bischofskonferenz der VELKD zur Berufung zu Wortverkündigung und Sakramentsverwaltung nach evangelischem Verständnis (›Orderly called. A Recommendation of the Bishops‹ Conference of the United Evangelical Lutheran Church in Germany regarding the Protestant Understanding of Proclamation of the Word and Administration of the Sacraments‹), Texte aus der VELKD 136/2006. – For the discussion of the pertaining issues see below, fn. 55.

7. The **Neuendettelsau Theses** on the consensus about the question of »Ministry and Ordination« (1982/1986) represent the first step in this further work. Building on the basic doctrines of the Lutheran and the Calvinist Reformation, they identify a wide range of agreements among the Protestant churches regarding the understanding and the structure of ministries, the understanding and practice of ordination and also the ›service of episkopé‹ (cf. the quotes below, no. 59 and fn. 28, 31 and 62). But the statements were rather general, and the specific significance of this agreement is not always clear. The 4th General Assembly of the LCF in 1987 accepted the Neuendettelsau Theses as »a basic guideline for future ecumenical conversations«.

8. The **Tampere Theses** (1986), which were also received by the General Assembly in 1987 and partially incorporated into the document *The Church of Jesus Christ*,[3] represented a further step. In the first thesis, referring to the Theological Declaration of Barmen (1934), article III, and to CA V, it is stated that »a ministry pertaining to word and sacrament, the *ministerium verbi* […] belongs to the being of the church«, but that »the whole congregation and not just the ordained ministry have the responsibility for the proclamation of the word and for the right use of the sacraments« (p. 114).

9. The second thesis deals with the connection between the general priesthood and the »ordained ministry«. But it does not state whether the ordained ministry is derived directly from the priesthood of all believers or if it has a deeper root in a special calling by Christ.

10. Regarding the »service of leadership« (*episkopé*), the third Tampere Thesis states that the leadership of the congregation is also exercised through other ›ministries‹ [*Dienste*] and does not only fall to the ordained ministry« (p. 115). Notwithstanding the remaining differences, it is stated that the LCF churches

---

[3] Full text in: *Sacraments, Ministry, Ordination*, p. 113–121; Theses 1–3 in CJC, p. 97–9.

»are nevertheless agreed that such differences in church structure do not impede a ›church fellowship‹ in the sense of pulpit and table fellowship. The reciprocal acknowledgement of ministry and ordination is not impeded so long as the question of church leadership remains subordinate to the sovereignty of the word« (p. 116). Even if it is recognized that in ecumenical dialogue the Protestant churches can and should »learn from other, non-Reformation churches«, »no single historically-derived form of church leadership and ministerial structure should or can be laid down as a prior condition for fellowship and for mutual recognition« (p. 116).

11. The 1994 study *The Church of Jesus Christ* summarizes the fundamental agreement between the LCF churches in the following way:

1. »that all Christians participate through faith and baptism in the offices of Christ as prophet, priest and king and all are called to witness to the gospel and to pass it on and as well to intercede before God for one another (priesthood of all believers)«;
2. »that the ministry of the public proclamation of the gospel and the administration of the sacraments is fundamental and necessary for the church. Wherever the church exists, it needs an ›ordered ministry‹ of public proclamation of the gospel and administration of the sacraments. This ministry is exercised and shaped in a variety of different ways. This diversity bears the impress of historical experiences and is determined by the different interpretations of the task of the ministry. We can accept the different forms of ministerial office and service in our churches as an enrichment and as a gift of God. In this sense the historic episcopate and the structured ministry in a synodical and presbyteral form of church order can both be appreciated as serving the unity of the church. The fundamental mission of the church is the criterion for the practice and arrangement of ministries and services«;
3. »that the ministry of public proclamation is conferred through ordination (the ›ordained ministry‹ in the terminology of the

Lima documents). It is rooted in a special commission of Christ but it always also needs the priesthood of all believers (Neuendettelsau-Theses 3 A). The Word of God constitutes this ministry which serves the justification of the sinner. It has a serving function for Word and faith«;

4. »that the expression ›ordered ministry‹ refers to the totality of all ministries and services in the church in the sense of thesis 3 of the Tampere Theses. The ministry conferred through ordination is part of this ordered ministry« (p. 99-100).

12. In 1998, the Executive Committee of the Leuenberg Church Fellowship published a statement about the agreements then recent between Anglican churches on the one hand and the EKD and Nordic and Baltic Lutheran churches on the other.[4] While appreciating what is aimed at and gained in these agreements, it held fast to the Leuenberg model as »a model of church unity which is based on the Reformation understanding of the unity of the Church as a community of churches« (nos. 2-3). Thus, the stimuli for further talks about the apostolic succession are received rather reluctantly (cf. the quote in the Resource Material, fn. 53). In contrast, the document *The Shape and Shaping of Protestant Churches in a Changing Europe*, received by the CPCE Assembly 2006, expresses itself in a more open way: »The common emphasis on *episkope* for the unity and leadership of the church is important for a closer relationship between the churches of the Porvoo Agreement and those of the Leuenberg Agreement, even if there are different views and shapes of *episkope*.«[5]

---

[4] ›Leuenberg – Meissen – Porvoo. Models of Church Unity from the perspective of the Leuenberg Agreement‹ (German original in*: Versöhnte Verschiedenheit – der Auftrag der evangelischen Kirchen in Europa. Texte der 5. Vollversammlung der Leuenberger Kirchengemeinschaft in Belfast, 19.-25. Juni 2001*, ed. W. Hüffmeier, Ch.-R. Müller, Frankfurt a. M. 2003, p. 258-267), for download in http://www.leuenberg.eu/daten/File/Upload/doc-7057-1.pdf.

1.3 The Aim and the Structure of the Present Document

13. The document presented here has the aim of deepening and developing further the basic consensus formulated in earlier CPCE documents. This is especially true of the ›Statement‹ (part 2) which presents a common position of the Protestant churches on ministry, ordination and episkopé. This consensus is naturally a differentiated one. While the basic convictions are common or can be sustained in harmony, the patterns of ministry, the regulations about ordination and other forms of commissioning, and the organization of episkopé are often very different. Some suggestions for a more consistent practice are made, but without the intention of urging the CPCE churches to abandon convictions which are dear to them. The ›Recommendations‹ at the end of the document (part 3), mainly point out the issues where further study seems necessary.

14. The ›Resource Material‹ (part 4), which accompanies this document, will, in its first part, give an account of the historical development of the understanding and shaping of ministry/ministries, which gives reasons for some of the differences between Protestant churches. On this basis, the second part will analyze some of the differences that still remain, taking note of the theological arguments and rationales between points of disagreement.[6]

15. The issues of ministry and episkopé become all the more urgent as the churches are challenged by recent developments in society, e.g. far-reaching demographic changes, financial restrictions, and religious diversity. Many processes of church reform and renewal, which are now taking place in the Protestant

---

[5] No. 2.5, for download in: http://www.leuenberg.eu/daten/File/Upload/doc-7163-2.pdf (German original in: *Gemeinschaft gestalten* [fn. 1], p. 43–75, here p. 60).

[6] The Resource Material has been sent to the CPCE churches together with the main document in 2010, but it has not been the object of commenting, and thus it has not been revised.

churches of Europe, also have bearing on patterns of ministry and the tasks and exercise of episkopé. These issues, however, claim a more thorough reflection and are a topic of their own.[7] This document is more concerned with the theological evaluation in a narrower sense.

1.4 Common Understanding and Limits of Diversity within CPCE

1.4.1 The Foundation, the Shape and the Mission of the Church

16. The distinction between the foundation, the shape and the mission of the church, originating in Reformation theology, is an essential presupposition of the »Leuenberg model«. The document *The Church of Jesus Christ* explains: »The *foundation* of the church is God's action to save humankind first in the people of Israel, then in Jesus Christ. In this fundamental action God himself is the subject, and consequently the church is an object of faith. Since the church is a community of believers, the *shape* of the church has taken various historical forms. The one church of faith (singular) is present in a hidden manner in churches (plural) shaped in different ways. The *mission* of the church is its task to witness to all humankind to the gospel of the coming of the Kingdom of God in word and deed. In order to achieve unity of the church in the diversity of these shapes it is sufficient ›that the Gospel be preached in conformity with a pure understanding of it and that the sacraments be administered in accordance with the divine Word‹ (Augsburg Confession VII).«[8]

---

[7] Tampere Theses 6 and 7 try to discern the challenges of the ministry against the background of the 1980-s. Much of the analysis is still valid (including the interrelation between the crisis of the general priesthood of all believers and »the crisis in the ministry«, p. 119), although it would need adaptation and emendation today.

[8] CJC, p. 85 (Introduction 1.4).

17. According to Protestant understanding, the church is created and sustained by the word of God. It is *creatura Evangelii* or *creatura verbi divini*. Neither the ministry of word and sacraments nor the various forms of episkopé guarantee the true being of the church by themselves or in themselves, but they serve the communication of God's grace. Issues of ministry, ordination and episkopé are significant for the shape of the church in its mission. They must be considered not only pragmatically but as related to, and based on, the church's theological foundation.

1.4.2 Limits of Diversity

18. According to *The Church of Jesus Christ*, existing differences in the understanding of ministry and in the diverse shapes of ministry and service of episkopé »do not refer to the *foundation* but to the *shape of the church*« (p. 99). Along the lines of the Tampere Theses, differences in the structure of the church and its government are not necessarily an obstacle to church fellowship or to the reciprocal recognition of ministry and ordination, as long as the question of church governance remains subordinate to the sovereignty of the gospel.[9]

19. However, the diversity of structures and ministries of the church and their specific shaping is not without limit. Consequently, a question arises about the criteria for the limits to diversity and their theological foundation. Basically, diversity may neither cast a shadow over the foundation of the church nor contradict its mission. The member churches of CPCE have to examine self-critically where any hard-line practice, e. g. the refusal to ordain women, represents an obstacle to church fellowship or has the potential to damage it. An amicable conversation, accompanied by prayer, needs to take place to explore how such obstacles and damage might be removed, with the aim of deepening church fellowship. Limits of diversity are reached if the mission of the church and its unity are endangered, and if its foundation could hardly be recognized.

---

[9] Tampere Theses 3; cf. the quotes above, no. 10.

1.5 The Hermeneutical Foundations for the Doctrinal Conversation

1.5.1 Unity in Reconciled Diversity

20. A systematic Protestant exposition on ministry, ordination and episkopé cannot limit itself to restating the confessional writings of the Reformation or to the historical beginnings of a Protestant doctrine of ministry. The models found in the Scriptures and in confessional writings on the subject of church order are a guide, but not binding for present-day church constitutions. There have been many diverse developments in the Protestant ordering of ministries from the time of the Reformation to the present day (cf. Resource Material, ch. 4.1). The dialectic between church tradition and present day requirements involves hermeneutical processes that are open and communal in the search for the most beneficial structures in every generation. Immutable ministerial structures would be detrimental to the mission of the church. However, there has been a considerable continuity in the understanding and ordering of ministries through the centuries. Functional equivalents and parallels can also be discovered in differing structures and terminologies. The primary aim of hermeneutic efforts is not to unify structures and designations for ministry for their own sake, but to come to a deeper ecumenical understanding of the spiritual realities which are held in common (including the legitimacy and the limits of diversity), and to encourage structures that can be mutually recognized.

21. The Leuenberg Agreement bears witness to the unity given in Christ, which allows the signatory churches to live in reconciled diversity and to grow in unity and shared mission in the world. It is important that fundamental agreement in the understanding of ministry, ordination and episkopé is not only asserted, but is shown to have a theological foundation. An ecumenical hermeneutics of unity in reconciled diversity founded in God as the fullness of life can contribute towards deepening the common understanding of ministry, ordination and episkopé, as it has done already among Protestant churches.

This can in turn contribute to the ecumenical dialogues with other churches and the broader search for visible unity within the ecumenical movement. An important contribution from the Protestant churches in this area is the conviction that the visible unity of the church worldwide will be a differentiated unity. This is also true for the structures of ministry. The hermeneutic task does not, therefore, aim at comprehensive ecclesial uniformity, but at an overcoming of divisive differences, thereby contributing towards greater visibility in church unity.

22. A hermeneutics of unity in reconciled diversity is not of course sufficient in itself to overcome church divisions which are evident in an ecumenical context, particularly over the question of ministries. Church divisions are not simply the result of historical developments but are also the consequence of decisions taken by the churches and their leaders. It is an open question whether or not the differences in the understanding of church and ministry (which still exist between the churches of CPCE and other churches) are insuperable. A dynamic view of confessional identity reckons with the activity of the Holy Spirit, and that also means accepting the historical developments of identities.

1.5.2 Criteria for the Protestant Understanding of Ministry, Ordination and Episkopé

23. Various denominational and confessional traditions and experiences encounter each other in the conversation among Protestant churches about ministry, ordination and episkopé. These different traditions and experiences cannot easily be integrated. Therefore it is helpful to distinguish between the hermeneutic *criteria* and the *sources* from which the different understandings of ministry are drawn. Scripture, tradition, reason and experience are *sources* from which the different forms of ministry, ordination and episkopé (along with their theological foundations) arise. Christian life has been confronted throughout history with the tension between the claim of Scripture and of present-day reality. For that reason the hermeneutic *criteria* are conformity with Scripture and with reality. In the

Lutheran tradition the criteria also include conformity with the confession, but this is connected with conformity with Scripture.[10]

24. Tradition, as one of the sources of Protestant theology includes not only the confessional writings of the Reformation and Protestant confessions from a later time, but also pre-Reformation traditions and liturgy. It embraces the various orders for ordination, vocation, commissioning or appointment (installation) to an office of leadership in the church, along with ecumenical texts and commitments, especially earlier documents of CPCE.

1.5.2.1 The Criterion of Conformity with Scripture

25. The criterion of conformity with Scripture is not to be confused with a formalistic use of the Bible, for which a strict identification of the canonical biblical text with the Word of God is fundamental. A theological and hermeneutic distinction needs to be made between Scripture and Word of God. The biblical writings are the written deposit of the voice of God, formulated and witnessed by human beings. These Scriptures foundationally and sufficiently bear witness to the living Word of God, which is Jesus Christ. It is the work of God's Spirit that this witness of the Holy Scripture is given new life, as the Word is publicly proclaimed and where people read, meditate and interpret Scripture for one another and celebrate the sacraments. Thus the Word of God, attested in Holy Scripture (that God has spoken in history in a living and saving way), becomes a living reality in the present day.

26. According to the theological insights of the Reformation only the Holy Scripture is the criterion for the doctrine of the church. The so-called Reformation principle of Scripture is not focused on the formal priority of the Bible over against church

---

[10]   A much more detailed consideration of the hermeneutics of Scripture and Confessions, including the relation between Scripture and tradition, is given in the doctrinal study *Scripture, Confession, Church* which was adopted by the CPCE General Assembly in 2012 in a revised version.

tradition or other sources of theological knowledge, but on the prior place of the gospel as the message of Jesus Christ, the salvation of the world. The Reformers expressed the right understanding of this in the doctrine of justification (cf. LA 7 and 8). The authority of Scripture is grounded in and also limited by the gospel, which bears witness to the saving action of God. Time and again, Scripture needs to be interpreted by the church and its confessions, through theological scholarship and through the Bible reading of individual Christians. But it is Scripture itself which interprets itself in this ongoing hermeneutical process, because every single interpretation has to be proved on the text of Scripture as a whole.

27. The criterion of evangelical, Protestant, theology (i. e. theology in accordance with the gospel) is how far the present church life and faith's existence is determined by Scripture applied to the time and not conversely that the interpretation of Scripture is determined by the general religious or political spirit of the time. That also applies in particular to the understanding of ministry, ordination and episkopé.

1.5.2.2 The Criterion of Conformity with Reality

28. Scripture testifies to the experiences of Israel, of the early church and of individual people with God. In their own life, Christians gain experiences with reality which they associate with the experiences of others in Scripture. We have to distinguish between experience in general and experiences of faith, which means that experiences of life are reinterpreted in the perspective of the gospel. Experience of faith is experience with experience or, by other words, experience with the Holy Scripture. First of all, therefore experience is a source and not a criterion of theology and doctrine of the church. Only as a secondary meaning does human experience become a theological criterion.

29. The criterion of conformity with reality relates to human experience in various ways. The churches of CPCE have gained different experiences throughout history which have found expression in their different traditions and confessions. Theologi-

cal insights and developments and the different forms of the church and its ministries are embedded in different socio-cultural and political contexts. Moreover, the shaping of church structures and ministries in history and the present day has to be directed towards the practical possibilities given for the witness and service of the church in a particular historical situation. Here, however, a distinction must always be made between facticity and validity. The validity of a current state cannot be deduced from the mere fact that something exists or does not exist. Conformity with reality does not mean unquestioning adaptation to existing circumstances, though these can certainly be changed and shaped by one's own responsibility.

30. The Tampere Theses already say: »The outer shape of the congregation and its services have always been characterized to a certain extent by the surrounding society. This was also the case with the early Church. The Church must always maintain the freedom to resist society for the sake of her service to the word. It is of particular importance to see to it that neither an inherited form of the church's ministry, which mirrors a bygone social structure, nor an uncritical adaptation to the surrounding society become the standard for the structure and the exercise of the functions of the church's ministry« (Thesis 6).

31. The shaping of the church and its ministries is to be understood as a constant task for which all members of the church, as holders of the priesthood of all believers, bear responsibility. But the foundation of the church and its mission (see above, no. 16) provide the criteria for the actual shaping of church structures and ministries. On this basis, the shape of the church has to be determined time and again within a hermeneutical circle. This circle brings together the interpretation of Scripture with a true and honest acceptance of reality. (This may include the recognition that our confessions serve as guiding principles in the interpretation of Scripture). The criterion of conformity with reality does not limit the criterion of conformity with Scripture, rather it is subordinate to it.

2 Statement

2.1 The Mission of the Church

32. All churches of CPCE have a common basic understanding of the mission of the church, formulated in the following way by *The Church of Jesus Christ*: »The church has been called to be an instrument of God for the actualization of God's universal will to salvation. It will be faithful to this call, if it remains in Christ, the infallible sole instrument of salvation. The certainty that this promise of God is reliable liberates and enables Christians and churches to witness to the world and for the world«.[11] With the *Meissen Declaration* and the *Reuilly Common Statement*, churches within and beyond CPCE can assert: »The Church, the body of Christ, must always be seen in this perspective as instrumental to God's ultimate purpose. The Church exists for the glory of God, and to serve, in obedience to the mission of Christ, the reconciliation of humankind and of all creation.«[12]

33. According to the concept of God's mission to the world (*missio Dei*), the church follows God's relationship with the world as creator, God's saving work through the Son and God's transforming power of the Spirit – with a view to the building up of God's Kingdom. All Christians take part in the mission of God.

34. In defining the realization of church fellowship, the Leuenberg Agreement sees *witness and service* as essential to the mission of the church. Both witness and service point the church to the whole of humankind and have an individual as well as a social dimension, »a common responsibility. In that this is a service of love, it [i.e. the common service] focuses on human distress and seeks to remove the causes of that distress.

---

[11] CJC, p. 103 (I.3.2).

[12] Meissen no. 3 = Reuilly no. 18. Nearly the same formulations also in the Porvoo Common Statement no. 18.

The struggle for justice and peace in the world increasingly demands that the churches accept a common responsibility« (LA 36). »It is in keeping with the Holy Spirit's nature for it [i. e. the church of Jesus Christ] to communicate in convincing fashion God's love for people in their social contexts and in their concrete life-situations.«[13]

35. Consequently, the practices of ministry, ordination and episkopé in our churches must be organized in order to empower the churches for their common witness and service to the whole of humankind. This calls for a ministry of the church that faces up to the challenges of contemporary society, such as gender justice, the rights of minorities and the integrity of creation as well as the marginalization of faith and church.

36. As it is the matter of a *common* witness and service, the member churches of CPCE must do what is in their power to deepen the community which already exists between them, but also constantly seek links and connections with other churches that are not in full fellowship with CPCE.

37. It is a basic insight of the Reformation that God's mission is fulfilled through God's living word. The church is characterized as a creature of the word (*creatura verbi*). This implies that structures in the church should ensure that decisions are made *sine vi, sed verbo,* not with external force, but through the power of the word.

2.2 Ministry in the Church

2.2.1 The Ministry of the Whole People of God and the Order of Ministries

38. There is broad agreement among Christian churches that the whole People of God participates in God's mission. All baptized Christians are called to a life of witness and service.[14]

---

[13] *Evangelising: Protestant Perspectives for the Churches in Europe,* Vienna 2007, p. 11 (no. 2.1).

With reference to 1 Peter 2:9, ecumenical documents often describe this calling as participation in a »royal priesthood«.[15] All members of the body of Christ have received certain complementary gifts (*charismata*) for their service.[16]

39. The ministries in the church are rooted in the threefold ministry of Christ, i.e. the ministry of prophet, priest and king.[17] The church – gathered under the word and called to service – receives in its midst various charisms. The ministries are renewed out of these charisms, and the charisms in turn are sustained by the ministries.[18] It is God's will that those with special functions should »equip the saints for the work of ministry« and that this building up of the church is carried out in an orderly way (cf. Eph 4:11–12; 1 Cor 14:12, 26, 40). Consequently an order of ministries arises under the guidance of the Gospel and the Holy Spirit.[19] The Protestant churches emphasize that the order of ministries should not be understood hierarchically. Levels of responsibility in the church are an important issue

---

[14] »The proclamation of the gospel and the offer of saving fellowship are entrusted to the congregation as a whole and to its members who through baptism are called to witness Christ and to serve each other and the world and who through faith have a share in Christ's priestly office of intercession« (Tampere Theses 2).

[15] Cf. BEM, Ministry, no. 17; NMC, nos. 19, 84; God's Reign and our Unity, no. 60 (*Growth in Agreement II*, p. 131). Cf. also Second Vatican Council, Lumen Gentium, no. 10. – The terminological and theological problems with this concept are discussed in the Resource Material, nos. 29 seqq.

[16] Cf. BEM, Ministry, nos. 5, 32; NMC, no. 83.

[17] Cf. Resource Material, no. 32.

[18] See 1 Cor 12+13; Rom 12:1–8; 1 Tim 4:14; 2 Tim 1:6. Cf. Resource Material, nos. 2–3.

[19] The term »order of ministries«, introduced by the *The Church of Jesus Christ* (cf. Resource Material, fn. 12–14), does not mean a divinely instituted and normative structure such as the »threefold ministry« according to Roman Catholic and Orthodox understanding (cf. Resource Material, nos. 42, 50), but only a changeable order which secures that the three basic ministries are fulfilled.

even for the Protestant churches, and the different ministries should be ordered and practiced as service, in terms of mutuality, and not as exclusive rights or domination.[20]

40. The whole life of Christians and of the church »is to be led under the commission to be worship to God. In the narrower sense this is liturgical celebration (*leiturgia*), in its wider interpretation it is ›reasonable worship‹ (*logike latreia*, Rom 12:2) in the everyday life of the world which is indicated by the three notions of *martyria*, *diakonia* and *koinonia*«[21]. Within this service there are certain ministries which are indispensable for the life and order of the church as will be shown in the following: These are the ministry of *word and sacraments* (see below, nos. 41–42), the ministry of *diakonia* (see below, nos. 48–49) and the ministry of *episkopé* (see below, nos. 71 seqq.). In the churches there are also other services and ministries that are vital to the church's life. Teaching the faith of the church belongs to several ministries. Many churches have a special teaching ministry, however, which they would consider indispensable.

2.2.2 The Ministry of Word and Sacraments (ministerium verbi)

41. The first of these indispensable ministries is the ministry of word and sacraments which is highlighted in all the churches of CPCE.[22] This is a consensus which is ecumenically significant both within and beyond CPCE. The Confessio Augustana (CA V and XXVIII) speaks of the ministry of teaching the gospel and administering the Sacraments (*ministerium docendi evangelii et porrigendi sacramenta*), which is instituted in order that we may obtain faith in God's justifying grace (CA IV).[23] The significance

---

[20] Cf. Barmen Declaration IV (as quoted in Resource Material, no. 50). See also Resource Material, no. 51.

[21] CJC, ch. I.3.3.1 (p. 104).

[22] Cf. Neuendettelsau Theses I.3 C.

[23] We leave aside the dispute within Lutheranism as to whether the »*ministerium*« (German: »*Predigtamt*«) according to CA V is a service of preaching in the church which pertains to all Christians (thus VELKD,

of this particular ministry has also been highlighted by the Confessio Helvetica Posterior (XVIII), which states that God has always used ministers in the service of the church and will continue to use them. Their main duties are the teaching of the gospel of Christ and the proper administration of the sacraments. Accordingly, Tampere Thesis 1 states: »In conformity with Christ's institution there is a ministry pertaining to word and sacrament, the *ministerium verbi* (Augsburg Confession V), which ›proclaims the gospel and dispenses the sacraments‹ [...] The churches from both traditions[24] which have signed or are participating in the Leuenberg Agreement concur that the ›ordained ministry‹[25] belongs to the being of the church«.

42. The particularity of the ministry of word and sacraments is not a matter of ranking within the order of ministries or among the wider services in the church. It lies in the specific purpose to which this ministry is assigned within the church as a collective body created by the gospel (*creatura verbi*). The church is entirely dependent on God's grace, which is conveyed specifically by the proclamation of the gospel and the administration of the sacraments. In the Reformation view these two functions represent together the necessary, divinely instituted, marks of the true church (*notae ecclesiae*).[26]

Ordnungsgemäß berufen, ch. 2, fn. 11; ch. 3.4), or whether it is to be identified with the ministry of *public* preaching and the administration of the sacraments according to CA XIV (thus Lund Statement, no. 18). In any case, the particular ministry of word and sacraments is highlighted in Lutheranism.

[24] When the Tampere Theses were formulated, only the Lutheran and the Reformed traditions belonged to the CPCE. But the statement is also valid for the Methodist tradition.

[25] In using this term, the Tampere Theses follow the use suggested by the Lima document. Irrespective of the difficulty of this term, the statement is in any case valid for the ministry of word and sacraments, which is conferred by ordination in all churches of CPCE.

[26] Cf. CA VII; Genevan Confession 1536, no. 18; Anglican Thirty-Nine Articles, Art. 19; John Wesley, Methodist Articles of Faith, Art. 13; LA 2.

43. The community of believers is given responsibility, in a wide sense, for maintaining Proclamation, Baptism and Holy Communion as means of grace in the church.[27] However, the reference to the priesthood of the baptized does not aim to reduce the importance of the particular ministry of word and sacraments in the regular life of the church. According to the Lutheran confessions, only »rightly called« ministers should be allowed to carry out the »public« service of the means of grace (cf. CA XIV). The Reformed Reformation did not use this category of publicity, but ensured as well that the ministry of word and sacraments was formally maintained. Only under exceptional circumstances, such as in times of persecution, non-ordained believers were formally called to serve as preachers. In personal counseling any Christian has the authority to state God's forgiveness to a person who shows repentance. »The particular ministry [...] consists in the public proclamation of the word and in the dispensation of the sacraments before the congregation and yet within the congregation, who exercise their functions of priesthood of all believers in prayer, personal witness and service.«[28]

44. In the Protestant churches the ministry of word and sacraments has been traditionally exercised by full-time parish/ circuit ministers. This has had, and still retains, its value in securing ministers who are well trained for their task and can apply themselves fully to their task. But traditional and historically contingent forms of parish ministry (»*Pfarramt*«) are not the only possible forms of securing the divinely instituted ministry of word and sacraments. This ministry can be exercised in different terms of employment and with specially assigned functions and areas of service.

---

[27] As stated by Tampere Thesis 1, »the whole congregation and not just the ordained ministry have the responsibility for the proclamation of the word and for the right use of the sacraments. The ordained ministry in itself alone does not guarantee the true being of the church but remains subordinate to the word of God.« (cf. Neuendettelsau Theses I.3.C).

[28] Neuendettelsau Theses I.3.C.

45. Historically, under exceptional circumstances non-ordained persons have been authorized in their churches to serve as ministers of word and sacraments without special professional qualifications. Over the last decades, however, several churches have, for various reasons, developed more permanent forms of ministry at a local level, where persons (mostly on a part-time and temporary basis) are assigned responsibility of preaching the gospel and often also celebrating the Lord's Supper. Such forms of »local ministry« respond to urgent needs and have become widely recognized. Due to their local character these new forms of ministry have raised questions at the interchurch level regarding their ministerial character, such as their connection to the traditional ministry of word and sacraments, and how to recognize their place among the other ordered ministries. It is important that locally defined ministries are exercised within defined areas of responsibility and with requirements of appropriate training.[29] In addition, their forms of recognition must be theologically and structurally compatible with those of the other ordered ministries in the church. Of special importance, in this regard, is the issue of ordination for all ministries of word and sacraments.[30] In this area, there will necessarily be significant variations among the churches, and consultations within the CPCE churches will be helpful.

46. The ministers of word and sacraments have to exercise their ministry in communion with the worldwide Christian church on the basis of a clear calling (*vocatio interna* as well as *vocatio externa*). This means that they should perform their service on the basis of a recognized mandate. This mandate is given through ordination according to the order of each church. It does not, however, give ordained ministers a humanly based authority over the congregation. Their authority for this is derived from God's word proclaimed through the means of

---

[29] The latter question is dealt with in the project *Training for the ordained ministry in the churches of CPCE* (see below).

[30] See below no. 66 and Resource Material, ch. 2.5.

grace.[31] Rather, as it is the ordained minister's task to »confront and comfort the congregation with the word of God«[32], the ministry is clearly prophetic.

47. The term »ministry of word and sacraments« denotes that the preaching of the word and the administration of the sacraments cannot be separated from each other. This is also presupposed in the traditional terminology of *ministerium verbi*. Proclamation and sacraments are in the view of the Reformation the two forms of the gospel (*verbum audibile* and *verbum visibile*) by which the church is constituted.[33] The preaching of God's word necessarily leads to the building up of a community that is served by the sacraments. And such a community cannot exist without being guided and judged by God's word.

2.2.3 The Diaconal Ministry

48. In addition to the ministry of word and sacraments in the church there is also the ministry of *diakonia*. In the view of the Reformation *diakonia* is not a secondary aspect of the life in faith, but belongs to its very nature, according to the will of God: »Likewise, they teach that this faith is bound to yield good fruits and that it ought to do good works commanded by God on account of God's will and not so that we may trust in these

---

[31] Cf. Neuendettelsau Theses I.3.C: »– The word constitutes the ministry, not vice versa. – The ministry serves word and faith. – It is there to serve the justification of sinners, not the justification of the church nor the status quo. – The ministry is connected with the apostolic continuity and unity of the church, its freedom and its love.«

[32] Tampere Theses 2.

[33] Cf. Tampere Theses 4: »The service of the word embraces also the service of the sacraments. The sacraments make visible the same gospel through which, as in the preaching of the living word of God, Christ himself is present in the church and the world. In preaching the word and administering the sacraments which together constitute the ministry, the reality of the Church as Christ's body is renewed, her shared life fortified and her apostolic mission perceived.« Cf. also Lund Statement, no. 22.

works to merit justification before God.« (CA VI). In a similar way, the Westminster Confession (XVI) underlines: »These good works, done in obedience to God's commandments, are the fruits and evidences of a true and lively faith: and by them believers manifest their thankfulness, strengthen their assurance, edify their brethren, adorn the profession of the Gospel, stop the mouths of the adversaries, and glorify God, whose workmanship they are, created in Christ Jesus thereunto, that, having their fruit unto holiness, they may have the end, eternal life.«

49. Throughout the history of the church, the practice of »good works« has been carried out in three ways: a) by the service of believers in their everyday lives, b) by the diaconal ways in which the ministry of word and sacraments has been performed, and c) by especially called diaconal ministers. »In being directed not only to members of the church but to all people in need, the diaconate of Christians corresponds to the universality of salvation.«[34] It is not only a human service performed in the world. It is the witness of the church to God's sustaining grace, the compassion of Christ, and the liberating power of the Holy Spirit.[35] Although *diakonia* has a particular focus on the needs of the weak and the marginalized, it represents the concern of the church for all aspects of human life. At the present time, where the churches face the complex challenges of modern society, a trained diaconal office represents an essential part of the church's holistic mission.

50. The ministry of word and sacraments and the diaconal ministry are not hierarchically ordered, but are interrelated and mutually complementary.[36] They belong closely together (cf.

---

[34] CJC, ch. I.3.3.3 (p. 106).

[35] Cf. *Diakonia in Context: Transformation, Reconciliation, Empowerment.* LWF 2009, p. 29: »The practice of diakonia, its ethos of inclusiveness and the mutual sharing of resources [has its] basis is the experience of God's grace and the gift of belonging to the communion created by God's grace.«

[36] *The Diaconal Ministry in the Mission of the Church,* LWF Studies 2006, p. 86.

Acts 6:1 ff.; Rom 12:1-21; Gal 6:2-10). The question whether to ordain deacons or to install them in other ways is a matter where diversity is possible.[37]

51. The Nordic Lutheran churches have maintained and strengthened the diaconal ministry. Also the United Methodist Church has introduced an »order of deacons« parallel to the »order of elders« (i. e. ministers of word and sacraments). Likewise, the Methodist Church in Britain ordains both deacons and ›presbyters‹ (i. e. ministers). In some Protestant churches deacons are mandated to administer the sacraments in diaconal contexts, such as communion to the sick, but not in the context of public worship. They may, however, play a prominent assisting role in the church's worship life. In Central and Eastern Europe, by contrast, deacons and deaconesses are generally not ordained, and their tasks refer more to social care, youth work and work for older people. But sometimes they are commissioned to lead worship, which may include administering the sacraments.

2.2.4 Eldership as an Element within the Ministry of Episkopé

52. The third of the above mentioned indispensable ministries – the ministry of episkopé – will be dealt with more thoroughly in the fourth chapter of this statement (see below nos. 71 seqq.). In the Augsburg Confession (art. XXVIII), episkopé was connected especially with the office of bishop. In the Reformed churches it found a concrete shape in the ministry of elders forming an integral part of the order of ministries. Emerging from the Reformed tradition (Calvin's Genevan church order of 1541/61 and the Huguenot church order of 1559) with its interest in a collegial body among the ministries in the church, the ministry of elders has meanwhile existed in a large number of CPCE churches. Elders exercise their ministry under different names and in a variety of types of bodies (parish council, pres-

---

[37] Cf. Lund Statement, no. 39; FSPC, *Ordination*, ch. 5.3.3.

bytery etc.), and different tasks are entrusted to them. Basically, it can be said that elders »bear overall responsibility for the life and mission of a particular community of Christians«[38]. Together with the ministers of word and sacrament they »lead the community in its mission and service in and to the world«[39].

2.2.5 Diverse Structures of Ministries in the Churches

53. Christian churches are generally agreed that the church has been guided through its history by the Holy Spirit. In the view of Protestant churches this has not happened in such a way that any current structure of ministry can be regarded as unchangeable. However, the patterns of ministry are not an arbitrary matter. The shape and order of the church must always be measured against the biblical witness and the theological understanding of the church and its mission.[40]

54. As the churches of CPCE seek »to promote the ecumenical fellowship of all Christian churches« (LA 46), they are challenged by existing differences regarding their ministries. In order to realize church fellowship in witness and service (LA 35–36), they will strive towards the greatest possible correspondence among each other and with other traditions in their understanding and patterns of ministry.

55. A particular ecumenical issue is how the ministry of word and sacraments is understood and ordered in its relation to other services. Whereas the existence of a ministry serving word and sacraments is not an issue of choice for the churches, this ministry may be structured and exercised in diverse forms. There is broad agreement that no single and uniform church order and structure of ministry can be compellingly derived

---

[38] *Eldership in the Reformed Churches Today. Report of an International Consultation held at John Knox Centre in Geneva from August 26–31, 1990*, ed. Lukas Vischer, Geneva 1991, p. 5, 9 (Studies from the World Alliance of Reformed Churches 22), p. 14.
[39] Ibid.
[40] Cf. CJC, ch. I.2.5.4 (p. 101).

from the earliest Christian tradition.[41] In general, Protestant churches maintain the legitimacy of diversity in questions of church order.

56. No ministerial structure can be directly derived from the New Testament. Even »the threefold ministry of bishop, presbyter and deacon«, recommended by BEM »as an expression of the unity we seek and also as a means for achieving it« (no. 22) has undergone various historical changes.[42] Therefore the Protestant churches consider that there can be legitimate diversity among the churches on this issue. The Calvinist Reformation introduced a fourfold structure of ministry (pastors, teachers, elders and deacons) which is still valid in many Reformed churches in a modified form.[43] The Nordic and Baltic Lutheran churches, which (except for Latvia) have joined the Porvoo Communion, have moved towards a positive appraisal of the threefold ministry, affirming the statement of BEM mentioned above (Ministry, no. 22). Even if the majority of these churches have not stated for themselves a threefold ministry, they consider the services of bishop, pastor and deacon as central, or indispensable, ministries in church.

57. This issue raises other questions among the Protestant churches regarding the relation of ordination to certain ministries, and the understanding of the unity of the order of ministries. This diversity does not, however, break church fellowship among the churches of CPCE. It does however make it difficult to draw practical consequences from the mutual recognition of ordinations as proclaimed in Leuenberg Agreement no. 33. Ob-

---

[41] Cf. Neuendettelsau Theses I.2; NMC, no. 87. Further explanation is given in the Resource Material, nos. 2–16.

[42] BEM, Ministry, no. 19 already conceded the »considerable changes« that this order underwent.

[43] For the fourfold order cf. the Genevan Ordonnances Ecclésiastiques 1541/61 (*Reformierte Bekenntnisschriften* vol. 1.2, Neukirchen-Vluyn 2006, p. 246). Following Calvin, *Institutio* IV.3.4 and Confessio Gallicana XXIX, pastors and teachers are mostly seen as equivalent, so that a threefold structure is the consequence.

viously, an interchangeability of ministers requires that they are equivalent in terms of theological understanding, training and the range of functions of ministry. This means that mutual recognition of ordinations according to LA 33 refers only to that ministry which is conferred by ordination in all churches of CPCE, which is the ministry of word and sacraments. The churches which practise ordination of elders should be encouraged to consider how they can relate their understanding of ordination to the meaning of ordination as referring to the ministry of word and sacraments, which all other churches of CPCE (and others far beyond) recognize.[44]

2.2.6 Gender and Sexual Orientation in Regard to the Ministries

58. An issue of great importance is the need for »a deeper understanding of the comprehensiveness of ministry which reflects the interdependence of men and women«[45]. With few exceptions[46] – the churches of CPCE practice the ordination of women and men to their ordained ministries, considering that the fundamental condition for ordained ministry is baptism and faith. This stance has been highlighted by all confessional families within CPCE.[47]

59. There is a broad consensus among churches of CPCE that the ministry of both women and men is a gift of God. The churches of CPCE have already emphasized their common conviction in the Neuendettelsau Theses (1982/86) and expressed the expectation that a broader convergence might be achieved among the churches of the world at this point: »Neither race

---

[44] This encouragement does not apply to the United Methodist Church where elders are ministers of word and sacraments.

[45] Cf. BEM, Ministry, no. 18.

[46] The Lutheran Church in Poland and the Brethren Church in the Czech Republic exclude the ordination of women. The Lutheran Church in Latvia and the Silesian Lutheran Church in the Czech Republic have for some time deferred the ordination of women.

[47] Cf. Resource Material, no. 55.

nor gender can have decisive significance for the call to the service of public proclamation and administration of sacraments (Galatians 3:27f). Churches in which women are not yet ordained and in which women ministers are not allowed must ask themselves whether this historically conditioned practice corresponds to contemporary Reformation understanding of ministry and congregation.«[48]

60. Although this is a non-negotiable principle, the CPCE churches do not reject cooperation with other churches which so far do not ordain women. All ministries can be recognized as authentic even if – in the CPCE view wrongly – they are limited to men.[49]

61. Among the questions concerning access to the ministries in the church, one of the most debated issues today is the question whether living in a homosexual relationship or having a known homosexual orientation should be regarded as an obstacle for ordination and the conduct of the ministry of word and sacraments, or other services in the church. Among the churches of CPCE the differing positions adopted include an open acceptance of ministers who live in a homosexual relationship, an expectation of a celibate life for those who are homosexual, and a more or less explicit condemnation of homosexuality.[50] All churches are convinced that their diverging

---

[48] Neuendettelsau Theses II.5.

[49] Cf. the result of the dialogue between the CPCE and the European Baptist Federation: »The Beginning of Christian Life and the Nature of the Church,« IV.8: »The acknowledgement of each other's integrity self-evidently also includes the question of ordained ministers. For as long as we do not have a full recognition of ministry in a doctrinal sense, we nevertheless encourage the ensuring, the enabling and the widening of a reciprocal acceptance of ministry in practical and pastoral ways at local, national or trans-national levels« (Leuenberg Documents 9, Frankfurt a. M. 2005, p. 27–28). This declaration could be made although a large part of the Baptist federations of Europe do not practice the ordination of women.

[50] Cf. Resource Material, ch. 4.2.4, esp. no. 60.

positions are founded on faithfulness to the Gospel. At the same time, the churches of CPCE agree that this issue should not become divisive for their church fellowship. Since, however, they are still a long away from a consensus on this issue, there is a great need for further study and further prayer for guidance by the Holy Spirit.

2.3 Ordination and the Ministry of Word and Sacraments

2.3.1 The meaning of Ordination

62. Ordination is the official action in God's name (*vocatio externa*) by which a church recognizes and confirms a person's calling (*vocatio interna*) and aptitudes for a particular ministry, and mandates the ordinand for this service. The liturgical act of ordination takes place in the midst of the worshipping congregation and includes the laying on of hands with prayer for the gift of the Holy Spirit. This act reflects the dependence of any minister on God's strength and guidance, as well as the prayer of the congregation that God will accompany the ordinand with the Holy Spirit in the service which lies ahead. Ordination does not create, however, a qualitative distinction between ordained and non-ordained persons within the whole people of God.

63. Within the CPCE there are differences about the relation of ordination to other forms of calling and installation. There is, nevertheless, broad agreement upon some basic lines regarding ordination that were already stated in the Neuendettelsau Theses (1982/86). They include the conviction that a ministry in the church which involves proclamation of the gospel and administration of sacraments in any case has to be conferred through ordination.[51] For other ministries ordination is not necessary, but suitable liturgical acts of recognition are required.

---

[51] Cf. Neuendettelsau Theses II.9

64. In the CPCE context ordination is understood in a basic sense as referring to the church mandate given to a person to serve in the ministry of word and sacraments (cf. LA 33). Through this ministry, »the congregation can time and again be impacted (touched) with the word of God [...] in a critical and liberating manner« and the church reveals »the point where it is particularly dependent on God's help and mercy«.[52] In some churches of the CPCE elders and deacons are ordained (even in the cases where these ministries do not include administration of the sacraments). This issue deserves further consideration.[53]

2.3.2 Terminology and Practice of Ordination

65. In principle the churches agree that ordination is once for all and should not be repeated. However, there are different ways of practicing the ordination to lifelong service. Some churches which have a threefold ministry[54] perform an act of ordination for each form of this ministry. As an alternative, this model need not divide the churches, provided it does not imply a gradation in the theological fullness of the ministry.

66. The question whether or not a person shall be ordained should not depend on their being full-time, or part time, or in an honorary capacity. Also it should not be determined solely on the basis of education. (This issue is of increasing importance as more and more churches introduce forms of local ministry.) The decisive factor for ordination is whether or not the service in question is a ministry of word and sacraments. If it is, the person to serve should be ordained, regardless of the time frame and geographical limitations that have been set for the particular service. The spiritual meaning of the means of grace and the reality of communicating God's saving action in Christ is

---

[52] Cf. FSPC, *Ordination*, p. 57/58.

[53] Cf. above, no. 50 and 57; recommendation no. 4; Resource Material, no. 62.

[54] In the sense of BEM, see above no. 56.

the same whether the ministry is exercised full time or part time, with or without a salary. The churches must not establish practices that could be perceived as a gradation in the ministry related to those elements that constitute the church. Arrangements for limited forms of service (ordained local ministries) can be both legitimate and helpful under given circumstances. However, the limiting factors should be established through the terms of employment and not through adaptations in the understanding of ordination.[55] It is recognized that some churches have dispensations for the purpose of training or probation.

67. It is important that those who are to serve in ordained ministry should be sufficiently trained. Ordination of persons who do not have the necessary theological training runs the risk of not safeguarding faithfulness to the apostolic tradition, the unity of the church and the interconnectedness of word and sacrament. This does not mean, however, that ordination should be limited only to theologians who have undergone a full course of study. In any case, biblical and theological training and spiritual maturity are important also for limited forms of employment. If an ordained person serving, or having served, in a limited employment acquires full theological training, then he or

---

[55] The VELKD has, in its 2006 document »*Ordnungsgemäß berufen*« (see fn. 2), established a distinction between, on the one hand, *ordination* for pastoral ministry with all responsibilities and, on the other hand, *Beauftragung* (commissioning) for pastoral ministry limited mainly to the preaching and administration of the sacraments in one congregation. The understanding is that »Beauftragung« is in fact to be considered as ordination in a proper theological sense (based on CA XIV), even if it is designated with a different term. For other churches, ordained local ministries are defined by terms of employment, specifying limited areas and lengths of service, and not by limitations in the interpretation of the ordained ministry that would call for a designation other than *ordination*. It is important that all churches in the CPCE safeguard an integral understanding of ordination, and that, therefore, reordination is not required if a person in local ministry later becomes qualified for, and is appointed to, a regular pastoral ministry (*Pfarramt*).

she should be eligible for full time ministry without being reordained.

68. Since ordination is in principle conferred only once in a lifetime it should normally be a requirement that the ordinand be ready for a lifelong ministry, responding to the engaging vocation of God and the church, even if such a development is not arranged or envisaged at the time of ordination.[56]

69. The expressed commitment of the ordinand is an indispensable part of the ordination liturgy. It generally has the form of an affirmative response by the ordinand to questions raised by the presiding minister. The church, on the other hand, commits itself to support the ordained by its prayers and encouragement and to provide appropriate conditions for the exercise of the ministry. The presence and affirmation of the congregation at ordinations represent the corporate participation of the church in which the ordinand is to serve, and also the ecumenical perspective that the ministry of word and sacraments is instituted not for a local church only, but for the one holy catholic and apostolic church.[57] Within the CPCE, this is expressed in the mutual recognition of ordination for the ministry of word and sacraments (LA 33, cf. above no. 57).

70. It is a broadly agreed practice among the churches, both in CPCE and in the worldwide *oikoumene*, that ordination shall be conducted by persons who are themselves ordained, usually with participation also of non-ordained persons.[58] They exercise their task on behalf of the whole congregation which calls the ordinand into the service of the whole people of God. Since ordination also includes the recognition of ministers beyond the confines of the individual congregation and church, the ordina-

---

[56] Cf. the relevant argument in: The Faith and Order Advisory Group of the Church of England: *The Mission and Ministry of the Whole Church. Biblical, Theological and Contemporary Perspectives*, 2007, p. 67 (seqq.).

[57] Lund Statement, no. 55.

[58] Ordination by ordained persons corresponds to the Reformation tradition and ensures ecumenical compatibility (cf. FSPC, *Ordination*, p. 70).

tions are normally performed by persons entrusted with the ministry of episkopé. Ordinations commonly take place in the churches (e.g. cathedrals) where the ordaining ministers serve, or in the churches where those to be ordained shall work.[59] In both cases the interrelation between the world-wide church and the local congregation, should be expressly stated.

2.4 Ministry and Exercise of Episkopé

2.4.1 Meaning and Function of Episkopé

71. The term ›episkopé‹ has become important in ecumenical discussions during the last three decades. It refers to the practice of pastoral oversight, with the purpose of ensuring both the »being« (*esse*) of the church and its »well being« (*bene esse*). The tasks of episkopé are »to hold the local congregations in communion, to safeguard and hand on apostolic truth, to give mutual support and to lead in witnessing to the Gospel«.[60] Thus it is a service both to the unity and the apostolicity of the church.[61] Episkopé has been exercised in this sense from the earliest times of the church. Historically, episkopé and church leadership belong together and include oversight in doctrine and worship as well as pastoral practices and management of institutions, finances and personnel regulations. Its institutional and ministerial forms evolved gradually in the early church, as congregations grew and became more numerous.

---

[59] In the Methodist tradition ordinations take place at the Annual Conference which represents both the local and the world-wide church.

[60] NMC, no. 91.

[61] In their dialogue with Anglican churches, the Lutheran and Reformed churches of France state together in the Reuilly Common Statement: »We believe that a ministry of oversight (episkope), exercised in personal, collegial and communal ways, at all levels of the church's life, is necessary to witness and to safeguard the unity and apostolicity of the church.« (no. 31.i; cf. Meissen A 4).

72. Episkopé is a service in and for the church, not an exercise of domination over it.[62] For the Reformation it was important to limit the power of the bishops, separating their spiritual task, understood essentially as a regional ministry of word and sacraments, from the exercise of worldly power (CA XXVIII).

73. In Protestant settings episkopé is shaped and exercised for each particular church. At the same time, each church belongs to the one church of Jesus Christ. By examining the preaching and the spiritual life of the congregation the exercise of episkopé carries out responsibility for the gospel as core to the apostolicity and the unity of the church. Episkopé is therefore a service also for the unity of the church universal and cannot be considered properly without this ecumenical perspective.

74. Traditionally and still today, an important task of episkopé is to conduct visitations, which have both spiritual and legal connotations. The focus is here on the congregations within a particular church. Visitations are carried out *by the church, and for the church*. They are generally exercised by ministers of episkopé in cooperation with representatives of the church's synodical structures locally and regionally.

2.4.2 Episkopé as Shared Responsibility in the Church

75. The institutional development and understanding of episkopé have been described with different emphases. The BEM document sees episkopé as a function of episcopal ministry and identifies it with pastoral oversight (cf. nos. 21, 23, 29). The ensuing ecumenical discussion led to a more differentiated discernment of the notion of oversight. However, the understanding of episkopé has been determined, to a large extent, by the function of spiritual oversight by bishops or superintend-

---

[62] The Neuendettelsau Theses put it this way: »The churches of the Reformation […] understand the ›service of episkopé' exclusively as a service to the unity of the church, not as an office [Amt] over the church, but as a service [Dienst] in the church.« (I.1.D).

ents. Episkopé in this tradition is therefore primarily identified with the ministry of oversight.

76. In a broader sense, and corresponding with former documents of the CPCE,[63] the understanding of episkopé emphasizes the tasks of pastoral oversight as well as spiritual leadership and governance within the church. In some CPCE churches the function of episkopé is more directly exercised by personal ministries of oversight than in others. However, in all churches of CPCE, leadership is in a broad sense carried out by synods and synod-appointed bodies (with the participation of both ordained and non-ordained persons)[64] in close interaction with ministers appointed especially for the service of oversight. This reflects the fact that the »order of ministries« (cf. nos. 38 seqq.), instituted to serve the ministry of all Christians, is broader than the ministry of word and sacraments.

77. There is broad agreement among Christian churches that episkopé has to be exercised at the same time in personal, collegial and communal ways.[65] However, the ways in which these three dimensions are interrelated vary considerably. Most Protestant church orders maintain a balance between the personal and the communal element of episkopé by means of regulated interaction between ministers of episkopé and synodical forms of church governance at local and regional levels. Synodical structures are maintained by representative bodies such as parish councils, presbyteries and synods on different levels, in

---

[63] Cf. the first sentence of the chapter on »The Service of Leadership (episkopé)« in Tampere Theses 3: »The task of leadership of the community also belongs to the service of the word.«; *Freedom is binding* (fn. 1), no. 2.2.1.1: »The understanding of ministry, ordination and spiritual leadership of the church (episkopé) is one of the core questions in ecumenical conversation.«

[64] When we speak of »non-ordained persons« in this document, we apply a narrower understanding of ordination referring only to the ministry of word and sacraments, thus counting the ordained elders in some Reformed churches as non-ordained.

[65] Cf. Porvoo no. 32.k; Reuilly no. 31.i (see above fn. 61); NMC, no. 94.

which ordained and non-ordained persons work together. Personal ministry of oversight is one element within the whole of episkopé in the life of the church. It is maintained locally by parish ministers and regionally by deans, superintendents, bishops and church presidents. Within the whole of episkopé the overseeing task of those who share the ministry of episcope at regional and local levels is to bear continuous witness to the fact that the church, also institutionally, has the gospel as its determining criterion. As members of the body of Christ and sharing in the ministry of the whole people of God, ordained and non-ordained baptized persons are enabled to take part together in the whole sphere of episkopé.

78. The models of interrelating personal and synodical services of episkopé at regional level, and of distributing authority between them, vary considerably among the churches of the CPCE. Bishops and presidents are in some cases selected by synods, conferences or church councils, in others by the ministers in their dioceses, together with a representative number of church council members. Thus the electorate always includes a large number of non-ordained persons.[66] Generally in the CPCE churches, bishops and presidents are not appointed only by ordained ministers or by other bishops alone. Also, he or she does not exercise his/her episkopé independently of synods or conferences.

79. Thus the models converge among the churches of the CPCE by the fact that they emphasise the shared responsibility of ordained and non-ordained persons in the episkopé. This convergence is especially important in relation to the questions emerging from the existing agreements with Anglican churches (such as Meissen, Porvoo and Reuilly) concerning the understanding of episkopé (cf. Resource Material, ch. 4.2.7) and the implementation of these agreements among CPCE churches. The Reformation understanding of church unity maintains that

---

[66] In the Lutheran Church of Slovakia even all baptized and confirmed members of the church elect the bishop.

the witness of the gospel in word and sacraments in the church is entrusted to the whole people of God, and is upheld in the church's public worship by a specially called ministry, which includes the service of episkopé. This ministry is not a guarantee for the unity and faith of the church, but serves the church in its calling to adhere to the apostolic truth and remain united with Christ in faith.

3 Recommendations

1. We recommend that the churches of CPCE and all Christian traditions have a new critical look at their ministries and reflect on the role of their ministries in their ongoing church divisions and separations, so as to keep the unity of the Spirit in the bond of peace.
2. We recommend that the churches of CPCE work further on a common understanding of the concept of an order of ministries to which the ministry of word and sacraments and the ministries of diakonia and episkopé indispensably belong.
3. We recommend that the churches of CPCE respect the correlation of the service of public preaching and the administration of the sacraments broadly affirmed in the theology of ordination, and ordain the persons entrusted with preaching and administering the sacraments.
4. We recommend that the churches of CPCE consider their doctrine and practice of ordination regarding the question of which ministry shall be ordained and which commissioned, in order to ensure the mutual recognition of ministries, and to strengthen the commitment with CPCE as a whole, and with the wider ecumenical movement in general.
5. We recommend further study on the diaconate, given the fact that the diaconal ministry is understood and ordered in several different ways within churches of CPCE. One particular aim should be to clarify its position in relation to ordination.
6. We recommend that the churches of CPCE present the understanding of episkopé in the ecumenical discussion neither as an exclusive task of bishops nor of the ministers of word and sacrament but as a shared responsibility, in which church councils, synods and conferences participate. We recommend that they consider the communal, collegial, and personal elements of episkopé.
7. We recommend further study on the relationship of pastoral oversight, spiritual leadership and governance within the understanding of episkopé.

8. We recommend to those churches of CPCE which do not yet ordain women that they take seriously the broad consensus among the CPCE churches that the ministry of both women and men is a gift of God.

9. We recommend that the churches of CPCE work further on a common understanding of a policy faithful to the gospel in the evaluation of persons living in homosexual relationships, who are called into the service of ministry.

10. We recommend further study on the question how the CPCE model of unity in reconciled diversity can be developed in the light of Christ's calling for the unity of the church, in order to deepen the communion which already exists between the member churches of CPCE and in order to find links and connections with other churches.

4 Resource Material

Note: This text was not discussed intensively either by the doctrinal study group or by the CPCE Council. When it was sent to the CPCE churches in 2010, comments to this text were not requested, and thus it was not revised in 2011. Not all formulations will be supported by all of the editors, and a lot of refinement might still be done. The broad line of the argument, however, is accepted and gives important supplementations to the statement.

4.1 Historical Account

1. The position of the Protestant churches towards ministry, ordination and episkopé as laid down in the ›Statement‹ claims to be in accordance with Scripture and – in Protestant application – with tradition, as we encounter it in the history of the church of Jesus Christ. From the beginning, there were certain ways of understanding and ordering the ministries within the church. This began in the period of the New Testament, even though the New Testament text itself does not present us with a doctrine of ministry. In this section, we trace the historical development that lies behind our present understanding(s) of ministry. The intention is not yet to establish norms from the New Testament witness or the heritage of the Reformation (this will be done in part 4.2), but to expound both the diversity and the continuity of the patterns and forms of ministry within the Protestant churches.

4.1.1 The New Testament

2. The often claimed alternative between charism and ministry does not even exist in Paul's theology, since the work of the Spirit is indivisible. In 1 Cor 12:28, both functions assigned to persons and extraordinary abilities are related to God's ordering action in the same way. The list of charisms in Rom 12:6–8 also

attests the main tendency of Paul's approach: In the charisms God's grace becomes concrete, so that their arrangement, ordering and continuity are natural elements of the Spirit's activity.

3. Paul formulates in 1 Cor 12:28 the first three charisms (apostles, prophets, teachers) in personal terms, indicating that an established group of people exercises a specific function related to the congregation for a certain period. In this sense we can speak about ministries with regard to Paul.

4. The Apostles' ministry underlines in a special way the early Christian missionaries' calling and their skills in leading and planting new congregations. This ministry is concentrated on Jerusalem in the first period (cf. 1 Cor 15:3-11; Gal 1:17-19), but can in no way be limited to the Twelve, to the Christian community in Jerusalem or to men alone (cf. 1 Cor 15:7; Rom 16:7). There is no unitary concept of apostle in the New Testament – on the contrary there are different views of the office. Paul understood his apostleship as the calling to spread the gospel and to call the Gentiles to the obedience of faith (cf. Rom 1:1-6). Prophets and teachers obviously had their own tasks, among them manifesting Jesus' will for the community and interpreting the (oral or scriptural) *kerygma* and the texts of Scripture. The Acts of the Apostles and the Letter to the Ephesians mention alongside these offices evangelists who are appointed by Christ, without any precise description of how their calling took place (Acts 21:8; Eph 4:11).

5. Acts 11:30; 14:23; 15:2 make clear that already in the earliest communities there were *presbyteroi*, persons holding a leading position in the communities. In Paul's farewell-speech at Miletus the *presbyteroi* (of the era after Paul) are addressed (Acts 20:17). They are instituted as *episkopoi* through the acting of the Spirit and receive the mandate »to shepherd the church of God« (Acts 20:28). Luke uses here two different terms for the same group of officials, possibly harmonizing different concepts (or constitutions) of ministry that stood behind these terms.

6. In Phil 1:1 Paul mentions – without further explanation – *episkopoi* and *diakonoi* (bishops and deacons or overseers and

helpers). Obviously these are several persons who administer tasks generally known in the community. Their particular position in the community is emphasized in the opening of Paul's letter. The term's usage makes it appear that the *episkopoi* exercised a leading position within the communities. Probably they were leaders of house churches (1 Cor 1:14; 16:15-16, 19; Rom 16:5, 23; Acts 18:8) who put their houses at the disposal of local Christians and supported the respective community in diverse manners as patrons. Looking at the Philippine community (which grew and divided itself into several house churches) we may assume that persons with natural authority were chosen for this task. The *diakonoi* served as helpers of the *episkopoi* and were likely to have had a special responsibility for the preparation of the Eucharist. Additionally, they were in charge of collecting and distributing the gifts.

7. A distinct shift towards a fixed structure of ministries can be perceived in the post-Pauline period, especially in the Pastoral Epistles. By a new structure of ministry, the house churches that were isolated and threatened by heresy should be joined together to a local community as the one house of God. This local community should now be presided over by one *episkopos*. This concept is connected with a basic reference to Paul, notably indicated by 1 Tim 3:15 (cf. also Titus 1:7).

8. The author of the Pastoral Epistles was confronted with the task of combining and re-interpreting two patterns of constitution that were presumably already existing in the communities. In the Pastoral Epistles we find both statements about a constitution based on *presbyteroi* (1 Tim 5:17-19; Titus 1:5-6) and mirrors of duties for *episkopoi* and *diakonoi* (1 Tim 3:2-13; Titus 1:7-9). The goal was obviously not a merger of both patterns of constitution, since only in Titus 1:5-9 do both structures stand beside each other without being truly combined. Instead the author of the Pastoral Epistles favours an episcopal constitution combined with the ministry of deacons.

9. According to 1 Tim 3:1 the office of *episkopos* is a noble task to which one is to aspire. The *episkopos* no longer presided over a house church, but was in charge of leading a local com-

munity, supported by deacons and responsible *presbyteroi* (elders). The intended reorganization of the episcopal ministry and the gradual overcoming of the presbyterial constitution is illustrated by the ordination of Timothy in 1 Tim 4:14. Although Timothy has hands laid on his head by the *presbyteroi* (but note that according to 2 Tim 1:6 Timothy was ordained by Paul), he is ordained as *episkopos* of the whole community. The ordination was a spiritual, a legal and an institutional act strengthening the authority of the office holders in their task of maintaining and preserving the tradition.

10. Not least the appearance of heretical doctrines and their success in the house churches accelerated the establishment of a functional leading ministry. The *episkopos* should be responsible for the whole community (cf. 1 Tim 5:1–21). The Church as a holy building and as an institution founded on God, in which the truth of Jesus Christ is present (cf. 1 Tim 3:15–16; 2 Tim. 2:19–21), has to defend itself against the heresy.

11. Nevertheless, legal categories do not define the nature of the episcopal ministry, which is primarily a spiritual ministry, so that the ability of teaching qualifies for leadership of the community. The *episkopos* is addressed as a housekeeper of God (Titus 1:7–9), who holds on to right doctrine and who resists opponents. The *episkopos* does not rule, but personally stands for the unity of the community.

12. Altogether the understanding of ministry in the New Testament shows a personal and a functional dimension: proven and commissioned men and women perform their tasks/ministries in the communities and give support in the preaching of the gospel. All this is done in faithfulness to the truth of the gospel.

4.1.2 The Church in Antiquity and Middle Ages

13. In the second century, there was a development towards a more hierarchical understanding and ordering of ministry. Important steps are the First Letter of Clement with its confrontation of clergy and laity (40:5) and its first indication of a concept of apostolic succession (42:1–4), and Ignatius of Antioch with

his demand of a hierarchical constitution: The bishop should have the leadership in the community, the colleges of presbyters and deacons were to be subordinated as counsellors and helpers. This was motivated with the protection of orthodoxy against heretical teaching.

14. But it was not before the third century that this hierarchical model based on the monarchical episcopate was implemented comprehensively. At the same time the ministry of bishops and presbyters was primarily understood as a priestly ministry for which an ordination was claimed. According to Hippolytus' Apostolic Tradition, deacons also had to be ordained by the bishop.

15. When, in the fourth century, the Church was organized all over the Roman Empire, the bishops' function was shifted from leader of a local community towards leader of a diocese consisting of several congregations. Thus the presbyterate lost its collegial character and was understood as representing the bishop at the local level, in preaching and in administering the sacraments. Also the significance of the diaconate began to decline. For centuries, it had been a ministry with its own tasks in liturgy and service, but especially in the West it became more and more a transitional order, a kind of preparatory status for the presbyterate.

16. In the Middle Ages, the ministry was theologically defined by the presidency at the eucharist. Therefore it was identified as a priestly ministry, while the service of preaching the gospel played a subordinate role or even none at all. The presbyterial ministry was considered as the basic form of ministry. Many theologians regarded the episcopal office not as a specific ministry in theological sense, but as an institution of authority in juridical sense.

4.1.3 The Reformation

17. The Reformation originated in the rediscovery of the gospel as the message of justification by grace alone through faith. This led to a new understanding of the church as a *creatura* of this gospel and as the community of the believers. Both princi-

ples brought about new approaches to the theology and practice of ministry that were common to all groups within the Protestant movement, becoming the basis for abiding differences from the Roman Catholic Church, and in fact also from the Eastern Orthodox churches.

18. The most important common features were: a new emphasis on the calling of the whole people of God, a new understanding of the presbyterial/pastoral ministry as service to the Word, and a recognition of the necessity of ordination as a specific form of commissioning for this service. As the community of all baptized believers shares in the priesthood of Christ, the basic understanding and designation of the particular ministry now was »pastor« or »preacher«.

19. At the same time the Reformation was diverse from the beginning and drew different conclusions from the common theological convictions. It is particularly important that the Lutheran Reformation was conservative towards the tradition and wanted to change only such principles of shaping that were likely to obscure the truth of the gospel. Therefore the episcopal ministry could be re-interpreted in a Protestant way and thus preserved in the Scandinavian countries. By contrast the Reformed wing of the Reformation was clearly critical of the tradition and claimed to be reshaping the life of the church in accordance with the criterion of the Bible. From this arose, for example, the new division of the ministry into pastors, elders and deacons, which is customary only in Reformed churches.

20. Alongside these theological differences there were differences in the historical situation in which the Reformation was implemented. The Lutheran churches were able to establish themselves in Germany and northern Europe thanks to the promotion by princely power. Therefore in their structures they leaned strongly on the princely state with its personal exercise of rule. In Switzerland, too, the Reformation was carried through in close cooperation with the authorities, and the churches bore a state-church stamp. But the cantons there had a republican constitution, and so the collegial element was developed more strongly from the beginning. Special emphasis was put on the

communal element in those churches, which had to organize themselves under a hostile or at best indifferent authority and to this end developed the presbyterian-synodical model. Above all, these were the Calvinist churches in France, the Netherlands and Hungary (where, however, initially the synods consisted purely of ordained ministers), but also Lutheran churches, e. g. in the duchy of Jülich-Kleve-Berg.

4.1.4 Further Developments in Modern Times

21. The basic models of Protestant church constitution which came into being at the time of the Reformation developed further, as the centuries passed. One line of development was the restoration of a clerical personal episkopé in the German territories, where initially only the local state government of the church had determined the shape: the local ruler, as *summus episcopus*, appointed theologians as superintendents, etc.

22. A further development took place in Hungary as early as the 17th/18th centuries (finally in the Synod of Buda 1791) and elsewhere primarily in the 19th and early 20th centuries: in many churches which had an episcopal or consistorial constitution, the presbyterian-synodical model was taken over or combined with the existing model. This usually happened in several stages. It changed not only the church government but also the competence for particular spheres of episkopé. Theological arguments (taking heed of the universal priesthood of all believers as a formative principle) and developments outside the church (democratization in political life) combined to produce the preference for the presbyterian-synodal model.

23. Methodist forms of church order have a particular stamp due to its formation as a lay movement within the Church of England. The United Methodist Church goes back to the year 1784 when following the revolutionary war and the dissociation of British and American Anglicans John Wesley saw himself obliged to ordain elders and a superintendent for the Methodists in the United States. The first superintendent in the United States then took the title ›bishop‹. By contrast, the Methodist Church in Britain, which came into being only after Wesley's

death, renounced of an episcopal office, thus dissociating itself from Anglicanism. The decisive authority, however, in the Methodist churches on both sides of the Atlantic Ocean was the Conference (now composed of ordained and non-ordained members) which grew out of the regular gatherings of the preachers who were ›in connexion‹ with Wesley. (Connexionalism has been a characteristic term for describing Methodist ecclesiology ever since.)

24. A twofold motivation also underlies the opening of ministries to women by the Protestant mainline churches during the 20ᵗʰ Century. Here social developments have played just as great a role as the theological insight into the equality of both sexes before God.

25. Developments in most recent times are also contrary. First, it can be noted how the ecumenical links of individual churches have led to an examination and adjustment of their theology and practice of ministry. An eminent example is the restoration of the threefold ministry on the model of the early church in several Nordic Lutheran churches. Here the link with the Anglican churches has been particularly important.

26. Ecumenical discussion has also drawn greater attention to the exercise of episkopé. The Lutheran churches in particular have indicated in interconfessional conversations, e. g. with Anglicans and the Roman Catholic Church, a readiness to orientate episkopé more strongly on the episcopate. But how far this will be put into practice in church order is still an open question. Thus the Anglicans insist that the Porvoo declaration between the Anglican churches of Great Britain and Ireland and the Nordic and Baltic Lutheran churches makes it necessary for example to abandon ordination by the bishops' representatives, as is customary in Norway and Denmark.

27. Another development has been sparked off by the difficulties that many churches experience in guaranteeing comprehensive coverage of the service of proclamation by academically trained and full-time theologians. This has led to the opening up of alternative ways into the ministry, and thus also to different practices of ordination. Pragmatic considerations and theo-

logical arguments are likewise interwoven in the arguments for the different solutions.

4.1.5 Assessment of the Historical Evidence

28. It is clear that not only did a new approach to the understanding and shaping of ministries come about in the 16th century, but that there were also many changes in the subsequent period. However, neither the time of the Reformation nor current practice can have normative significance for the Protestant churches. Rather, the interweaving of pragmatic and theological arguments for the current different forms of the shaping of ministry, ordination and episkopé calls for further reflections.

4.2 Discussion of Particular Problems

4.2.1 The »Priesthood of all Believers«

29. As seen above (nos. 17–18), the new Reformation understanding of the church and of ministry was connected with a new understanding of priesthood as pertaining to all Christians. The central significance of the idea of the »priesthood of all believers« for the common Protestant understanding of ministry, ordination and episkopé is highlighted e.g. in the Neuendettelsau and Tampere Theses as well as in CJC.[67] The Methodist Church, too, regards the formula of the priesthood of all believers as a »shorthand version« of the idea that all members of the church participate in the ministry and mission of God: The different ministries merely stem from the fact that the church needs a structure »and therefore different orders and roles exist within the one ministry of Christ dispersed throughout the whole people of God«.[68]

---

[67] Cf. Neuendettelsau Theses I.3.A; Tampere Theses 2 (cf. Statement, no. 9); CJC I.2.5.1.2 (cf. Statement, no. 11). Cf. even Meissen no. 4 = Reuilly no. 19: »The vocation of all the baptized is to live as a corporate priesthood offering praise to God, sharing the good news and engaging in mission and service to humankind.«

30. From a historical perspective, however, the »priesthood of all believers« was not a predominant feature at the time of the Reformation. The virtually axiomatic character of this concept for Protestant ecclesiology and the doctrine of ministries cannot appeal directly either to the Lutheran or to the Reformed confessional writings of the sixteenth century. It is rather the result of a productive further development of basic impulses of the Reformation, for which appeal is made to the witness of Holy Scripture and also to statements of Luther which appear throughout his writings.

31. Martin Luther did not speak of the universal priesthood of all believers as it became usual in 18th century pietism. But when he appealed to the nobility to promote the Reformation, he (with reference to 1 Peter 2:9 and Rev 5:10) opposed the traditional distinction between laity and clergy (representing a higher »spiritual estate«) and claimed that »we are all consecrated as priests by baptism«.[69] For Luther, all Christians belong to the spiritual estate and the understanding of their »priesthood« is christologically founded, as participation in Christ's priestly office.[70] It has to be noted that, apart from the Small

---

[68] The Nature of Oversight: Leadership, Management and Governance in the Methodist Church in Great Britain, 2005, no. 4.4.3. (for download in http://www.methodist.org.uk/index.cfm?fuseaction=opentogod.content&cmid=1235)

[69] »We are all consecrated priests through baptism, as St Peter says in I Peter 2 [:9], ›You are a royal priesthood and a priestly realm'. The Apocalypse says, ›Thou hast made us to be priests and kings by thy blood' [Rev. 5:9–10] [...] It follows from this argument that there is no true, basic difference between laymen and priests, princes and bishops, between religious and secular, except for the sake of office and work, but not for the sake of status. They are all of the spiritual estate, all are truly priests, bishops, and popes. But they do not all have the same work to do« (To the Christian Nobility of the German Nation. Concerning the Reform of the Christian Estate, in: *Luther's Works*, vol. 44, ed. James Atkinson, Philadelphia 1966, p. 127,129).

[70] »Thus Christ has made it possible for us, provided we believe in him,

and Large Catechisms and the Smalcald Articles, which are part of the Lutheran confessional writings, Luther's writings do not play a formal and general role as a doctrinal norm in the Protestant churches. The only Lutheran confessional writing to mention the universal priesthood, more precisely the priesthood of the church or the community, is Melanchthon's treatise »De potestate et primatu Papae« (1537), where it serves as an evidence for the right of the congregations to elect and to ordain their pastors.[71]

32. Similarly, the Reformed confessional writings in general do not speak of a universal priesthood. The Confessio Helvetica Posterior refers to 1 Peter 2:9, but distinguishes the royal priesthood from church ministry.[72] According to the Genevan and the Heidelberg Catechism, all believers, by sharing in the body of Christ, participate in Christ's anointing to be prophet, king and priest.[73] However, acting as »priests« in this connection only means that the believers offer themselves and their service as a sacrifice to God. It can hardly be said that the Reformation de-

---

to be not only his brethren, co-heirs, and fellow-kings, but also his fellow-priests. Therefore we may boldly come into the presence of God in the spirit of faith [Heb. 10:19,22] and cry ›Abba, Father!‹, pray for another, and do all things which we see done and foreshadowed in the outer and visible work of priests« (The Freedom of a Christian, in: *Luther's Works*, vol. 31, ed. Harold Grimm, Philadelphia 1957, p. 355). At the same time, Luther strongly emphasized that the priestly status of every Christian does not do away with the need for those to serve as pastors in the church to be properly called.

[71] Cf. *Creeds and Confessions II*, p. 161-162.

[72] Cf. ibid., p. 500: »To be sure, Christ's apostles call all who believe in Christ ›priests‹, but not on account of an office, but because, all the faithful having been made kings and priests, we are able to offer up a spiritual sacrifices to God through Christ (Ex 19.6; 1 Pt 2.9; Rv 1:6). Therefore, the priesthood and the ministry are very different from one another. For the priesthood, as we have just said, is common to all Christians; not so is the ministry.« (ch. 18).

[73] Cf. Genevan Catechism 1542/45, qq. 40-45; Heidelberg Catechism, qq. 31-32 (ibid., p. 324-325, 434-435).

rives the ministry of word and sacraments from the concept of the »universal priesthood«.

33. The question whether the axiomatic status of the doctrine of the universal priesthood for present Protestant doctrine of ministries is sufficiently grounded in Scripture and tradition is raised both outside and within the Protestant churches. However, in this question the Lutheran confessional writings cannot be played off against Luther, simply because they have not adopted his terminology of the priesthood of all believers. In general the confessional writings in the Protestant churches have the status of an authoritative witness (but subordinate to Scripture). Lutheran as well as United churches call them *norma normata*, which for its part has constantly to be examined for its accord with Scripture.

34. This principle is emphasized even more strongly in the Reformed and Methodist tradition. The Reformed churches do not regard the formation of confessions as relatively complete, as does the Lutheran tradition. According to the Reformed understanding the confessional writings of the sixteenth century are therefore not unchallengeable, but in some circumstances need correction. Neither does the Methodist Church recognize any commitment to Reformation confessional writings. Instead, it refers to the »Apostolic faith« meaning the beliefs of the early followers of Christ, as expressed in the »fundamental principles of the historic creeds« (the Apostles' Creed and the Nicene Creed), »and of the Protestant Reformation«.[74]

35. In principle the confessional writings are therefore to be heard as a witness to the Reformation even today. Like Holy Scripture, however, they have to be understood from their centre, namely the gospel of justification. Only if there are important

---

[74] Cf/ http://www.methodist.org.uk/index.cfm?fuseaction=opentogod. content&cmid=1620. Also the UMC dignifies confessions of faith from the Reformation but states that »the basic measure of authenticity in doctrinal standards [...] has been their fidelity to the apostolic faith grounded in Scripture and evidenced in the life of the church through the centuries« (UMC Book of Discipline 2008, §101, p. 42–43).

biblical-theological reasons, a divergence from the confessional writings can be justified theologically.

36. The designation of Christians as a people of priests in 1 Peter 2:5.9 and Rev 1:6 is metaphorical language which takes up Old Testament motifs (cf. Ex 19:6; Isa 61:6). However, early Christian ministries are not mentioned in these passages. Rather, here we have the idea that the Christ event opens up direct access to God for all who believe, an access which no longer needs priestly mediation in the cultic sense.

37. The connection of ministries with the universal priesthood of all believers or the community can be developed in terms of biblical theology more appropriately from the Pauline doctrine of the body of Christ and the doctrine of charisms linked with it (cf. Rom 12:3–8; 1 Cor 12:14). On the basis of this the inner unity of the ministry of word and sacraments with the task of all Christians to bear witness to the gospel can be defined in a way which does not run counter to the Lutheran and Reformed confessional writings. This theological foundation also corresponds to the Methodist perspective, which says: »There is but one ministry in Christ, but there are diverse gifts and evidences of God's grace in the body of Christ (Ephesians 4:4–16).«[75]

38. It emerges from 1 Cor 14:26–33 that in Paul's view all members of the community can be enabled by the Holy Spirit to preach, whether »in tongues or in prophetic speech«.[76] However, the apostles, prophets, teachers and miracle workers of whom Paul speaks in 1 Cor 12:28 are appointed by God, not by the community. Alongside the gift of healing, finally the gift of leading the community is also derived from God (cf. also Rom 12:4–8). Paul is convinced that he, like the disciples who accompanied Jesus in his lifetime, is called directly »through Jesus Christ and God the Father«, not by human beings who have

---

[75] UMC Book of Discipline 2008, § 130, p. 90.

[76] According to 1 Cor 14:33b–36, however, women are to be silent in the community. We need not go into the question here whether this is a post-Pauline interpolation.

given him a ministry (cf. Gal 1:1). In principle there can be no doubt that the apostle's preaching and church-planting service is distinguished from the calling of all Christians to bear witness to Christ, not only in Paul but also in the other writings of the New Testament. But the Pauline doctrine of charisms indicates that this distinction is relative in that the charism and task of preaching is not given exclusively to the apostles or limited to a particular group of ministers (cf. Rom 12:7-8). What Paul designates a special gift of the Spirit in respect of the service of preaching and leading the community is appropriately expressed theologically by the notion of the *vocatio interna* which finds confirmation in ordination or commissioning by the community in the *vocatio externa.*

39. Johannine theology also suggests the idea that the service of proclamation is not reserved for a special ministry, but in principle is imposed on all believers. The Johannine writings speak of the witness (*martyria*) of faith. But the promise of the Paraclete in the farewell discourses of Jesus in John 13-16 is also significant where Jesus sends (Greek *apostellein*) his disciples into the world, as the Father has sent him (John 17:18; 20:21; cf. John 4:38; 13:20). The group of disciples gathered around Jesus ultimately represents the whole Christian community.[77] The Gospel of John neither knows defined ministries nor an exclusive possession of the Spirit, reserving it to the eleven disciples or the apostles or a church hierarchy. Based on this, it can be said that the concept of the priesthood of all believers in Luther and in present-day Protestant theology, though going beyond 1 Peter 2:5.9 and Rev 1:6, is quite appropriate biblically and theologically.

40. The crucial point of this concept would be misunderstood, if it were played off against the necessity of particular ministries and especially the ministry of word and sacraments (cf. Statement, nos. 41seqq.). But it means that, as the Tampere Thesis 2

---

[77] Only in John 17 and 20 does the distinction between the various generations of disciples play a role.

puts it, »the ministry [Dienst] of the word [...] always depends on the universal priesthood of the congregation and should serve it«. So it both reminds the whole people of God of its commission, and the ministers of word and sacraments of their responsibility for the ministry of all Christians. Thus, the concept is basic for the further interrelating of ministries. Moreover, it has a special significance for the understanding and the exercise of episkopé as a task which cannot be limited to the holders of the pastoral office (cf. Statement, no. 76).

4.2.2 The »Order of Ministries«

41. The term »order of ministries« which is basic for the relationship between the ministry of the whole people of God and the particular ministries in the church (cf. Statement, nos. 38–39) has been introduced by the document *The Church of Jesus Christ*. CJC equates it with an »ordered ministry«[78] and prefers the latter term. The usage here in CJC is not congruent, since the »ordered ministry« is seen on the one hand to be equated with the ministry of word and sacraments,[79] and then, on the other hand, it is used as a more comprehensive term.[80]

---

[78] Cf. CJC, p. 97 (ch. I.2.5.1): »The witness and service of the church need the institutions of worship and the transmission of the Gospel. Therefore an order of ministries (an ›ordered ministry‹) grounded in of the universal priesthood of the believers is required.«

[79] Cf. CJC, p. 99–100 (ch. I.2.5.1.2): »Wherever the church exists it needs an ›ordered ministry‹ of public proclamation of the gospel and administration of the sacraments.«

[80] Cf. CJC, p. 100 (ch. I.2.5.1.2): »the expression ›ordered ministry‹ refers to the totality of all ministries and services in the church in the sense of thesis 3 of the Tampere Theses. The ministry conferred through ordination is part of this ordered ministry.« Tampere Theses 3 refers to the service of episkopé and states that »leadership of the congregation is also exercised through other ›ministries‹ [Dienste] and does not only fall to the ordained ministry«. Cf. also CJC, p. 100 (ch. I.2.5.2), according to which the full-time employees in the diaconic work of the church »take part in the ordered ministry of the church«.

Because of this lack of clarity, we avoid the term »ordered ministry« in this document.

42. Another problem is the relationship of »ordered ministry« to the term »ordained ministry« that has often been used in ecumenical settings since the BEM document. Based on this terminology, the former CPCE documents sometimes used this term, too, in referring to the ministry of word and sacraments.[81] But the »ordained ministry« according to BEM is not just a ministry »ordained by God«, but also a ministry conferred by ordination.[82] This fits well with the Roman Catholic Church, the Eastern Orthodox and the Anglican churches, where both bishops, priests and deacons are ordained. Among the churches of CPCE, however, the practices vary somewhat as to the specific ordered ministries for which candidates are expected to be ordained (cf. Statement, no. 64). For clarity's sake, we avoid the term »ordained ministry«, too.

43. The subject, however, is most important, and so both theological and terminological clarity is necessary. For CPCE, the issue is of special relevance, as there are differences between the confessional traditions within Protestantism. Many Lutherans, starting from CA V (»De ministerio ecclesiastico«), will claim that there is no other divinely ordered ministry than the *ministerium verbi*. Reformed theologians, in contrast, speak of several ministries, with reference to John Calvin's doctrine of the fourfold or threefold ministry. It has to be observed, however, that Calvin also emphasizes a ministry in the singular: »this human ministry which God uses to govern the church«.[83] This

---

[81] Cf. e. g. nos. 8–11 in the Introduction.

[82] Cf. BEM, Ministry, no. 7.d: »The term ordained ministry refers to persons who have received a charism and whom the church appoints for service by ordination through the invocation of the Spirit and the laying on of hands.«

[83] Calvin, *Institutio* IV.3.2. Cf. *Opera Selecta* 5, 44 line 15–17: »[...] hominum ministerium, quo Deus in gubernanda ecclesia utitur, praecipuum esse nervum, quo fideles in uno corpore cohaereant [...]«; English translation by Henry Beveridge, Esq:.

ministry includes several »*officia*«. Therefore the concept of a structured or differentiated ministry (»gegliedertes« or »differenziertes Amt«) became familiar in the Reformed and United churches in the German-speaking parts of Europe.[84] On the other hand, some Lutheran churches have more recently approved a multiplicity of ministries; especially those churches which, with the Porvoo Declaration, have taken a positive stance towards the threefold ministry according to BEM and created a new form of diaconate.

44. The term »order of ministries« has the advantage of leaving open the question of one single »ordered ministry«, exercised in various forms, or several »ordered ministries«. This (rather academic) question should be examined in further doctrinal talks. More important is the question of the elements of the order of ministries along with its structure.

45. While stating that three ministries (or components of the one ministry) are indispensable within the order of ministries (cf. Statement, no. 40), we emphasized the legitimacy of variety in the ordering of the ministries. This principle of legitimate diversity is opposed to the convictions of many other Christian churches, e.g. the Roman Catholic Church and the Orthodox and Anglican churches, and in fact constitutes a major obstacle to ecumenical rapprochement. The »Baptism, Eucharist and Min-

---

[84] Cf. e.g. ›Theologische Überlegungen zum gegliederten Amt‹ (1970) of the Theological Board of the Evangelical Church of Westphalia, in: *Amt und Ordination im Verständnis evangelischer Kirchen und ökumenischer Gespräche*, ed. A. Burgsmüller, R. Frieling, Gütersloh 1974, p. 88–89; FSPC, *Ordination*, ch. 4.2 (p. 44) or the basic order of the Evangelical Church of Berlin-Brandenburg-Silesian Upper Lusatia, no. II.2: »Der Heilige Geist erbaut und leitet die Gemeinde durch vielfältige Gaben und Dienste. Sie dienen alle dem einen Amt, dem sich die Kirche verdankt und das ihr aufgetragen ist: die in Christus geschehene Versöhnung Gottes mit der Welt zu bezeugen und zur Versöhnung mit Gott zu rufen. Alle Dienste, ob in Verkündigung oder Lehre, in Diakonie oder Kirchenmusik, in der Leitung oder der Verwaltung, sind Entfaltungen des einen Amtes.«

istry« document states that »the threefold ministry of bishop, presbyter and deacon may serve today as an expression of the unity we seek and also as a means for achieving it.« (no. 22). As this implies the expectation of the Protestant churches to introduce or reintroduce the threefold order,[85] this question deserves careful consideration. It is important to prove the conformity with both Scripture and reality in this principle.

46. It is obvious that the scriptures of the New Testament show a diverse picture of ministries and forms of leadership in the community, and these are not uniform. While this is even admitted by Roman Catholic and Eastern Orthodox theologians, there is a dispute about the question of a straight-line development in the New Testament towards the particular structure of ministries which emerged in the early church. Already in the early writings of the New Testament *presbyteroi* and *episkopoi* are mentioned who have a special function in the framework of leadership of the community. But only in the second century does this lead to the rise of the »monarchical episcopate« and the hierarchical division into bishop, presbyter and deacon (see above nos. 8–14).

47. The significance of the Pastoral Letters for the understanding of ministry, ordination and episkopé is ecumenically controversial. Protestant, Catholic and Orthodox exegetes agree in perceiving an institutionalization of the ministries of leadership, and the first emergence of a concept of a chain of office-holders in 1 Tim 3 and Titus 1:5–6.[86] However, whereas Protestant exegetes see this as the beginning of a development which leads to a distancing from the origins of a Christian understand-

---

[85] This has been more expressly outspoken by the Anglicans, cf. the Porvoo Common Statement, nos. 32.j and 41 with the Porvoo Declaration (ibid. no. 58, b. v. and vii) and the Reuilly Common Statement, no. 43.

[86] Cf. e. g. Ökumenischer Arbeitskreis evangelischer und katholischer Theologen: ›Das kirchliche Amt in apostolischer Nachfolge. Abschließender Bericht‹, in: *Das kirchliche Amt in apostolischer Nachfolge III*, ed. D. Sattler, G. Wenz, Freiburg i. Br. / Göttingen 2008, p. 167–267, here p. 199–200.

ing of ministry, Catholic exegetes interpret the development as the realization of an internal entelechy. According to them the conformity of church ministries and their structure with Scripture would consist in the historical continuity of this development, which is guided by the Holy Spirit.

48. By contrast, the Protestant churches emphasize that the New Testament does not hand down any unitary understanding of ministry but attests the freedom of the Spirit, which can be at work in different structures. Faithfulness to Scripture accordingly means that the concrete elaboration of church ministries and services must do justice to their function and be appropriate both for the one who bestows the ministry and for the one who receives it in terms of the distinction between the foundation, the shape and the mission of the church. Therefore concrete ordinances which the New Testament attests are not a direct norm but are largely to be considered as models constantly open to new implementations.[87]

49. The Reformed doctrine of the fourfold or threefold ministry grounded by Calvin is also to be understood in this sense. On the one hand Calvin's doctrine of ministries has been accused of biblicism, because he distinguishes between one-time and permanent ministries in the New Testament (cf. Institutio IV.3.5). On the other hand, the rationale for regarding a ministry as constitutive is governed by dogmatic and practical considerations. For Calvin the exegetical and historical criterion is that the ministries can be demonstrated in the earliest community and continued in the early church. However, Calvin finds it difficult convincingly to reject certain ministries and structures of ministry, e. g. bishop and prophet. Thus he does not reject episcopacy totally. Rightly understood, the Reformed doctrine of ministries shows how the hermeneutical criteria of accord with Scripture and with reality or the situation can be applied in the

---

[87] Cf. the remarks on the »normative position of its origin« in the 1972 ›Malta Report‹ of the Lutheran World Federation and the Roman Secretariat for Unity (nos. 51–54, *Growth in Agreement I,* p. 180–181).

concrete shaping of church order and the church ministries. Without being directly normative for today's churches, precisely in this respect the Reformed doctrine of ministries serves as a model for the present.

50. For Protestants, the most problematic issue with the threefold ministry according to BEM is the hierarchical gradation that can be observed in the Anglican, Orthodox and Roman Catholic churches. Especially the Reformed confessional writings emphasize that, as Jesus Christ is the sole ruler of the church, »all true pastors [...] have the same authority and equal power under one head, only one sovereign and universal bishop, Jesus Christ«.[88] According to Methodist tradition, too, »the ministry of all Christians is complementary. No ministry is subservient to another«.[89] And the Barmen Theological Declaration puts it this way: »The various offices in the Church do not establish a dominion of some over the others; on the contrary, they are for the exercise of the ministry entrusted to and enjoined upon the whole congregation.«[90]

51. It is therefore important for a Protestant understanding of ministry to have a reflected attitude toward levels of responsibility and authority. On the one hand it is clear that some persons are called to more comprehensive areas of service (geographically or professionally) than others, and that they may be given responsibility for persons serving in subordinate positions within their areas. It is true also, as in all social settings, that there must be a certain correspondence between levels of responsibility and levels of authority in order for management to function well. However, the church is a society *sui generis*,

---

[88] Confessio Gallicana XXX (*Creeds and Confessions II*, p. 383); cf. also Confessio Helvetica Posterior XVIII (ibid., p. 501–503); Acts of the Synod of Emden 1571, art. 1.

[89] UMC Book of Discipline 2008, § 130, p. 90.

[90] Thesis IV, quoted after *Creeds and Confessions III*, p. 508. In German: »Die verschiedenen Ämter in der Kirche begründen keine Herrschaft der einen über die anderen, sondern die Ausübung des der ganzen Gemeinde anvertrauten und befohlenen Dienstes.«

corresponding to the admonitions by Christ to his disciples in Matthew 20:25–28. The ordered ministries in the church are defined in relation to each other, mainly »horizontally« but to some extent also »vertically«. But this is always to be understood and practiced as *service*, in terms of functionality and complementing one another, and not as exclusive rights or domination.

4.2.3 Ministry of Women and Men

52. The largely common conviction among the Protestant churches concerning the openness of all ministries for both genders has been one of the most contentious issues within the ecumenical discussion on ministry. Therefore it seems valuable to summarize the arguments for the Protestant position in discussion with other positions.

53. The Bible attests that men and women are created according to God's image (Gen 1:27), that the Spirit of God has been poured out on sons and daughters (Acts 2:16–18) and that in Christ there is neither male nor female (Gal 3:28). Therefore there is a broad consensus between the churches that both men and women are called to the service of Christ. The »Baptism, Eucharist and Ministry« document says: »The Church must discover the ministry which can be provided by women as well as that which can be provided by men. A deeper understanding of the comprehensiveness of ministry which reflects the interdependence of men and women needs to be more widely manifested in the life of the Church.«[91]

54. Women perform important services in pastoral and social care and education in all the churches. Even churches which so far reject the ordination of women emphasize in more recent declarations that women in various ministries »serve the body of Christ and its mission«.[92]

---

[91] BEM, Ministry, no. 18.

[92] *The Church of the Triune God.* The Cyprus Agreed Statement of the International Commission for Anglican – Orthodox Theological Dialogue, ed. Anglican Communion Office, London 2006, no. VII.17.

55. Nevertheless, women have been excluded from the ministry of word and sacraments for many centuries in all Christian churches, and still are excluded in a great number of churches. But beginning in the 19th century, most Lutheran, Reformed and Methodist churches step by step opened their ministries for women and finally established equal rights for men and women concerning all levels of ministry. (The same has been done by e. g. most Anglican, Baptist and Old Catholic churches.) All confessional traditions within CPCE recently confirmed the theological necessity of this position. The World Alliance of Reformed Churches states: »Some churches still do not ordain women although this is not supported biblically or theologically. Often the reason for not ordaining women is founded in the prevailing patriarchal social, cultural and religious environment of the nation in which a church exists. We need to help each other restore the supremacy of relevant theological insight over domination by non-theological factors. A full understanding of the Christian ministry is inclusive and supports the ordination of women.«[93] The Lutheran World Federation statement on the episcopal ministry (2007) states: »Today the great majority of Lutherans belong to churches that ordain both women and men. This practice reflects a renewed understanding of the biblical witness. Ordination of women expresses the conviction that the mission of the church requires the gifts of both men and women in the public ministry of word and sacraments, and that limiting the ordained ministry to men obscures the nature of the church as a sign of our reconciliation and unity in Christ through baptism across the divides of ethnicity, social status and gender (cf. Gal. 3.27–28)«.[94] Also the Methodist churches have stated in recent dialogues with other confessions that all levels of ministry are open to men and women: »Methodists ordain women

---

[93] ›A new community. Affirmations of The Ordination of Women‹, in: *Walk my Sister The ordination of women: Reformed perspectives*, ed. Ursel Rosenhäger, Sarah Stephens, [Geneva] 1993 (Studies from the World Alliance of Reformed Churches volume 18), p. 5.

[94] Lund Statement, no. 20.

because they believe that women also receive the call, evidenced by inward conviction and outward manifestation of the gifts and graces, and confirmed by the gathering of the faithful.«[95]

56. The Protestant churches are sometimes accused of only following changes in social structures, such as those brought about by the movement for equal rights for women. Those developments are certainly influential, but need not automatically lead to changes in the church and its ministries. In the study of the World Alliance of Reformed Churches it is stated: »As a part of the human community, the Christian community is bound to be shaped by the changes that take place in that larger community. A glance at the history of Christianity gives us enough evidence to show that the Christian community does not slavishly follow whatever changes take place in the human community. It applies its own judgment based on its interpretations of the Bible, traditions, dogmas, doctrines, ecclesiastical practices and so on. Such encounters also vary since the practice of Christian communities is not homogenous throughout the world or even within regional and national situations.«[96] Thus the churches that ordain women do so as a result of their biblical interpretation and their theological insights. »Those churches which practice the ordination of women do so because of their understanding of the Gospel and of the ministry. It rests for them on the deeply held theological conviction that the ordained ministry of the Church lacks fullness when it is limited to one sex.«[97]

57. It must be recognized that differences over the ordination of women do represent a major obstacle to church fellowship within the *oikoumene*. Churches which themselves do not practice

---

[95] ›The Apostolic Tradition‹ (Methodist – Roman Catholic Dialogue 1991), no. 96 (in *Growth in Agreement II*, p. 616). Cf. also the Anglican-Methodist document ›Sharing in the Apostolic Communion‹ (1996), no. 55: »God's calling of women to serve the ministry in all its forms is accepted throughout Methodism.« (ibid., p. 67).

[96] H. S. WILSON: ›Towards a new understanding of ministry: some theological considerations‹, in: *Walk my Sister* (fn. 27), p. 75.

[97] BEM, Ministry, no. 18, commentary.

the ordination of women may not often recognize the ordained ministries of women and men in those churches which do so. The churches of CPCE regret that their practice leads to problems with other churches and declare their readiness for further discussions. But in stating the non-negotiability of their position on female ministry, they assert that they will not accept that other churches make a difference between their male and female ministers. Thus they will not accept models of church fellowship which include a renunciation at the ordination of women or a debasement of their ordained female ministers. Nor can a differentiation be made between those who have been ordained by male or by female bishops (or those holding a position of oversight).

58. The churches of CPCE have developed their practice of women's ordination in accordance with the contemporary Reformation understanding of ministry. They have come to the common understanding of the calling of women and men in the ministries only during the second half of the former century, and a long struggle was needed for this result. They also realize that within their own fellowship there is still hesitation and that principal equality does not always mean practical equality. The churches of CPCE see women's ordination as a gift and a blessing of the Holy Spirit and will not give up this practice, because it is a matter of principle for them. They emphasize their expectation that the member churches which do not yet ordain women will reconsider their practice (see the quote of the Neuendettelsau Theses in Statement, no. 59).

4.2.4 Ministry and Homosexuality

59. Concerning the eligibility of persons for ordered ministries and especially for the ministry of word and sacraments, one of the most hotly debated issues today is the question of sexual orientation, i.e. whether or not homosexual persons are to be ordained. Given the discussion within many of the member churches of CPCE[98] and the public attention raised by this ques-

---

[98] One of many examples for this is the conference of the Evangelical

tion, a consideration of the issue is appropriate in this document as well. The significant differences within CPCE regarding this question, depending on the principal understanding of homosexual relations as compatible with Christian doctrine or not, mirror the widely differing legal conditions and public attitudes towards homosexuality in the European societies.

60. The Dutch Protestant Church, the Lutheran Church in Norway and the Swiss Reformed Churches[99] generally affirm the eligibility of homosexual persons for ordination. The United Lutheran Church in Germany (VELKD) declares that the issue is not a matter of confession and makes the ordination of homosexuals dependent on a committed life style and the acceptance of the local congregation. At the same time it leaves it to its member churches to decide if people who live in same-sex relationships should be excluded from ordination.[100] The United Methodist Church again generally limits the possibility of ordination to persons who do not *practice* (are not *self-avowed practicing homosexuals*) their homosexuality.[101] The Church of Scotland, at its General Assembly of 2011, appointed a Theological

---

Church of Westphalia on this issue in September 2009. Cf. http://www. evangelisch-in-westfalen.de/presse/nachrichten/artikel/offen-und-ein-ladend-auch-fuer-gleichgeschlechtlich-liebende/.

[99] The Federation of Swiss Protestant Churches builds its argument on »the priesthood of all believers and the Pauline view of the charismata,« claiming that »these considerations speak clearly [...] for the ordination of people with homosexual inclinations.« (FSPC, *Ordination*, p. 52).

[100] Cfr. http://www.ekd.de/homosexualitaet/stellungnahme_biko_velkd. html – In a paper from 1996 »Mit Spannungen leben« the EKD still quite clearly rejected the equivalence of heterosexual and homosexual relations and therefore argued that persons living in same-sex relations should be admitted to the pastoral ministry only in exceptional cases. Cf. http://www.ekd.de/familie/spannungen_1996_5.html.

[101] The United Methodist Church maintains that »self-avowed practicing homosexuals are not to be certified as candidates, ordained as ministers, or appointed to serve in The United Methodist Church.« – UMC Book of Discipline 2008, § 304.3, p. 206.

Commission to provide »a theological discussion of issues around same-sex relationships, civil partnerships and marriage«. The Theological Commission will report to the General Assembly of 2013.[102] The United Reformed Church in 2000 decided to have a moratorium on discussing this question. In 2007 it adopted a commitment recognizing the diversity of understanding on this issue and the desire to remain united. This was reaffirmed in 2012 when a booklet and CD called »Living with Difference« were provided for local churches. Still other member churches have no official policy regarding ordination of homosexuals but more or less explicitly consider it as not in accordance with Biblical teaching and a Christian way of life.[103]

61. We conclude that there is broad agreement within CPCE regarding the rights and the human dignity of persons with homosexual orientation,[104] but disagreement regarding the acceptability of homosexual relations within the Christian church in general and therefore for ordained ministers in particular. For a solution, an evaluation of the biblical testimony on homosexuality is just as necessary as an assessment of the nature of homosexuality. It will also be valuable to comprise other factors concerning the conduct of life of ministers and candidates for the ministry.

62. We recommend that the member churches of CPCE continue to struggle for a policy faithful to the gospel in the evalu-

---

[102] *Reports to the General Assembly of the Church of Scotland 2011* II, p. 24–25.

[103] Cf. e. g. the statement of the bishops of the three Lutheran churches in Estonia, Latvia and Lithuania condemning among others the decisions of other Lutheran churches to »ordain non celibate homosexual persons for pastoral or episcopal office«, because »a homosexual activity is incompatible with the discipleship of Christ« (http://dizzysound. net/blog/2009/11/19/baltic-lutheran-bishops-some-lutheran-churches-departing-apostolic-doctrine/).

[104] One clear example of such an affirmation is the 2005 document *Pilgrimage of Faith* by the Methodist Church in Britain. Cf. http://www. methodist.org.uk/static/conf2005/co_17_pilgrimageoffaith_0805.doc.

ation of persons with homosexual orientation and/or living in homosexual relations who are called into the service of ministry. A good example is given by the Methodist Church in Britain, that understands its attempts to hold different and varying theological views together as a pilgrimage of faith (cf. the report quoted above, fn. 38). The issue should be dealt with in more detail in a future CPCE study process on questions concerning human sexuality.

4.2.5 The Meaning of Ordination

63. Many problems regarding a common understanding of ordination are due to the fact that ›Ordination‹ is not a biblical word. The term ›*ordinatio*’ is derived from Roman law. Nevertheless we find in the New Testament several passages providing a basis for what we now call ›Ordination‹. In the earliest community forms of commissioning were practised that serve as a basis for the foundation of ordination. These can be traced back to the Old Testament, where already special vocations followed by acts of authorization can be found, even if they cannot be connected directly with Christian Ordination. Nevertheless ordination was not invented by Christianity itself. Generally is it agreed that there is still a connection with the Synagogue and postbiblical Jewish practice.

64. A rite of commissioning to a particular service by the laying on of hands takes shape with the gradual elaboration of permanent ministries and services. Such a rite of ordination is mentioned in the Acts of the Apostles and in the Pastoral Letters. It serves both to confirm the charism of the one who is commissioned to his or her particular service and as a sign of external continuity with those who have the same task. The assertion that leadership of the community in earliest Christianity was exercised only on the basis of laying on of hands by an apostle cannot be maintained either exegetically or historically, any more than the assumption of a historical succession, i. e. an ongoing sequence of laying on of hands from the apostles to the present day.

65. It cannot be claimed with certainty that the form of ordi-

nation was uniform in the earliest communities. However, the biblical evidence allows a few conclusions which are recognized universally:

– Presbyters and deacons were ordained by the presbytery, ultimately in the name of God.[105]
– There was a connection between the laying on of hands and the gift of the Holy Spirit.[106]
– The action was a confirmation and authorization by the apostles or the presbytery.[107]
– The action contained a response of the ordinand in form of a confession.[108]

66. An assessment of the Reformation position towards ordination is difficult, since the practices vary between different parts and different periods in the Reformation movement. In any case, with the consolidation of the Reformation the necessity of a well-ordered access to the ministry of word and sacraments was commonly agreed. The Reformers aimed to both tie in with the traditional practice and understanding of ordination and at the same time emphasize their new understanding of ministry. Ordination is no major issue in the confessional documents, and thus there is no clear and comprehensive definition. But there is agreement about the necessity of calling and ordination of the ministers as an act of the whole church[109] and about the authority of presbyters to exercise the ordination, as the regular (Roman Catholic) bishops refused the ordination of Protestants.[110]

---

[105] FSPC, *Ordination*, p. 50; cf. BEM, Ministry, no. 40.

[106] Lund Statement, no. 10; cf. FSPC, *Ordination*, p. 50–51; BEM, Ministry, no. 39.

[107] Ibid.

[108] Cf. 2 Tim 6:12.

[109] Cf. CA XIV, Treatise on the Power and Primacy of the Pope, 72 (*Creeds and Confessions II*, p. 162); Confessio Helvetica Posterior 18.8 (ibid., p. 500).

[110] Cf. Smalcald Articles 10.3 (*Creeds and Confessions II*, p. 145–146);

67. Philipp Melanchthon and John Calvin were even willing to regard ordination as a sacrament, provided it was understood and administered in a biblical way.[111] Nowadays, Protestant churches do not include ordination among the sacraments, since it does not have a material sign related to it, and is not considered as an action which communicates God's saving grace. At the same time, they do not dispute the sacramental character of the ordination rite, particularly since it normally includes an epiclesis (a specific call for the gift of the Holy Spirit).[112]

68. The Reformers, especially Bucer and Calvin, were convinced that the leadership of elders was essential to the well-being of the church, but they allowed for a flexible pattern of eldership. There are comparable ministries in many Reformation churches, where their holders are chosen only for a period and instituted to office but not ordained. But since the 17th century it has been the practice in some West European Reformed churches to ordain those who are set apart to the office of elder. Collectively, elders provide leadership for the whole community under the rule and by the example of Christ and through the guidance of the Holy Spirit. This leadership is exercised in collegial partnership with the minister at local, regional, national and global levels of church life. It should be emphasized, however, that the order of elder is distinct from that of Minister of Word and Sacrament. Because of this distinctiveness, the question of »mutual recognition of ordination« in the sense of the Leuenberg Agreement 33 does not arise.

Treatise on the Power and Primacy of the Pope, 60–67 (ibid., p. 160–161).

[111] Cf. Apology XIII.7–10 (*BSLK*, p. 293–294); Calvin, *Institutio* IV.19.28–31.

[112] Cf. Reform und Anerkennung kirchlicher Ämter, 1972 (in *Amt und Ordination* [fn. 18]), no. 16; Malta Report, no. 59 (*Growth in Agreement I*, p. 182); ARCIC I, Elucidation 1979, no. 3 (ibid., p. 86); Roman Catholic / Methodist Report »The Apostolic Tradition«, 1991, no. 88 (*Growth in Agreement II*, p. 614).

4.2.6 The Meaning and Significance of Episkopé

69. Although the term ›episkopé‹ (unlike the terms ministry or ordination) can be found in the New Testament, there is no fully agreed definition of this term. The biblical usage gives no clear indication, as *episkopé* occurs both as a divine action (in Luke 19:44 and 1 Peter 2:12 in the meaning of a godly visitation) and a human position or office (Acts 1:20; 1 Tim 3:1). In Hebrews 12:15, the verb *episkopein* refers to a task of the whole congregation.

70. With reference to that, most Protestant churches see it as a reduction if episkopé is identified with a task of the episcopal office. The discussions after the BEM document led to the result that episkopé as a necessary function of the church and episcopacy as a special way to fulfil this function, have to be distinguished.[113] It became clear that the personal element of episkopé has to be balanced with its collegial and communal elements. Therefore the basic meaning of episkopé is rather church leadership than ›oversight‹ (which is easily connected to a regional episcopal office). Even the Lutheran churches which put a strong weight on the »episcopal ministry«, designating the »ordained ministry of pastoral oversight«, admit that »the service of episkopé in the broad sense is also carried out by cooperative, synodical forms of oversight, involving both lay and ordained persons«.[114] The Methodist statement on *The Nature of Oversight* (fn. 2) uses ›oversight‹ as the translation of the Greek word *episkopé*, but sees as its components »governance

---

[113] Cf. esp. *Episkope and Episcopacy and the Quest for Visible Unity*, ed. Peter Bouteneff, Alan Falconer, Faith and Order Paper no. 183, WCC, 1999. This distinction has been picked up in the Faith and Order document NMC, nos. 90–98, although a number of churches still hold that the »historic episcopate« is necessary, too (cf. no. 93, box).

[114] Lund Statement, no. 4. The »episcopal ministry« is the main subject of this statement (cf. nos. 43–49, 53–59), with only few remarks to the »broader« meaning of episkopé as the »church governance [...] carried out comprehensively through synodical and collegial structures« (no. 50).

(exercising formal authority in formulating the policies and ordering the practices of the Church), management (implementing strategies to enact the policies, deploying people and other resources to that end, and monitoring the results) and leadership (inspiring, discerning and articulating vision, and providing models of giving guidance and exercising power with authority, justice and love).«

71. Among the different Protestant traditions there are, however, different emphases regarding the meaning of *episkopé* and slightly different arguments for its necessity. The *Lutheran* tradition sees »supervision for the sake of the faithfulness of the church« as a matter »of fundamental importance to the church's life«. Its tasks are to »provide leadership to the church in its mission, and an accountable voice of the church in the public sphere«, »to give guidance for the common life of the congregations in the region under their care, especially through visitation, and to support their life together«, to ordain and to »supervise teaching and spiritual practices in the church, particularly as exercised by those who are ordained« (Lund Statement, nos. 43 and 46). According to the *Methodist* tradition, episkopé is a necessary element for the church. The text »The Nature of Oversight« says: »The function of ensuring that the church remains true to its calling is known as oversight.« This means that Methodism regards the faithful preaching of, and witness to, the gospel as an essential aspect of its apostolic witness. Here, the Methodist tradition is close to the Lutheran. According to the *Reformed* confessions, Christ is the only head of the Church.[115] Therefore Christ's governance of the church is emphasized over against human structures and institutions of leadership. But Calvin described »the office of government«, to be exercised by the elders, as »necessary for all ages«.[116] The term episkopé may not be so

---

[115] Cf. e. g. Confessio Gallicana XXX; Confessio Scotica XVI; Westminster Confession XXV.1.

[116] Calvin, *Institutio* IV.3.8 (»Est igitur et hoc gubernationis munus saeculis omnibus necessarium«).

familiar, but the need of discipline (as an essential aspect or even a mark of the church)[117] is stressed in the Reformed tradition. It refers both to the conduct of life of the whole people of God and to the doctrine of the preachers: both have to be supervised and corrected. Thus the importance of leadership and oversight for the unity and apostolicity of the Church is also underlined in the Reformed tradition, often connected with a special structure of exercising leadership and oversight. In the *United* churches, the understanding and shaping of episkopé usually follows a combination of the Lutheran and the Reformed approaches. The differences make further theological work necessary. Nevertheless, a broad agreement about the necessity of episkopé as a shared responsibility can be firmly stated.

4.2.7 Issues of Leuenberg, Meissen, Porvoo and Reuilly

72. New issues for CPCE emerge from the existing agreements with Anglican churches (such as Meißen, Porvoo and Reuilly) concerning the significance and requirements of episkopé. The Anglican churches consider the existence of a threefold order of ministry and of bishops in historic succession as essential for church communion, since they »believe that the historic episcopate is a sign of the apostolicity of the whole Church«.[118] The Porvoo Common Statement, by reaching an agreement on this basis, has paved the way for full interchangeability of ministers. For CPCE this issue is important since some churches of CPCE (the Lutheran churches in Norway, Denmark, Estonia and Lithuania), by signing the Porvoo Declaration, have affirmed the value of the sign of the historic episcopal succession, freely adopted. Therefore it has to be discussed whether the »Porvoo model« can be seen as compatible with the »Leuenberg model«. This issue, which is unresolved also from the Anglican point of view, requires thorough reflection.

---

[117] Cf. Calvin, *Institutio* IV.12.1; Confessio Belgica XXIX; Confessio Scotica XVIII + XXV.
[118] Reuilly no. 37; cf. also Porvoo, esp. no. 46.

73. Few Protestant churches beyond Nordic, Baltic, North American and African Lutheran churches, have followed the request of the »Baptism, Eucharist and Ministry« document to »accept episcopal succession as a sign of the apostolicity of the life of the whole church« (Ministry no. 38). Building on the conviction that »agreement in the right teaching of the Gospel and in the right administration of the sacraments is the necessary and sufficient prerequisite for the true unity of the Church« (CA VII, LA 4), most churches of CPCE have not considered historic episcopal succession in the ministry of episkopé as a natural element in promoting Christian unity and therefore did not see a requirement for changing their understanding and order of their ministries. According to the document *The Church of Jesus Christ*, such issues refer to the shape of the church, not to its foundation. Thus the first assessment of the Porvoo Common Statement by CPCE (then: LCF) was critical.[119]

74. However, it is not excluded that, for the sake of more visible expressions of communion, a CPCE church may adopt the historic episcopate as freely chosen sign of unity. The Church of Norway e.g. saw its decision to sign the Porvoo Declaration

---

[119] Cf. Leuenberg – Meissen – Porvoo, 1998 (cf. Statement, fn. 4), 2.4: »The Leuenberg Church Fellowship (LCF) will promote dialogues on the significance of the episcopal ministry and the historic apostolic succession, if it serves the extension and the intensification of church fellowship. Should the adoption of this doctrine be regarded as a prior condition for the unity of the Church, however, it would mean parting with the common basis of the creeds of the Reformation. The apostolicity of the Church means that her witness is effective in authenticity and continuity. According to the comprehension of the Reformation, however, the apostolicity is not identical with certain forms of expression which have taken shape in historical context, but it is precisely something that should be distinguished from them.«; 4.1.1: »But a ›reconciled‹ or better a common understanding of office can only result in structural development, but cannot be a basis for union and fellowship of the churches, unless the Reformation basis of the LA were to be abandoned.«

as being in line with CA VII.[120] Also the other Lutheran churches that signed both the Leuenberg Agreement and the Porvoo Declaration will claim that the historic episcopate is compatible with the basic Protestant understanding of ministry. But for them, this did not require structural changes, only changes in the understanding of the visible signs of historical continuity in the church. The churches of CPCE can affirm, with the Anglicans, that the historic episcopal succession is a »sign of the apostolicity of the Church«, as it is stated in the Reuilly Common Statement of 1999.[121] However, this assumes that the historic episcopate with the threefold structure of ministry would not imply a hierarchical gradation of the various ministries. With the Barmen Declaration they reject the idea that »the various offices in the church establish [a] rule of one over the other« (Barmen IV, see above no. 50) and emphasize the way the various ministries and services complement one another. Also, it must not be considered as the only acceptable way of making unity visible.

---

[120] Cf. OLAV FYKSE TVEIT: Compatibility of Church Agreements (http://www.kirken.no/english/engelsk.cfm?artid=5897), section 2 a.

[121] No. 38; cf. no. 39: »However, Anglicans commend the use of the sign to signify: God's promise to be with the Church; God's call to fidelity and to unity; and a commission to realize more fully the permanent characteristics of the Church of the Apostles.«

Abbreviations of Basic Sources

Apology	Philipp Melanchthon, Apologia Confessionis Augustanae
BEM	WCC, Commission on Faith and Order: Baptism, Eucharist and Ministry, 1982 (the »Lima Text«), in: *Growth in Agreement I*, 465–503
CA	Confessio Augustana = Augsburg Confession
Calvin, Institutio	John Calvin, *Institutio Religionis Christianae*, 1559, in: Ioannis Calvini Opera Selecta, ed. P. Barth, W. Niesel, vol. 3–5, Munich: Kaiser, 1926–36 (English: *Calvin: Institutes of the Christian Religion*, ed. John T. McNeill, transl. by Ford Lewis Battles, London and Philadelphia 1960)
CJC	*The Church of Jesus Christ. The Contribution of the Reformation towards Ecumenical Dialogue on Church Unity*, ed. M. Bünker, M. Friedrich, Leuenberg Documents 1, Leipzig, 4th edition 2012
Creeds and Confessions	*Creeds and Confessions of Faith in the Christian Tradition*, Vol. II/III, ed. J. Pelikan, V. Hotchkiss, New Haven 2003
FSPC, Ordination	*Ordination from the perspective of the Reformed Church*, FSPC Position 10, Bern 2009
Growth in Agreement I	*Growth in Agreement: Reports and Agreed Statements of Ecumenical Conversations on a World Level, ed.* H. Meyer, L. Vischer, New York / Geneva 1984
Growth in Agreement II	*Growth in Agreement II.* Reports and Agreed Statements of Ecumenical Conversations on a World Level, 1982-1998, ed. J. Gros, H. Meyer, W. G. Rusch, Geneva 2000
LA	Leuenberg Agreement 1973

Lund Statement	*The Episcopal Ministry within the Apostolicity of the* Church. The Lund Statement by the Lutheran World Federation – A Communion of Churches, 2007 (quadrilingual publication, ed. LWF 2008)
Meissen	*On the Way to Visible Unity. A Common Statement*, 18 March, 1988 (Meissen Agreement), ed. Council for Christian Unity of the General Synod of the Church of England (CCU Occasional Paper 2), London 1992
NMC	WCC, Commission on Faith and Order: *The Nature and Mission of the Church*, Faith and Order Paper 198, Geneva 2005
Neuen-dettelsau Theses	Ministry – Ministries – Services – Ordination. Theses on the Consensus on the Question ›Ministry and Ordination‹ between the Churches Participating in the Leuenberg Agreement (Neuendettelsau Theses 1982/1986), in: *Sacraments, Ministry, Ordination*, Leuenberg Documents 2, Frankfurt a. M. 1995, p. 95–101
Porvoo	*Porvoo Common Statement*. Text agreed by the fourth plenary meeting held at Järvenpää, Finland, 9–13 October 1992, ed. Council for Christian Unity of the General Synod of the Church of England, London 1993
Reuilly	Conversations between the British and Irish Anglican Churches and the French Lutheran and Reformed Churches: The Reuilly Common Statement, in: »*Called to Witness* and Service«. The *Reuilly Common Statement* with Essays on Church, Eucharist and Ministry, London: Church House Publishing, 1999
Tampere Theses	Theses on the Current Discussion about Ministry (Tampere Theses 1986), in: *Sacraments, Ministry, Ordination*, Leuenberg Documents 2, Frankfurt a. M. 1995, p. 113–122
UMC, Book of Discipline	The Book of Discipline of the United Methodist Church, Nashville 2008

Participants in the Doctrinal Discussion

Initial Group 2007/2008

Dr. Árpád Ferencz, Reformed Church in Hungary

Prof. Dr. Martin Friedrich, CPCE (Secretary)

Prof. Dr. Klaus Grünwaldt, United Evangelical Lutheran Church in Germany

Prof. Dr. Ulrich Körtner, Evangelical Church of the Helvetic Confession in Austria

Prof. Dr. Elisabeth Parmentier, Protestant Lutheran-Reformed Communion in France

Superintendent Canon Harvey Richardson, Methodist Church in Britain (Chair)

Dr. Ingegerd Sjölin, Church of Sweden

Doctrinal Study Group, 2009

Dr. Ľubomir Batka, Evangelical Church of the Augsburg Confession in the Slovak Republic

Rev. Marcin Brzóska, Evangelical Church of the Augsburg Confession in Poland

Dr. Árpád Ferencz, Reformed Church in Hungary

Prof. Dr. Martin Friedrich, CPCE (Secretary)

Dr. Pawel Gajewski, Waldensian Church in Italy

Dr. Dr. Kathrin Gelder, United Evangelical Lutheran Church in Germany

Dr. Margriet Gosker, Protestant Church in the Netherlands

Paul Henke, CPCE

Dr. Martin Hirzel, Federation of Swiss Protestant Churches

Klaus Grünwaldt, United Evangelical Lutheran Church in Germany

Dr. Gesine von Klöden-Freudenberg, Union of Evangelical Churches in Germany

Prof. Dr. Ulrich Körtner Evangelical Church of the Helvetic Confession in Austria

Dr. John McPake, Church of Scotland

Prof. Dr. Michael Nausner, United Methodist Church in Germany

Amt – Ordination – Episkopé

Ergebnis eines Lehrgesprächs der Gemeinschaft Evangelischer Kirchen in Europa

Endgültige Fassung 2012
Übersetzt von Martin Friedrich und Stephan Johanus

Beschlüsse der Vollversammlung der GEKE in Florenz, 20.–26. 9. 2012:

1. Die Vollversammlung dankt den Beteiligten der Konsultationen im Jahr 2009 und der Redaktionsgruppe für die Erarbeitung des Dokuments »Amt – Ordination – Episkopé«.
2. Die Vollversammlung begrüßt die breite Diskussion des Dokuments in den Mitgliedskirchen und dankt für die differenzierten Stellungnahmen, deren Auswertung Eingang in die Schlussfassung gefunden hat.
3. Die Vollversammlung nimmt die Erklärung und die Empfehlungen entgegen und macht sie sich zu eigen und empfiehlt den Kirchen das begleitende Studienmaterial zur Beachtung.
4. Die Vollversammlung bittet die Kirchen, das Lehrgesprächsergebnis zu beraten und es in ihren Gesprächen sowohl nach innen als auch mit anderen Kirchen und Traditionen zu berücksichtigen.

Inhalt

1 Einleitung

1. Das Verständnis von Amt[1] und Ordination, verbunden mit der Frage der Episkopé, ist eine der Kernfragen im ökumenischen Gespräch. Die Weiterarbeit an diesem Thema ist nicht nur für die Vertiefung der Kirchengemeinschaft innerhalb der GEKE, sondern auch für ihre Dialoge mit anderen Kirchen und Konfessionen, insbesondere mit den lutherischen Kirchen, die die Konkordie bislang nicht unterzeichnet haben, aber auch mit der anglikanischen Kirchengemeinschaft, mit der römisch-katholischen Kirche und mit den orthodoxen Kirchen von größter Dringlichkeit.

1.1 Die Herausforderung

2. Wie schon in der Leuenberger Konkordie festgestellt, gelten Unterschiede in der Ordnung der Ämter und im Verständnis und der Praxis der Ordination nicht »als kirchentrennend« zwischen den Mitgliedskirchen (LK 39). Das bedeutet, dass Verschiedenheit in Lehre und Ordnung hinsichtlich dieser Fragen die Kirchengemeinschaft nicht aufhebt. Trotzdem verpflichten sich die Kirchen der GEKE mit LK 39, diese Fragen weiter zu studieren, besonders wo sie zu den »Lehrunterschieden, die in und zwischen den beteiligten Kirchen bestehen«, gehören. Diese Verpflichtung ist ein Teil der gemeinsamen Aufgabe, »ihr Zeug-

---

[1] Einer der Hauptbegriffe dieses Lehrgesprächs wirft ein Übersetzungsproblem auf. Die Vollversammlung 2006 hatte den Titel »Amt, Ordination, Episkopé« vorgegeben. Da das Lehrgespräch aber auf Englisch durchgeführt wurde, arbeiteten wir mit dem Begriff »ministry«, für den in vielen Fällen »Dienst« die angemessenere Übersetzung schien. An manchen Stellen ist in Klammern der englische Begriff angegeben, insbesondere um deutlich zu machen, wo »Dienst« die Übersetzung von »ministry« und nicht von »service« ist.

nis und ihren Dienst gemeinsam aus[zurichten] und [...] sich um die Stärkung und Vertiefung der gewonnenen Gemeinschaft« zu bemühen (LK 35).

3. Das Dokument »Die Kirche Jesu Christi« (KJC), das im Jahre 1994 von der 4. Vollversammlung der Leuenberger Kirchengemeinschaft (jetzt Gemeinschaft Evangelischer Kirchen in Europa) verabschiedet wurde, fasste die erste Runde der Gespräche über Fragen des Amtes und der Ämter in der Kirche zusammen. Es stellte fest, dass noch kein Konsens unter den Kirchen der Leuenberger Kirchengemeinschaft erreicht sei, dass man sich aber »auf dem Weg zum Konsens« befinde (Kapitel I.2.5).

4. Auch wenn Unterschiede in der Gestaltung und Ordnung der Ämter und im Verständnis und der Praxis der Ordination die Kirchengemeinschaft in Wort und Sakrament nicht in Frage stellen, können sie sich dennoch als Hindernisse für das gemeinsame Zeugnis und den gemeinsamen Dienst erweisen. Unter anderem sind unterschiedliche Überzeugungen über die Ordination von Homosexuellen und, in wenigen Fällen, die Beschränkung der Ordination allein auf Männer, als eine Belastung der Gemeinschaft zwischen Kirchen und innerhalb von konfessionellen Weltbünden wie dem Lutherischen Weltbund und der Weltgemeinschaft reformierter Kirchen gesehen worden. Daraus folgt, dass – auch wenn keine Einheitlichkeit verlangt wird – eine weitere Annäherung für die Vertiefung der Kirchengemeinschaft hilfreich sein könnte. Dies gilt umso mehr, als zur »Stärkung der Verbindlichkeit« »die Fortentwicklung der strukturellen und rechtlichen Gestalt« auf dem Programm der GEKE steht.[2] Die Legitimität der Verschiedenheit, aber auch

---

[2] Vgl. Freiheit verbindet. Schlussbericht der 6. Vollversammlung der GEKE 2006, Nr. 4.1 (in: *Gemeinschaft gestalten – Evangelisches Profil in Europa. Texte der 6. Vollversammlung der Gemeinschaft Evangelischer Kirchen in Europa – Leuenberger Kirchengemeinschaft – in Budapest, 12.–18. September 2006*, hg. v. W. Hüffmeier u. M. Friedrich, Frankfurt a. M. 2007, 317). – Wie fast alle Dokumente der GEKE steht auch dieser Bericht auf www.leuenberg.eu (dreisprachig) zum Download bereit.

die Grenzen der Vielfalt, bedürfen weiterer Erwägung (s. u. Kap. 1.4).

5. Neben der Notwendigkeit einer inneren Klärung fordert auch der umfassendere ökumenische Kontext die evangelischen Kirchen Europas dazu heraus, sich mit den Fragen von Amt, Ordination und Episkopé zu beschäftigen. Einerseits sollten sie die sie verbindenden Grundüberzeugungen in der Ämterfrage gemeinsam artikulieren und selbstbewusst vertreten. Andererseits sollten sie sich bemühen, ihren Konsens zu vertiefen, besonders in Fällen, wo einseitige Entscheidungen Konflikte und Spannungen in ökumenischen Beziehungen hervorgerufen haben. Ein Beispiel hierfür ist die Diskussion, welche die Bischofskonferenz der Vereinigten Evangelisch-Lutherische Kirche in Deutschland (VELKD) mit ihren jüngsten Dokumenten zu Ordination und Beauftragung[3] ausgelöst hat. Dieses Beispiel macht deutlich, wie wichtig weitere Arbeit zu diesem Thema ist. Nicht zuletzt sollten die Kirchen der GEKE auch neue ökumenische Entwicklungen wie z.b. die neuen Modelle kirchlicher Gemeinschaft zwischen anglikanischen Kirchen und Kirchen der GEKE, also etwa die Erklärungen von Meißen, Porvoo und Reuilly, diskutieren.

1.2 Der Stand der Diskussion innerhalb der GEKE

6. Die **Leuenberger Konkordie** bezieht sich auf die Frage des Amtes in Art. 13, wo es heißt, dass die »Kirche [...] die Aufgabe [hat], dieses Evangelium weiterzugeben durch das mündliche Wort der Predigt, durch den Zuspruch an den einzelnen und

---

[3] *Allgemeines Priestertum, Ordination und Beauftragung nach evangelischem Verständnis*, Texte aus der VELKD 130/2004, und »*Ordnungsgemäß berufen*«. Eine Empfehlung der Bischofskonferenz der VELKD zur Berufung zu Wortverkündigung und Sakramentsverwaltung nach evangelischem Verständnis, Texte aus der VELKD 136/2006. – Für die Diskussion der hierdurch aufgeworfenen Fragen s. u. Anm. 59.

durch Taufe und Abendmahl. In der Verkündigung, Taufe und Abendmahl ist Jesus Christus durch den Heiligen Geist gegenwärtig. So wird den Menschen die Rechtfertigung in Christus zuteil, und so sammelt der Herr seine Gemeinde. Er wirkt dabei in vielfältigen Ämtern und Diensten und im Zeugnis aller Glieder seiner Gemeinde«. Weiterhin führt sie die Frage von Amt und Ordination unter den Lehrunterschieden auf, die weiterer Bearbeitung bedürfen (s. o. Nr. 2).

7. Einen erster Schritt dieser Weiterarbeit stellen die sogenannten *Neuendettelsau-Thesen* zur Übereinstimmung in der Frage »Amt und Ordination« (1982/86) dar. Ausgehend von den grundlegenden Aussagen der Reformation lutherischer und reformierter Prägung stellen sie zwischen den evangelischen Kirchen eine große Zahl an Übereinstimmungen hinsichtlich des Verständnisses und der Struktur der Ämter, des Verständnisses und der Praxis der Ordination und auch des ›Dienst[es] der Episkopé‹ fest (vgl. die Zitate unten, Nr. 59 und Anm. 29, 33 u. 66). Aber die Aussagen waren recht allgemein und die spezifische Bedeutung dieser Übereinstimmung nicht völlig klar. Die 4. Vollversammlung der LKG 1987 nahm die Neuendettelsau-Thesen als »Basis und Hilfe für kommende ökumenische Gespräche« an.

8. Einen weiterer Schritt stellten die *Tampere-Thesen* (1986) dar, die ebenfalls von der Vollversammlung 1987 entgegengenommen und teilweise in das Dokument »Die Kirche Jesu Christi« eingefügt wurden.[4] Sie erklären in der ersten These unter Verweis auf die Barmer Theologische Erklärung, Artikel III, und auf CA 5, dass »›ein Amt, das das Evangelium verkündigt und die Sakramente reicht‹, das *ministerium verbi* […] zum Sein der Kirche gehört«, dass aber »die Aufgabe der Verkündigung und die Verantwortung für die Verkündigung des Wortes und für den rechten Gebrauch der Sakramente nicht nur dem ordinierten Amt, sondern der ganzen Gemeinde zukommt« (S. 104).

---

[4] Text vollständig in: *Sakramente, Amt, Ordination* (Leuenberger Texte 2), Frankfurt a. M. 1995, 103–112; Thesen 1–3 in: KJC, 32–34.

9. Die zweite der Tampere-Thesen behandelt das Verhältnis von allgemeinem Priestertum und ordiniertem Amt. Aber sie klärt nicht, ob das ordinierte Amt unmittelbar aus dem Priestertum aller Gläubigen abzuleiten ist oder eine tiefere Wurzel in einem besonderen Ruf Christi hat.

10. Zum »Leitungsdienst« (Episkopé) sagt die dritte Tampere-These, dass »die Leitung der Gemeinde (der Kirche) auch durch andere ›Dienste‹ geschieht und nicht nur dem ordinierten Amt zukommt« (S. 105). Unbeschadet der bestehenden Differenzen haben sich die Kirchen der Leuenberger Konkordie »darüber geeinigt, daß solche Unterschiede in der Struktur der Kirche einer ›Kirchengemeinschaft‹ im Sinne von Kanzel- und Abendmahlsgemeinschaft und der gegenseitigen Anerkennung von Amt und Ordination nicht hinderlich sind, solange die Frage der Kirchenleitung der Herrschaft des Wortes untergeordnet bleibt« (S. 106). Auch wenn anerkannt wird, daß die evangelischen Kirchen im ökumenischen Dialog »von anderen nichtreformatorischen Kirchen lernen« können und sollen, dürfe und könne doch »keine einzelne historisch gewordene Form von Kirchenleitung und Amtsstruktur als Vorbedingung für die Gemeinschaft und für die gegenseitige Anerkennung gelten« (ebd.).

11. Die Studie *Die Kirche Jesu Christi* von 1994 fasst die grundlegende Übereinstimmung unter den Mitgliedskirchen der GEKE folgendermaßen zusammen:

1. »daß jeder Christ durch den Glauben und die Taufe am Amt Christi als Prophet, Priester und König teilhat und berufen ist, das Evangelium zu bezeugen und weiterzugeben sowie füreinander einzutreten vor Gott (Priestertum aller Gläubigen)«;
2. »daß der Dienst der öffentlichen Verkündigung des Evangeliums und der Darreichung der Sakramente grundlegend und notwendig für die Kirche ist. Dort, wo Kirche ist, bedarf es darum eines ›geordneten Amtes‹ der öffentlichen Wortverkündigung und Sakramentsverwaltung. Wie dieses Amt wahrgenommen und ausgestaltet wird, ist vielfältig. In dieser

Vielfalt sind historische Erfahrungen prägend und das jeweilige Verständnis des Auftrages leitend. Die unterschiedliche Ausgestaltung der Ämter und Dienste in unseren Kirchen können wir als Reichtum und Gabe Gottes annehmen. In diesem Sinne kann sowohl das (historische) Bischofsamt als auch das gegliederte Amt in einer synodal-presbyterialen Ordnung als Dienst an der Einheit gewürdigt werden. Das Kriterium für die Wahrnehmung und Ausgestaltung der Ämter und Dienste ist der grundlegende Auftrag der Kirche«;

3. »daß das Amt der öffentlichen Verkündigung durch die Ordination übertragen wird (das »ordinierte Amt« im Sprachgebrauch der Lima-Dokumente). Es beruht auf einem besonderen Auftrag Christi, ist aber stets auf das allgemeine Priestertum angewiesen (Neuendettelsau-Thesen 3, A). Das Wort Gottes konstituiert dieses Amt, das im Dienst der Rechtfertigung des Sünders steht. Es hat Dienstfunktion für Wort und Glaube«;

4. »daß der Ausdruck ›geordnetes Amt‹ die Gesamtheit kirchlicher Dienste im Sinne von These 3 der Tampere-Thesen bezeichnet. Das durch die Ordination übertragene Amt ist ein Teil dieses geordneten Amtes.« (S. 34 f)

12. Im Jahr 1998 veröffentlichte der Exekutivausschuss der Leuenberger Kirchengemeinschaft eine Erklärung zu den neueren Abkommen zwischen anglikanischen Kirchen auf der einen und der EKD bzw. den nordischen und baltischen lutherischen Kirchen auf der anderen Seite.[5] In Würdigung des in diesen Dokumenten Erstrebten und Erreichten hielt sie doch am Leuenberger Modell fest als einem »Modell kirchlicher Einigung, dem das reformatorische Verständnis von der Einheit der Kirche als Gemeinschaft von Kirchen zugrunde liegt« (Nr. 2.3). Daher wur-

---

[5] Leuenberg – Meißen – Porvoo. Modelle kirchlicher Einheit aus der Sicht der Leuenberger Konkordie (in: *Versöhnte Verschiedenheit – der Auftrag der evangelischen Kirchen in Europa. Texte der 5. Vollversammlung der Leuenberger Kirchengemeinschaft in Belfast, 19.–25. Juni 2001*, hg. v. W. Hüffmeier u. Ch.-R. Müller, Frankfurt a. M. 2003, 258–267).

den die Impulse für weitere Gespräche über die apostolische Sukzession nur zurückhaltend aufgenommen (vgl. das Zitat im Studienmaterial, Anm. 53). Dagegen äußerte sich das Dokument »Gestalt und Gestaltung protestantischer Kirchen in einem sich verändernden Europa«, das von der Vollversammlung der GEKE 2006 angenommen wurde, in einer offeneren Weise: »Für eine weitere Annäherung zwischen den Kirchen des Porvooer Vertrags und der Leuenberger Konkordie ist die gemeinsame Betonung der episkopé für die Einheit und Leitung der Kirche wichtig, auch wenn es hinsichtlich der Formen der episkopé unterschiedliche Auffassungen und Gestaltungen gibt.«[6]

1.3 Absicht und Struktur des vorliegenden Dokuments

13. Das hier vorgelegte Dokument hat zum Ziel, den in den früheren Dokumenten der GEKE formulierten Grundkonsens zu vertiefen und weiter zu entfalten. Dies geschieht vor allem in der »Erklärung« (Teil 2), die eine gemeinsame Position der evangelischen Kirchen zu Amt, Ordination und Episkopé präsentiert. Dieser Konsens ist selbstverständlich ein differenzierter. Während die Grundüberzeugungen gemeinsam sind oder harmonisch vereinbart werden können, sind die Amtsstrukturen, die Regelungen über Ordination und andere Formen der Beauftragung und die Organisation der Episkopé oft sehr unterschiedlich. Angesichts dessen werden einige Vorschläge für eine konsistentere Praxis gemacht, aber ohne die Kirchen der GEKE dazu drängen zu wollen, Überzeugungen aufzugeben, die ihnen lieb und teuer sind. Die Empfehlungen am Ende des Dokuments (Teil 3) stellen vor allem die Fragen heraus, an denen weitere Studienarbeit nötig scheint.

14. Das dem Dokument beigefügte »Studienmaterial« (Teil 4) enthält in seinem ersten Teil eine Darstellung der historischen

---

[6] Nr. 2.5, in: *Gemeinschaft gestalten* (Anm. 2), 43–75, hier 60.

Entwicklung des Verständnisses und der Gestaltung des Amtes bzw. der Ämter und zeigt dabei die Gründe für einige der Unterschiede zwischen evangelischen Kirchen auf. Auf dieser Grundlage werden im zweiten Teil einige der Unterschiede analysiert, die noch bestehen, wobei die theologischen Argumente und Begründungen bei Kontroverspunkten beachtet werden.[7]

15. Die Fragen von Amt und Episkopé werden umso dringlicher, als die Kirchen durch neuere Entwicklungen in der Gesellschaft herausgefordert werden, z. B. der weitreichende demographische Wandel, finanzielle Einschränkungen und die religiöse Vielfalt. Viele der Prozesse von Kirchenreform und -erneuerung, die derzeit in den evangelischen Kirchen Europas stattfinden, haben auch Auswirkungen auf Amtsstrukturen sowie Aufgaben und Ausübung der Episkopé. Diese Themen erfordern jedoch eine gründlichere Besinnung und sind ein Gegenstand für sich[8]. Dieses Dokument beschäftigt sich mehr mit der theologischen Bewertung in engerem Sinne.

1.4 Gemeinsames Verständnis und Grenzen der Vielfalt innerhalb der GEKE

1.4.1 Grund, Gestalt und Bestimmung der Kirche

16. Die Unterscheidung zwischen Grund, Gestalt und Bestimmung der Kirche, die auf der reformatorischen Theologie beruht, ist eine wesentliche Voraussetzung des »Leuenberger Modells«.

---

[7]   Das Studienmaterial wurde den Kirchen der GEKE im Jahr 2010 zusammen mit dem Hauptdokument zugeschickt, war aber nicht Gegenstand der Stellungnahmen. Deshalb wurde es nicht revidiert.

[8]   Tampere-Thesen 6 und 7 versuchen, die Herausforderungen des Amtes vor dem Hintergrund der 1980er Jahre zu erfassen. Vieles aus dieser Analyse hat weiterhin Gültigkeit (einschließlich der Wechselbeziehung zwischen der Krise des allgemeinen Priestertums aller Gläubigen und der »Krise des Amtes« (S. 108 in: *Sakramente, Amt, Ordination*. Leuenberger Texte 2), auch wenn es heute einer Anpassung und Verbesserung bedürfen würde.

Das Dokument »Die Kirche Jesu Christi« führt dazu aus: »Der *Grund* der Kirche ist das Handeln Gottes zur Erlösung der Menschen in Jesus Christus. Subjekt dieses Grundgeschehens ist Gott selbst, und folglich ist die Kirche Gegenstand des Glaubens. Weil Kirche Gemeinschaft der Glaubenden ist, gewinnt ihre *Gestalt* geschichtlich vielfältige Formen. Die eine geglaubte Kirche (Singular) ist in unterschiedlich geprägten Kirchen (Plural) verborgen gegenwärtig. Die *Bestimmung* der Kirche ist ihr Auftrag, der ganzen Menschheit das Evangelium vom Anbruch des Reiches Gottes in Wort und Tat zu bezeugen. Für die *Einheit* der Kirche in der Vielfalt ihrer Gestalten genügt es, ›daß da einträchtig nach reinem Verstand das Evangelium gepredigt und die Sakramente dem göttlichen Wort gemäß gereicht werden‹ (Augsburger Bekenntnis, Artikel 7).«[9]

17. Nach evangelischem Verständnis wird die Kirche durch Gottes Wort geschaffen und erhalten. Sie ist *creatura Evangelii* bzw. *creatura verbi divini.* Weder der Dienst an Wort und Sakrament noch die verschiedenen Formen der Episkopé garantieren allein oder an sich das wahre Sein der Kirche, sondern sie dienen der Mitteilung von Gottes Gnade. Angelegenheiten von Amt, Ordination und Episkopé sind für die Gestalt der Kirche in ihrer Bestimmung bedeutsam. Sie dürfen nicht nur pragmatisch behandelt werden, sondern als auf die theologische Grundlage der Kirche bezogen und auf ihr basierend.

1.4.2 Grenzen der Verschiedenheit

18. Laut dem Dokument »Die Kirche Jesu Christi« betreffen bestehende Unterschiede im Verständnis des Amtes sowie in den vielfältigen Ausgestaltungen des Amtes und des Dienstes der Episkopé »nicht den« Grund, sondern die *Gestalt der Kirche«* (S. 34). Unterschiede in der Struktur der Kirche und ihrer Leitung werden im Sinne der Tampere-Thesen 1986 nicht als Hinderungsgrund für Kirchengemeinschaft und für die gegenseitige Anerkennung von Amt und Ordination betrachtet, solange die

---

[9] KJC, Einleitung 1.4 (S. 19).

Frage der Kirchenleitung der Herrschaft des Wortes untergeordnet bleibt.[10]

19. Die Vielfalt der Strukturen und Ämter der Kirche und ihrer konkreten Ausgestaltung ist jedoch nicht unbegrenzt. Daraus ergibt sich die Frage nach Kriterien für die Grenzen der Vielfalt sowie die theologische Begründung dieser Kriterien. Grundsätzlich darf die Verschiedenheit weder den Grund der Kirche verdunkeln noch ihrer Bestimmung widersprechen. Selbstkritisch haben die Mitgliedskirchen der GEKE zu prüfen, wo ihre konkrete Praxis, z. B. die Verweigerung der Ordination von Frauen, ein Hindernis für die Kirchengemeinschaft darstellt oder zu ihrer Beeinträchtigung führen kann. Zur Vertiefung der Kirchengemeinschaft ist das geschwisterliche Gespräch, unterstützt durch Gebet, darüber zu führen, wie sich derartige Hindernisse und Beeinträchtigungen beseitigen lassen könnten. Die Grenzen der Verschiedenheit sind erreicht, wo der Auftrag der Kirche oder ihre Einheit gefährdet sind und wo ihr Grund kaum noch erkannt werden kann.

1.5 Die hermeneutischen Grundlagen des Lehrgesprächs

1.5.1 Einheit in versöhnter Verschiedenheit

20. Eine systematische Entfaltung des protestantischen Verständnisses von Amt, Ordination und Episkopé kann sich nicht darauf beschränken, die Bekenntnisschriften der Reformation oder die Anfänge einer evangelischen Ämterlehre zu wiederholen. Die Modelle der Kirchenordnung, die wir in der Bibel und in den Bekenntnisschriften finden, sind für heutige Kirchenverfassungen eine Orientierungshilfe, aber nicht verbindlich. In der Gestaltung der Ämter gab es in den evangelischen Kirchen eine Vielfalt von Entwicklungen von der Reformationszeit bis heute (s. Studienmaterial Kap. 1). Die Dialektik zwischen der Tradition der Kirche und den gegenwärtigen Erfordernissen

---

[10] Tampere-Thesen 3; vgl. die Zitate oben, Nr. 10.

erfordert hermeneutische Prozesse, in denen offen und gemeinschaftlich nach den dienlichsten Strukturen in jeder Generation gesucht wird. Unveränderliche Amtsstrukturen wären der Sendung der Kirche abträglich. Es gibt jedoch durch die Jahrhunderte eine beträchtliche Kontinuität im Verständnis und der Gestaltung der Ämter. Auch lassen sich in unterschiedlichen Strukturen und Terminologien funktionale Äquivalente und Parallelen entdecken. Das vorrangige Ziel hermeneutischer Bemühungen besteht nicht in der Vereinheitlichung von Strukturen und Bezeichnungen der Ämter um ihrer selbst willen, sondern in einem vertieften ökumenischen Verständnis der geistlichen Gegebenheiten, die gemeinsam sind (einschließlich der Legitimität und der Grenzen der Vielfalt), und in einer Ermutigung zu Strukturen, die gegenseitig anerkannt werden können.

21. Die Leuenberger Konkordie bezeugt die in Christus geschenkte Einheit, die es den Unterzeichnerkirchen erlaubt, in versöhnter Verschiedenheit zu leben und in der Einheit und der gemeinsamen Sendung in die Welt zu wachsen. Es ist wichtig, dass die grundlegende Übereinstimmung im Verständnis von Amt, Ordination und Episkopé nicht nur behauptet wird, sondern auch als tatsächlich theologisch gut begründet erwiesen werden kann. Eine ökumenische Hermeneutik der Einheit in versöhnter Verschiedenheit, die in Gott als der Fülle des Lebens ihren Grund hat, kann dazu beitragen, das gemeinsame Verständnis von Amt, Ordination und Episkopé zu vertiefen, wie sie es zwischen den evangelischen Kirchen schon getan hat. Dies kann wiederum einen Beitrag zu den ökumenischen Dialogen mit anderen Kirchen und zur umfassenderen Suche nach sichtbarer Einheit innerhalb der ökumenischen Bewegung leisten. Ein bedeutender Beitrag der evangelischen Kirchen auf diesem Gebiet ist ihre Überzeugung, dass die sichtbare Einheit der weltweiten Kirche notwendigerweise eine differenzierte Einheit sein wird, auch mit Blick auf die Amtsstrukturen. Die hermeneutische Aufgabe zielt daher nicht auf eine umfassende kirchliche Einheitlichkeit, sondern auf eine Überwindung von trennenden Differenzen, wodurch sie zur größeren Sichtbarkeit der Einheit beiträgt.

22. Eine Hermeneutik der Einheit in versöhnter Verschiedenheit ist als solche freilich noch nicht hinreichend zur Überwindung kirchlicher Spaltungen, die sich im ökumenischen Kontext gerade an der Ämterfrage festmachen. Kirchliche Spaltungen sind nicht einfach das Ergebnis historischer Entwicklungen, sondern auch die Folge von Entscheidungen, die von Kirchen und ihren Leitungen getroffen wurden. Die Frage, ob die nach wie vor kirchentrennenden Unterschiede im Kirchen- und Amtsverständnis, die zwischen den Kirchen der GEKE und anderen Konfessionen bestehen, unüberwindlich sind, muss offenbleiben. Eine dynamische Auffassung von Konfessionalität rechnet mit dem Wirken des Heiligen Geistes, und das heißt mit der geschichtlichen Entwicklung von Identitäten.

1.5.2 Kriterien des evangelischen Verständnisses von Amt, Ordination und Episkopé

23. Im Gespräch der evangelischen Kirchen über Amt, Ordination und Episkopé treffen unterschiedliche konfessionelle Traditionen und Erfahrungen aufeinander. Diese verschiedenen Traditionen und Erfahrungen können nicht einfach miteinander kombiniert werden. Darum ist es hilfreich, zwischen den hermeneutischen *Kriterien* und den *Quellen*, aus denen sich die unterschiedlichen Amtsverständnisse speisen, zu unterscheiden. *Quellen* der verschiedenen Gestalten von Amt, Ordination und Episkopé sowie ihrer theologischen Begründung sind Schrift, Tradition, Vernunft und Erfahrung. Das christliche Leben ist immer wieder mit der Spannung zwischen dem Anspruch der Heiligen Schrift und der gegenwärtigen Wirklichkeit konfrontiert gewesen. Deshalb sind die hermeneutischen *Kriterien* Schriftgemäßheit und Wirklichkeitsgemäßheit. Nach lutherischer Tradition gehört zu den Kriterien auch die Bekenntnisgemäßheit, die jedoch der Schriftgemäßheit zugeordnet ist.[11]

---

[11] Eine sehr viel detailliertere Erörterung der Hermeneutik von Schrift und Bekenntnis, einschließlich des Verhältnisses von Schrift und Tradition, wird in dem Lehrgesprächsdokument »Schrift, Bekenntnis, Kir-

24. Zur Tradition als einer der Quellen evangelischer Theologie gehören nicht nur die reformatorischen Bekenntnisschriften und evangelische Bekenntnisse aus späterer Zeit, sondern auch vorreformatorische Traditionen, die Liturgie einschließlich der verschiedenen Ordnungen für die Ordination, die Berufung (Vokation), Beauftragung oder Einsetzung (Installation) in ein kirchenleitendes Amt, ferner ökumenische Texte und Verpflichtungen, insbesondere frühere Dokumente der GEKE.

1.5.2.1 Das Kriterium der Schriftgemäßheit

25. Das Kriterium der Schriftgemäßheit ist nicht mit einem formalistischen Bibelgebrauch zu verwechseln, für den eine strikte Gleichsetzung des kanonischen Bibeltextes mit dem Wort Gottes grundlegend ist. Zwischen Schrift und Wort Gottes ist theologisch und hermeneutisch zu unterscheiden. Die biblischen Schriften sind der schriftliche Niederschlag der Stimme Gottes, von Menschen formuliert und bezeugt. Diese Schriften bezeugen grundlegend und hinreichend das lebendige Wort Gottes, Jesus Christus. Es ist das Werk des Heiligen Geistes, dass dieses Zeugnis der Heiligen Schrift neu lebendig wird, wo das Wort öffentlich verkündigt wird, und wo Menschen die Schrift füreinander lesen, meditieren und auslegen und die Sakramente feiern. So wird das in der Heiligen Schrift bezeugte Wort Gottes (dass Gott in der Geschichte auf lebendige und rettende Weise gesprochen hat) in der Gegenwart zur lebendigen Wirklichkeit.

26. Nach den theologischen Einsichten der Reformation ist allein die Heilige Schrift das Kriterium für die Lehre der Kirche. Das sogenannte reformatorische Schriftprinzip zielt nicht auf die formale Vorrangstellung der Bibel gegenüber der kirchlichen Tradition oder sonstigen Quellen theologischer Erkenntnis, sondern auf die Voranstellung des Evangeliums als der Botschaft von Jesus Christus, dem Heil der Welt, deren rechtes Verständnis die Reformatoren in der Lehre von der Rechtfertigung zum

---

che« vorgenommen, das sich die GEKE-Vollversammlung 2012 zu eigen machte.

Ausdruck gebracht haben (vgl. LK 7 u. 8). Durch das Evangelium, welches das Heilshandeln Gottes bezeugt, wird die Autorität der Schrift begründet wie auch begrenzt. Die Schrift bedarf darum der jeweils neuen Auslegung durch die Kirche und ihre Bekenntnisse, durch die theologische Forschung sowie durch die Bibellektüre der einzelnen Christen. Aber es ist die Schrift selbst, die sich selbst in diesem fortwährenden hermeneutischen Prozess interpretiert, weil jede einzelne Interpretation am Text der Schrift als Ganzer belegt werden muss.

27. Kriterium evangelischer, das heißt evangeliumsgemäßer Theologie ist demnach, inwieweit das gegenwärtige Kirchenleben und Glaubensbewusstsein durch die auf die Zeit angewandte Schrift bestimmt wird und nicht etwa umgekehrt die Schriftauslegung durch den allgemeinen religiösen oder politischen Zeitgeist. Das gilt insbesondere auch für das Verständnis von Amt, Ordination und Episkopé.

1.5.2.2 Das Kriterium der Wirklichkeitsgemäßheit

28. Die Bibel bezeugt die Erfahrungen Israels, der frühen Kirche und einzelner Menschen mit Gott. In ihrem eigenen Leben machen Christen Erfahrungen mit der Wirklichkeit, die sie zu den Erfahrungen der Menschen in der Bibel in Beziehung setzen. Dabei muss zwischen Erfahrung allgemein und Glaubenserfahrungen unterschieden werden, was bedeutet, dass Erfahrungen des Lebens aus der Perspektive des Evangeliums neu interpretiert werden. Glaubenserfahrung ist Erfahrung mit Erfahrung oder mit anderen Worten Erfahrung mit dem Heiligen Geist. Zunächst ist die Erfahrung eine Quelle und nicht ein Kriterium für die Theologie und die Lehre der Kirche. Erst in sekundärer Bedeutung wird menschliche Erfahrung zum theologischen Kriterium.

29. Das Kriterium der Wirklichkeitsgemäßheit bezieht sich auf menschliche Erfahrung in unterschiedlichen Ausprägungen. Die Kirchen der GEKE haben unterschiedliche historische Erfahrungen, die in ihren verschiedenen Traditionen und Bekenntnissen ihren Niederschlag gefunden haben. Theologische Erkenntnisse und Entwicklungen wie auch die verschiedenen

Gestalten der Kirche und ihrer Ämter sind eingebettet in unterschiedliche soziokulturelle und politische Kontexte. Die Gestaltung kirchlicher Strukturen und Ämter in Geschichte und Gegenwart hat sich außerdem immer auch an den praktischen Möglichkeiten zu orientieren, die dem Zeugnis und dem Dienst der Kirche in einer bestimmten geschichtlichen Situation gegeben sind. Dabei ist jedoch stets zwischen Faktizität und Geltung zu unterscheiden. Die Geltung eines bestehenden Zustands kann nicht von der bloßen Tatsache abgeleitet werden, dass etwas existiert oder nicht existiert. Wirklichkeitsgemäßheit bedeutet nicht fraglose Anpassung an bestehende Verhältnisse, so gewiss diese verändert werden können und eigenverantwortlich gestaltet werden müssen.

30. Dazu heißt es schon in den Tampere-Thesen: »Die äußere Gestalt der Gemeinde und ihrer Dienste sind immer bis zu einem gewissen Grad von der sie umgebenden Gesellschaft geprägt. Das war auch in der Urkirche der Fall. Die Kirche muß aber immer um ihres Dienstes am Wort willen die Freiheit gegenüber der Gesellschaft bewahren. Besonders wichtig ist es, darauf zu achten, daß weder eine überlieferte Gestalt des kirchlichen Amtes, die eine vergangene Struktur der Gesellschaft spiegelt, noch eine unkritische Anpassung an die umgebende Gesellschaft zur Norm für die Struktur und die Ausübung der Funktionen des kirchlichen Amtes werden« (These 6).

31. Die Gestaltung der Kirche und ihrer Ämter ist als eine beständige Aufgabe zu begreifen, für die alle Glieder der Kirche im Sinne des Priestertums aller Gläubigen Verantwortung tragen. Kriterien für die konkrete Gestaltung kirchlicher Strukturen und Ämter aber sind der Grund der Kirche und ihre Bestimmung (s. o. Nr. 16). Auf dieser Grundlage ist die Gestalt der Kirche immer wieder neu in einem hermeneutischen Zirkel zu bestimmen. Dieser Zirkel verbindet die Auslegung der Schrift mit einer wahren und aufrichtigen Annahme der Realität. (Dies kann die Anerkennung einschließen, dass unsere Bekenntnisse uns als Richtlinien für die Schriftauslegung dienen.) Das Kriterium der Wirklichkeitsgemäßheit begrenzt nicht das Kriterium der Schriftgemäßheit, sondern ist ihm vielmehr untergeordnet.

2 Erklärung

2.1 Bestimmung und Sendung der Kirche

32. Alle Kirchen der GEKE haben ein gemeinsames Verständnis von der Bestimmung der Kirche, das in folgender Weise von dem Dokument »Die Kirche Jesu Christi« formuliert wird: »Die Kirche ist bestimmt, als Zeugin des Evangeliums in der Welt Instrument Gottes zur Verwirklichung seines universalen Heilswillens zu sein. Sie wird dieser Bestimmung gerecht, indem sie in Christus bleibt, dem unfehlbaren einzigen Instrument des Heils. Die Gewißheit der Zuverlässigkeit dieser Verheißung Gottes befreit und ermächtigt die Christen und Kirchen zum Zeugnis vor der Welt und für die Welt«.[12] Mit den gemeinsamen Erklärungen von Meißen und Reuilly können Kirchen innerhalb und außerhalb der GEKE aussagen:»Die Kirche, der Leib Christi, muß stets in dieser Perspektive als Werkzeug zur Erfüllung des Heilsplanes Gottes gesehen werden. Die Kirche ist zur Ehre Gottes da und um im Gehorsam gegenüber der Sendung Christi der Versöhnung der Menschheit und der ganzen Schöpfung zu dienen.«[13]

33. Gemäß dem Konzept der *missio Dei* folgt die Kirche Gottes Beziehung zur Welt als Schöpfer, Gottes rettendem Handeln durch den Sohn und Gottes umwandelnder Macht des Heiligen Geistes, mit der Absicht, am Reich Gottes mitzubauen. Alle Christinnen[14] haben Anteil an Gottes Sendung.

34. Als die Leuenberger Konkordie die Verwirklichung von Kirchengemeinschaft definierte, sah sie Zeugnis und Dienst als

---

[12] KJC, 37 f (I.3.2).

[13] Meißen § 3 = Reuilly § 18. Fast dieselben Formulierungen auch in der Porvooer Gemeinsamen Feststellung § 18.

[14] Wenn in diesem Dokument von Personengruppen die Rede ist, sind immer Männer und Frauen gemeint. Zur Einfachheit werden mal feminine, mal maskuline Formen gebraucht, ohne damit aber das jeweils andere Geschlecht ausschließen zu wollen.

wesentlich für die Sendung der Kirche. Zeugnis wie Dienst verweisen die Kirche an die gesamte Menschheit und haben sowohl eine individuelle als auch eine soziale Dimension. »Als Dienst der Liebe gilt er (der Dienst) dem Menschen mit seinen Nöten und sucht deren Ursachen zu beheben. Die Bemühung um Gerechtigkeit und Frieden in der Welt verlangt von den Kirchen zunehmend die Übernahme gemeinsamer Verantwortung« (LK 36). »Sie [die Kirche Jesu Christi] entspricht ihrem Wesen, indem sie Gottes Liebe den Menschen in ihren jeweiligen gesellschaftlichen Kontexten und in ihren konkreten Lebenssituationen glaubwürdig ausrichtet.«[15]

35. Infolgedessen muss die Ausübung von Amt, Ordination und Episkopé in unseren Kirchen so geregelt werden, dass die Kirchen zu ihrem gemeinsamen Zeugnis und Dienst für die ganze Menschheit befähigt werden. Dies verlangt nach einem Dienst der Kirche (»a ministry of the church«), der sich sich den Herausforderungen unserer Welt, wie Gender-Gerechtigkeit, Minderheitenrechte und Bewahrung der Schöpfung ebenso wie Marginalisierung von Glauben und Kirche, stellt.

36. Weil es um die gemeinsame Ausübung von Zeugnis und Dienst geht, müssen die Mitgliedskirchen der GEKE alles in ihrer Macht Stehende tun, um die Gemeinschaft, die unter ihnen schon besteht, zu vertiefen, aber auch beständig Anknüpfungspunkte und Verbindungen mit anderen Kirchen zu suchen, die nicht in voller Gemeinschaft mit der GEKE stehen.

37. Es ist eine grundlegende Einsicht der Reformation, dass Gott seine Sendung durch sein lebendiges Wort erfüllt. Die Kirche wird als eine Schöpfung des Wortes (*creatura verbi*) beschrieben. Dies bringt mit sich, dass die Strukturen in der Kirche sicherstellen sollten, dass Entscheidungen *sine vi, sed verbo* (nicht mit äußerem Zwang, sondern durch die Kraft des Wortes) gefällt werden.

---

[15] *Evangelisch evangelisieren: Perspektiven für Kirchen in Europa*, Wien 2007, 11 (Nr. 2.1).

2.2 Amt in der Kirche

2.2.1 Der Dienst des gesamten Gottesvolkes und die Ordnung der Ämter

38. Zwischen den christlichen Kirchen herrscht große Übereinstimmung darin, dass das gesamte Gottesvolk an Gottes Sendung Anteil hat. Alle getauften Christen sind zu einem Leben in Zeugnis und Dienst berufen.[16] Unter Bezugnahme auf 1. Petr 2,9 beschreiben ökumenische Dokumente diese Berufung oft als Teilhabe an einem »königlichen Priestertum«.[17] Alle Glieder am Leibe Christi haben für ihren Dienst bestimmte sich gegenseitig ergänzende Gaben (*charismata*) empfangen.[18]

39. Die Ämter in der Kirche gründen im dreifachen Amt Christi, d. h. dem priesterlichen, prophetischen und königlichen Amt.[19] Die Kirche – gesammelt unter dem Wort und berufen zum Dienst – empfängt in ihrer Mitte verschiedenartige Charismen. Die Ämter werden aus diesen Charismen erneuert, und die Charismen werden wiederum durch die Ämter erhalten.[20] Es ist Gottes Wille, dass durch bestimmte Personen mit besonderen Aufgaben »die Heiligen zugerüstet werden zum Werk des Dienstes« und dass es bei der Erbauung der Kirche ordentlich zugeht (vgl. Eph 4,11 f; 1. Kor 14,12. 26. 40). Als Folge ergibt sich unter der Anleitung des Evangeliums und des Heiligen

---

[16] »Die Verkündigung des Evangeliums und das Angebot der Heilsgemeinschaft sind der Gemeinde als ganzer und ihren einzelnen Gliedern aufgetragen, die durch die Taufe zum Zeugnis von Christus und Dienst für einander und für die Welt berufen sind und die durch den Glauben Anteil an Christi priesterlichem Amt der Fürbitte haben.« (Tampere-Thesen 2).

[17] Vgl. BEM, Amt, Nr. 17; *Wesen und Auftrag der Kirche*, Nr. 19, 84; Gottes Herrschaft und unsere Einheit, Nr. 60 (*DwÜ 2*, 156 f). Vgl. auch Lumen Gentium, Nr. 10. – Die begrifflichen und theologischen Probleme dieses Konzept werden im Studienmaterial (Nr. 29 ff) diskutiert.

[18] Vgl. BEM, Amt, Nr. 5, 32; *Wesen und Auftrag der Kirche*, Nr. 83.

[19] Vgl. Studienmaterial, Nr. 32.

[20] S. 1 Kor 12 u. 13; Röm 12,1–8; 1. Tim 4,14; 2.Tim 1,6. Vgl. Studienmaterial, Nr. 2 f

Geistes eine Ordnung der Ämter.[21] Die evangelischen Kirchen betonen, dass die Ordnung der Ämter nicht hierarchisch verstanden werden sollte. Ebenen der Verantwortung in der Kirche sind selbst für die evangelischen Kirchen wichtig, und die unterschiedlichen Ämter sollten als Dienst geordnet und ausgeübt werden, nicht als exklusive Rechte oder Herrschaft.[22]

40. Das ganze Leben der Christen und der Kirche »steht unter dem Auftrag, Gottesdienst zu sein. Im engeren Sinn meint Gottesdienst die liturgische Feier (leiturgia), im weiteren den ›vernünftigen Gottesdienst‹ (Röm 12,2) im Alltag der Welt, auf den die Begriffe martyria, diakonia und koinonia verweisen.«[23]. In diesem Dienst (»service«) gibt es, wie in der weiteren Darstellung gezeigt werden wird, bestimmte Dienste (»ministries«), die für Leben und Ordnung der Kirche unverzichtbar sind. Es sind dies der Dienst an Wort und Sakrament, der Dienst der *diakonia* und der Dienst der Episkopé. Zusätzlich gibt es in den Kirchen weitere Dienste und Ämter, die für das Leben der Kirche vital sind. Das Lehren des Glaubens der Kirche ist Aufgabe verschiedener Dienste. Viele Kirchen haben jedoch ein besonderes Amt des Lehrens, das sie als unverzichtbar ansehen würden.

2.2.2 Der Dienst an Wort und Sakrament (ministerium verbi)

41. Der erste dieser unverzichtbaren Dienste ist der Dienst an Wort und Sakrament, der von allen Kirchen der GEKE hervorgehoben wird.[24] Dies ist ein Konsens, der ökumenische Bedeu-

---

[21] Der Begriff »Ordnung der Ämter«, eingeführt durch »Die Kirche Jesu Christi« (vgl. Studienmaterial, Anm. 12–14), meint nicht eine göttlich eingesetzte und normative Struktur wie das »dreifache Amt« nach römisch-katholischer oder orthodoxer Auffassung (s. Studienmaterial, Nr. 42, 50), sondern nur eine veränderliche Ordnung, die sicherstellt, dass die drei grundlegenden Dienste erfüllt werden.

[22] Vgl. Barmer Theologische Erklärung IV (zitiert im Studienmaterial, Nr. 50). S. auch Studienmaterial, Nr. 51.

[23] KJC, Kap. I.3.3.1 (S. 39).

[24] Vgl. Neuendettelsau-Thesen I.3 C.

tung sowohl innerhalb der GEKE als auch über sie hinaus hat. Die Confessio Augustana (CA V u. XXVIII) spricht vom Amt der Evangeliumsverkündigung und Sakramentenspendung (*ministerium docendi evangelii et porrigendi sacramenta*), das eingesetzt ist, damit wir Glauben an Gottes rechtfertigende Gnade erlangen (CA IV).[25] Die Bedeutung dieses besonderen Amtes wurde auch von der Confessio Helvetica Posterior (XVIII) betont, die feststellt, dass Gott immer »*ministri*« im Dienst der Kirche gebraucht hat und sie auch weiterhin brauchen wird. Ihre Hauptaufgaben sind die Lehre des Evangeliums von Christus und die ordnungsgemäße Verwaltung der Sakramente. Dementsprechend stellt die Tampere-These 1 fest: »Zu Wort und Sakrament gehört gemäß der Einsetzung Christi ›ein Amt, das das Evangelium verkündigt und die Sakramente reicht‹, das *ministerium verbi* (CA V). [...] Aus beiden Traditionen[26] heraus sind die Kirchen, die die Leuenberger Konkordie unterzeichnet haben oder an ihr beteiligt sind, sich darin einig, daß ›das ordinierte Amt‹[27] zum Sein der Kirche gehört.«

42. Die Besonderheit des Dienstes an Wort und Sakrament ist keine Frage der Rangordnung innerhalb der Ordnung der

---

[25] Wir übergehen hier die Kontroverse innerhalb des Luthertums, ob das »*ministerium*« (»Predigtamt«) nach CA V ein Verkündigungsdienst ist, zu dem alle Christen berufen sind (so VELKD, *Ordnungsgemäß berufen*, Kap. 2, Nr. 11; Kap. 3.4), oder mit dem Amt der *öffentlichen* Verkündigung und Verwaltung der Sakramente nach CA XIV gleichzusetzen ist (so Lund Statement, Nr. 18). In jedem Fall wird das besondere Amt der Wortverkündigung und Sakramentsverwaltung im Luthertum betont.

[26] Als die Tampere-Thesen formuliert wurden, gehörten nur die lutherischen und reformierten Traditionen zur GEKE. Die Feststellung ist aber auch für die methodistische Tradition gültig.

[27] Mit dem Gebrauch dieses Begriffs folgen die Tampere-Thesen dem Sprachgebrauch, der vom Lima-Dokument (BEM) vorgeschlagen wurde. Unabhängig von der Problematik dieses Begriffs stimmt die Aussage in jedem Fall für das Amt der Wortverkündigung und Sakramentsverwaltung, das in allen Kirchen der GEKE durch Ordination übertragen wird.

Ämter oder unter den weiteren Diensten der Kirche. Sie liegt vielmehr in dem besonderen Zweck, für den dieser Dienst bestimmt ist, innerhalb der Kirche als eines kollektiven, durch das Evangelium (*creatura verbi*) geschaffenen Leibes. Die Kirche ist völlig abhängig von Gottes Gnade, die in spezifischer Weise durch die Verkündigung des Evangeliums und die Verwaltung der Sakramente vermittelt wird. Nach reformatorischer Auffassung stellen diese beiden Funktionen miteinander die nötigen, göttlich eingesetzten Kennzeichen der wahren Kirche (*notae ecclesiae*) dar.[28]

43. Der Gemeinschaft der Gläubigen kommt in einem weiteren Sinne die Verantwortung dafür zu, dass Verkündigung, Taufe und Abendmahl als Gnadenmittel in der Kirche erhalten bleiben.[29] Der Hinweis auf das Priestertum der Getauften zielt aber nicht darauf, die Bedeutung des besonderen Dienstes an Wort und Sakrament im normalen Leben der Kirche herabzusetzen. Nach den lutherischen Bekenntnisschriften sollen nur »recht berufene« (*rite vocati*) Amtsträger den »öffentlichen« Dienst der Gnadenmittel verrichten dürfen (vgl. CA XIV). Die Reformation der reformierten Richtung benutzte diese Kategorie der Öffentlichkeit nicht, stellte aber auch sicher, dass der Dienst an Wort und Sakrament in formaler Weise aufrecht erhalten blieb. Nur unter außergewöhnlichen Umständen, wie in Zeiten der Verfolgung, wurden nicht-ordinierte Gläubige förmlich zu Predigern berufen. Im Seelsorgegespräch hat jeder Christ und jede Christin die Vollmacht, einer bußfertigen Person Gottes Vergebung zuzusprechen. »Das Amt steht in der öffentlichen

---

[28] Vgl. CA VII; Genfer Konfession 1536, Nr. 18; 39 Artikel der Anglikaner, Art. 19; John Wesley, Methodistische Glaubensartikel, Art. 13; LK 2.

[29] Wie die Tampere-These 1 feststellt, kommt »die Aufgabe der Verkündigung und die Verantwortung für die Verkündigung des Wortes und für den rechten Gebrauch der Sakramente nicht nur dem ordinierten Amt, sondern der ganzen Gemeinde« zu. »Das ordinierte Amt allein und an sich garantiert nicht das wahre Sein der Kirche, sondern bleibt dem Worte Gottes untergeordnet.« (vgl. Neuendettelsau-Thesen I.3.C).

Wortverkündigung und in der Darreichung der Sakramente der Gemeinde gegenüber und ebenso inmitten der Gemeinde, die ihr Priestertum aller Gläubigen in Gebet, persönlichem Zeugnis und Dienst wahrnimmt.«[30]

44. In den evangelischen Kirchen wird der Dienst an Wort und Sakrament traditionell durch vollzeitliche Gemeindepfarrerinnen ausgeübt. Dies hatte – und behält – seinen Wert in der Sicherstellung, dass gut ausgebildete Amtsträger sich vollständig ihrer Aufgabe widmen konnten. Aber traditionelle und historisch kontingente Formen des Gemeindepfarramts sind nicht die einzigen möglichen Formen, den göttlich eingesetzten Dienst an Wort und Sakrament zu gewährleisten. Dieser Dienst kann in unterschiedlichen Formen der Anstellung und mit eigens festgelegten Funktionen und Aufgabengebieten ausgeübt werden.

45. Seit jeher sind unter besonderen Umständen nicht-ordinierte Personen in ihren Kirchen bevollmächtigt worden, ohne besondere berufliche Qualifikationen als Diener an Wort und Sakrament zu wirken. In den letzten Jahrzehnten haben jedoch etliche Kirchen aus verschiedenen Gründen dauerhaftere Formen des Dienstes auf örtlicher Ebene entwickelt. Dabei wird Personen (meist auf nebenamtlicher und zeitweiliger Basis) die Verantwortung für die Predigt des Evangeliums und oft auch die Verwaltung des Abendmahls übertragen. Solche Formen des »lokalen Amtes« reagieren auf dringliche Notlagen und sind weithin anerkannt worden. Aufgrund ihres örtlichen Charakters haben diese neuen Formen auf der zwischenkirchlichen Ebene Fragen hinsichtlich des Charakters des Amtes aufgeworfen, wie etwa ihr Verhältnis zum traditionellen Amt der Wortverkündigung und Sakramentsverwaltung zu bestimmen und wie ihre Stellung innerhalb der anderen geordneten Ämter anzuerkennen ist. Es ist wichtig, dass örtlich begrenzte Ämter innerhalb abgegrenzter Verantwortungsbereiche und mit dem Erfordernis angemessener Ausbildung[31] ausgeübt werden. Weiterhin müs-

---

[30] Neuendettelsau-Thesen I.3.C.

sen ihre Formen der Anerkennung theologisch und struktu-
rell mit denen anderer geordneter Ämter in der Kirche kompatibel sein. Von besonderer Bedeutung ist in diesem Zusammenhang die Frage der Ordination für alle Dienste an Wort und
Sakrament.[32] In dieser Frage wird es notwendigerweise beträchtliche Abweichungen zwischen den Kirchen geben, und
Konsultationen innerhalb der Kirchen der GEKE werden hilfreich sein.

46. Die Diener an Wort und Sakrament haben ihr Amt in Gemeinschaft mit der weltweiten Kirche auf der Grundlage einer
klaren Berufung (*vocatio interna* ebenso wie *vocatio externa*)
wahrzunehmen. Das bedeutet, dass sie ihren Dienst auf der Basis eines anerkannten Auftrags ausüben sollen. Dieser Auftrag
wird gemäß der jeweiligen Ordnung jeder einzelnen Kirche
durch die Ordination erteilt. Er gibt jedoch den Ordinierten
keine menschlich begründete Autorität über die Gemeinde. Ihre
Autorität ist von Gottes Wort abgeleitet, das durch die Gnadenmittel verkündigt wird.[33] Weil es die Aufgabe der Ordinierten
ist, »der Gemeinde das Wort Gottes [zu]zusagen«[34], ist ihr Amt
in klarer Weise ein prophetisches.

47. Der Begriff »Dienst an Wort und Sakrament« zeigt an,
dass die Predigt des Wortes und die Verwaltung der Sakramente
nicht voneinander getrennt werden können. Das ist auch in der
traditionellen Bezeichnung *ministerium verbi* vorausgesetzt. Verkündigung und Sakramente sind nach reformatorischer Auffassung die zwei Arten des Evangeliums (*verbum audibile* und *ver-*

---

[31] Die letztere Frage wird in dem Projekt »Ausbildung zum ordinationsgebundenen Amt in den Kirchen der GEKE« (s. u.) behandelt.

[32] S. u. Nr. 66 und Studienmaterial, Kap. 2.5.

[33] Vgl. Neuendettelsau-Thesen I.3.C: »– Das Wort konstituiert das
Amt, nicht umgekehrt. – Das Amt hat Dienstfunktionen für Wort und
Glaube. – Es steht im Dienst der Rechtfertigung des Sünders, nicht der
Rechtfertigung der Kirche oder der bestehenden Verhältnisse. – Das
Amt ist bezogen auf die apostolische Kontinuität und Einheit der Kirche,
auf ihre Freiheit und auf ihre Liebe.«

[34] Tampere-Thesen 2.

bum visibile), durch welche die Kirche konstituiert wird.[35] Die Predigt des Wortes Gottes führt notwendigerweise zum Aufbau einer Gemeinschaft, der durch die Sakramente gedient wird. Und solch eine Gemeinschaft kann nicht bestehen, ohne von Gottes Wort geleitet und beurteilt zu werden.

2.2.3 Der diakonische Dienst

48. Zusätzlich zum Dienst an Wort und Sakrament gibt es in der Kirche auch den Dienst der *diakonia*. In der Sicht der Reformation ist *diakonia* nicht ein sekundärer Aspekt des Glaubenslebens, sondern gehört zu seinem Wesen selbst, entsprechend dem Willen Gottes:»Auch wird gelehrt, dass dieser Glaube gute Früchte und gute Werke hervorbringen soll und dass man gute Werke tun muss, und zwar alle, die Gott geboten hat, um Gottes willen. Doch darf man nicht auf solche Werke vertrauen, um dadurch Gnade vor Gott zu verdienen.« (CA VI) In ähnlicher Weise unterstreicht die Westminster Confession (XVI): »Diese guten Werke, die im Gehorsam gegen Gottes Gebote getan werden, sind die Früchte und Beweise eines wahren und lebendigen Glaubens. Durch sie zeigen die Gläubigen ihre Dankbarkeit, stärken ihre Gewißheit, erbauen ihre Geschwister, schmücken das Bekenntnis des Evangeliums, stopfen den Mund der Gegner und verherrlichen Gott, dessen Werk sie sind, wozu sie in Christus Jesus geschaffen wurden, damit sie, indem sie ihre Frucht in Heiligkeit bringen, am Ende schließlich das ewige Leben haben.«

---

[35] Vgl. Tampere-Thesen 4: »Der Dienst am Wort umfaßt auch den Dienst an den Sakramenten. Die Sakramente machen dasselbe Evangelium sichtbar, welches in der Predigt verkündigt wird. […]« So sind »Sakrament und Predigt Gestalten des lebendigen Wortes Gottes, durch das Christus selbst in Kirche und Welt gegenwärtig ist. In der Predigt des Wortes und der Feier der Sakramente, die zusammen den Dienst des Amtes prägen, wird die Wirklichkeit der Kirche als Leib Christi erneuert, ihr gemeinsames Leben gestärkt und ihr apostolischer Auftrag wahrgenommen.« Vgl. auch Lund Statement, Nr. 22.

49. Während der gesamten Geschichte der Kirche ist das Tun der »guten Werke« auf dreierlei Art ausgeübt worden: a) durch den Dienst der Gläubigen in ihrem täglichen Leben, b) durch die diakonische Art und Weise, in welcher der Dienst an Wort und Sakrament ausgeübt wurde, und c) durch eigens berufene diakonische Amtsträger. »In der Ausrichtung nicht nur auf die Gemeindeglieder, sondern darüber hinaus auf alle in Not geratenen Menschen entsprechen die Dienste der Christen der Universalität des Heils.«[36] Diakonie ist nicht nur ein menschlicher Dienst, der in der Welt ausgeübt wird. Sie ist das Zeugnis der Kirche für Gottes erhaltende Gnade, das Erbarmen Christi und die befreiende Kraft des Heiligen Geistes.[37] Auch wenn *diakonia* ein besonderes Gewicht auf die Nöte der Schwachen und Ausgegrenzten legt, repräsentiert sie die Sorge der Kirche für alle Aspekte menschlichen Lebens. In der jetzigen Zeit, in der die Kirchen sich den komplexen Herausforderungen der modernen Gesellschaft gegenübergestellt sehen, stellt ein ausgebildetes diakonisches Amt einen wesentlichen Teil der ganzheitlichen Mission der Kirche dar.

50. Der Dienst an Wort und Sakrament und der diakonische Dienst sind nicht hierarchisch geordnet, sondern aufeinander bezogen und komplementär.[38] Beide gehören eng zusammen (vgl. Apg 6,1ff; Röm 12,1–21; Gal 6,2–10), Die Frage, ob Diakone zu ordinieren oder in anderer Weise einzusetzen sind, ist eine Angelegenheit, bei der Vielfalt möglich ist.[39]

---

[36] KJC, Kap. I.3.3.3 (S. 42).

[37] Vgl. *Diakonie im Kontext: Verwandlung, Versöhnung, Bevollmächtigung.* LWB 2009, S. 28: »Die diakonische Praxis, ihre integrative Natur und das Miteinanderteilen von Ressourcen implizieren natürlich auch ethische Anforderungen, aber ihre Grundlage ist die Erfahrung der Gnade Gottes und das Geschenk, zu der durch sie geschaffenen Gemeinschaft zu gehören.«

[38] Vgl. *The Diaconal Ministry in the Mission of the Church,* LWF Studies 2006, 86.

[39] Vgl. Lund Statement, Nr. 39; SEK, *Ordination,* Kap. 5.3.3.

51. Die nordischen lutherischen Kirchen haben das Diakonenamt beibehalten und gestärkt. Auch die United Methodist
Church hat einen »Bund der Diakone« parallel zum »Bund der
Ältesten« (= Diener an Wort und Sakrament) eingeführt. Ebenso
ordiniert die Britische Methodistenkirche sowohl Diakoninnen
als auch Presbyterinnen (d.h. Diener an Wort und Sakrament).
In einigen evangelischen Kirchen sind Diakone beauftragt, die
Sakramente in diakonischen Zusammenhängen wie der Kran-
kenkommunion zu verwalten, aber nicht im Zusammenhang
des öffentlichen Gottesdienstes. Sie können jedoch eine heraus-
ragende mitwirkende Rolle im gottesdienstlichen Leben der Kirche spielen. In Mittel- und Osteuropa sind Diakone dagegen im
Allgemeinen nicht ordiniert, und ihre Aufgaben beziehen sich
mehr auf Sozialarbeit, Jugendarbeit und Arbeit mit Seniorinnen.
Manchmal sind sie jedoch auch beauftragt, Gottesdienste zu leiten, was auch die Sakramentsverwaltung einschließen kann.

2.2.4 Das Ältestenamt als Element innerhalb des Dienstes der Episkopé

52. Der dritte der oben genannten unverzichtbaren Dienste,
der Dienst der Episkopé, wird gründlicher im vierten Kapitel
dieser ›Erklärung‹ behandelt werden (s. u. Nr. 71 ff). In der
Confessio Augustana (Art. XXVIII) wurde die Episkopé besonders mit dem Bischofsamt verknüpft. In den reformierten Kirchen fand sie eine konkrete Gestalt im Ältestenamt, das einen
integralen Bestandteil der Ordnung der Ämter bildet. Hervor-
gegangen aus der reformierten Tradition (Calvins Genfer Kirchenordnung von 1541/61 und die Hugenottische Kirchenordnung von 1559) mit ihrem Interesse an einem kollegialen Organ
innerhalb der Ämter in der Kirche, gibt es das Ältestenamt in-
zwischen in einer großen Zahl der GEKE-Kirchen. Älteste üben
ihr Amt unter verschiedenen Bezeichnungen und in verschiedenen Arten von Gremien (Kirchenvorstand, Presbyterium u. ä.)
aus, und unterschiedliche Aufgaben sind ihnen anvertraut. Allgemein kann man sagen, dass Älteste »die allgemeine Verantwortung für das Leben und die Mission einer bestimmten Gemeinde tragen«.[40] Gemeinsam mit den Dienerinnen an Wort

und Sakrament »leiten sie die Gemeinde zur Erfüllung ihres missionarischen Auftrags und ihres Dienst in der Welt« an.[41]

2.2.5 Unterschiedliche Strukturen der Ämter in den Kirchen

53. Die christlichen Kirchen stimmen grundsätzlich darin überein, dass die Kirche im Lauf ihrer Geschichte durch den Heiligen Geist geleitet wurde. Nach Auffassung der evangelischen Kirchen ist das nicht auf solche Weise geschehen, dass irgendeine gegenwärtige Amtsstruktur als unveränderlich angesehen werden kann. Dennoch sind die Modelle des Dienstes keine beliebige Angelegenheit. Gestalt und Ordnung der Kirche müssen immer am biblischen Zeugnis und am theologischen Verständnis der Kirche und ihrer Bestimmung gemessen werden.[42]

54. Weil die Kirchen der GEKE »aus der Verpflichtung« handeln, »der ökumenischen Gemeinschaft aller christlichen Kirchen zu dienen« (LK 46), sehen sie sich durch die bestehenden Unterschiede in den Amtsfragen herausgefordert. Um ihre Kirchengemeinschaft in Zeugnis und Dienst zu verwirklichen (LK 35f), streben sie in ihrem Verständnis und ihrer Ordnung des Dienstes (»ministry«) nach größtmöglicher Übereinstimmung untereinander und mit anderen Traditionen.

55. Ein besondere Frage in der ökumenischen Diskussion ist, wie der Dienst an Wort und Sakrament im Verhältnis zu anderen Dienstes verstanden und geordnet wird. Auch wenn die Existenz eines Amtes der Wortverkündigung und Sakramentsverwaltung für die Kirchen keine Angelegenheit der freien Wahl ist, kann dieses Amt in unterschiedlichen Formen geordnet und ausgeübt werden. Es herrscht breite Übereinstimmung darüber, dass aus der ältesten christlichen Tradition keine einzelne und

---

[40] Lukas Vischer (Hg.): *Das Amt der Ältesten in den reformierten Kirchen heute, in der reformierten Tradition, im biblischen Zeugnis.* Bern 1992, S. 15.

[41] AaO., S. 16.

[42] Vgl. KJC, Kap. I.2.5.4 (S. 36).

einheitliche Kirchenordnung und Amtsstruktur zwingend ableitbar ist.[43] Im Allgemeinen betonen evangelische Kirchen, dass in Fragen der Kirchenordnung legitimerweise verschiedene Auffassungen möglich sind.

56. Keine Amtsstruktur kann direkt vom Neuen Testament abgeleitet werden. Auch das »dreifache Amt des Bischofs, Presbyters und Diakons«, wie es BEM »als ein Ausdruck der Einheit, die wir suchen, und auch als ein Mittel, diese zu erreichen« (Nr. 22) empfiehlt, war in der Geschichte verschiedenen Änderungen unterworfen.[44] Deshalb meinen die evangelischen Kirchen, dass es auf diesem Gebiet unter den Kirchen eine legitime Vielfalt geben kann. Die calvinistische Reformation führte eine vierfache Amtsstruktur ein (Pastoren, Lehrer, Älteste und Diakone), die in vielen reformierten Kirchen immer noch in modifizierter Form gültig ist.[45] Die nordischen und baltischen lutherischen Kirchen, die (bis auf die lettische) der Porvoo-Gemeinschaft beigetreten sind, haben sich zu einer positiven Bewertung des dreifachen Amts hinbewegt und bekräftigen so die Erklärung aus BEM (Amt Nr. 22), wonach »das dreifache Amt des Bischofs, Presbyters und Diakons heute als ein Ausdruck der Einheit, die wir suchen, und auch als ein Mittel, diese zu erreichen, dienen« kann. Auch wenn die Mehrheit dieser Kirchen für sich selbst nicht ein dreifaches Amt eingeführt hat, betrachten sie doch die Dienste des Bischofs, Pfarrers und Diakons als zentral oder unverzichtbar für die Kirche.

57. Dieses Thema wirft unter den evangelischen Kirchen unter anderem die Fragen nach dem Verhältnis der Ordination zu

---

[43] Vgl. Neuendettelsau-Thesen I.2; *Wesen und Auftrag der Kirche*, Nr. 87. Eine weitere Erörterung im Studienmaterial, Nr. 2–16.

[44] BEM, Amt, Nr. 19, gestand bereits ein, dass diese Struktur »beträchtliche Veränderungen durchgemacht« hat.

[45] Für das vierfache Amt vgl. die Genfer Ordonnances Ecclésiastiques 1541/61 (*Reformierte Bekenntnisschriften* Bd. 1.2, Neukirchen-Vluyn 2006, S. 246). Nach Calvin, *Institutio* IV.3.4 und Confessio Gallicana XXIX werden Pastoren und Lehrer meist als gleichbedeutend angesehen, so dass sich eine dreigliedrige Struktur ergibt.

bestimmten Ämtern und nach der Einheit der Ordnung der Ämter auf. Diese Verschiedenheit hebt zwar nicht die Kirchengemeinschaft zwischen den Kirchen der GEKE auf. Sie kann es aber erschweren, praktische Konsequenzen aus der gegenseitigen Anerkennung der Ordinationen zu ziehen, die in LK 33 ausgesprochen ist. Die gegenseitige Austauschbarkeit von Amtsträgerinnen erfordert offensichtlich, dass diese in Bezug auf das theologische Verständnis, die Ausbildung und die Aufgabenbereiche vergleichbar sind. Das bedeutet, dass sich die gegenseitige Anerkennung der Ordinationen nach LK 33 nur auf das Amt bezieht, das in allen Kirchen der GEKE durch Ordination übertragen wird, also das Amt der Wortverkündigung und Sakramentsverwaltung. Die Kirchen, die eine Ordination von »Ältesten« praktizieren, sollten ermutigt werden zu überlegen, wie sie ihr Verständnis von Ordination zu der Bedeutung von Ordination als bezogen auf das *ministerium verbi* ins Verhältnis setzen, wie sie von allen anderen Kirchen der GEKE (und anderen weit darüber hinaus) anerkannt ist.[46]

2.2.6 Geschlecht und sexuelle Orientierung in Bezug auf die Ämter

58. Ein Thema von großer Bedeutung ist ein »tiefergehendes Verständnis des umfassenden Charakters des Dienstes, das die gegenseitige Abhängigkeit von Männern und Frauen widerspiegelt.[47] Die Kirchen der GEKE praktizieren – mit wenigen Ausnahmen[48] – die Ordination von Frauen zu ihren ordinationsgebundenen Ämtern, weil sie als grundlegende Voraussetzung für die ordinationsgebundenen Ämter nur Glaube und Taufe anse-

---

[46] Diese Ermutigung bezieht sich nicht auf die methodistischen Kirchen, bei denen Älteste (Presbyterinnen) Diener an Wort und Sakrament sind.

[47] Vgl. BEM, Amt, Nr. 18.

[48] Die lutherische Kirche in Polen und die Brüderkirche in Tschechien schließen die Ordination von Frauen aus. Die lutherische Kirche in Lettland und die Schlesische Evangelische Kirche A. B. haben sie seit einiger Zeit ausgesetzt.

hen. Diese Haltung ist von allen Konfessionsfamilien innerhalb der GEKE hervorgehoben worden.[49]

59. Zwischen den Kirchen der GEKE herrscht breite Übereinstimmung, dass der Dienst von Frauen und Männern eine Gabe Gottes ist. Bereits in den Neuendettelsau-Thesen (1982/86) haben die Kirchen der GEKE ihre gemeinsame Überzeugung betont und die Erwartung ausgedrückt, dass an dieser Stelle eine breitere Annäherung zwischen den Kirchen der Welt erreicht werden könnte: »Für die Berufung in den Dienst der öffentlichen Verkündigung und Sakramentsverwaltung können weder Rasse noch Geschlecht von ausschlaggebender Bedeutung sein (Gal 3,27 f). Kirchen, in denen Frauen noch immer nicht ordiniert und Pfarrerinnen werden können, müssen sich fragen lassen, ob sie diese geschichtlich bedingte Praxis mit dem reformatorischen Verständnis von Amt und Gemeinde auch heute noch vereinbaren können.«[50]

60. Auch wenn dies für die Kirchen der GEKE ein nicht verhandelbares Prinzip ist, lehnen sie dennoch nicht die Zusammenarbeit mit Kirchen ab, die bislang keine Frauen ordinieren. Alle Ämter können als authentisch anerkannt werden, selbst wenn sie – nach Ansicht der GEKE zu Unrecht – auf Männer beschränkt sind.[51]

61. Unter den Fragen, die den Zugang zu den Ämtern in der

---

[49] Vgl. Studienmaterial, Nr. 55.

[50] Neuendettelsau-Thesen II.5.

[51] Vgl. das Ergebnis des Dialogs zwischen der GEKE und der Europäischen Baptistischen Föderation »Der Anfang des christlichen Lebens und das Wesen der Kirche« IV.8: »Die Anerkennung der Integrität der jeweils anderen Seite schließt selbstverständlich auch die ordinierten Amtsträger ein. Solange wir keine volle lehrmäßige Anerkennung der Ämter haben, ermutigen wir dennoch dazu, die gegenseitige Akzeptierung der Ämter in praktischer und pastoraler Hinsicht auf lokaler, nationaler oder transnationaler Ebene zu sichern, zu erweitern oder zu ermöglichen.« (Leuenberger Texte 9, Frankfurt am Main 2005, S. 50). Dies konnte erklärt werden, obwohl ein großer Teil der Baptistenbünde Europas keine Frauenordination praktiziert.

Kirche betreffen, ist heutzutage eine der meistdiskutierten, ob das Leben in einer homosexuellen Partnerschaft oder eine bekannte homosexuelle Orientierung als Hinderungsgrund für die Ordination und die Ausübung des Dienstes an Wort und Sakrament und anderer Dienste in der Kirche betrachtet werden sollte. Die verschiedenen Positionen, die von Kirchen der GEKE eingenommen werden, reichen von offener Billigung von Amtsträgern, die in homosexueller Partnerschaft leben, über die Erwartung eines zölibatären Lebens bis hin zu einer mehr oder weniger ausdrücklichen Verurteilung der Homosexualität.[52] Alle Kirchen sind davon überzeugt, dass ihre voneinander abweichenden Positionen in Treue zum Evangelium gründen. Zugleich stimmen die Kirchen der GEKE darin überein, dass dieses Thema nicht spaltend für ihre Kirchengemeinschaft werden sollte. Weil sie aber in dieser Frage von einem Konsens weit entfernt sind, sind weitere Untersuchungen sowie das Gebet um Leitung durch den Heiligen Geist nötig.

2.3 Ordination und der Dienst an Wort und Sakrament

2.3.1 Die Bedeutung der Ordination

62. Ordination ist die offizielle Handlung der Kirche im Namen Gottes (*vocatio externa*), welche die Berufung (*vocatio interna*) und die Eignung einer Person zu einem bestimmten Amt anerkennt und sie zu ihrem Dienst beauftragt.[53] Der liturgische Akt der Ordination geschieht inmitten der gottesdienstlichen Gemeinde und schließt die Handauflegung sowie das Gebet um die Gabe des Heiligen Geistes ein. Diese Handlung spiegelt die Abhängigkeit eines jeden Amtsträgers von Gottes Kraft und Leitung ebenso wider wie das Gebet der Gemeinde, dass Gott den Ordinanden in seinem künftigen Dienst tatsächlich mit dem

---

[52] Vgl. Studienmaterial, Kap. 4.2.4, bes. Nr. 60.

[53] »Gemeinde« bezieht sich sowohl auf die gottesdienstliche Gemeinde als auch auf die Ortsgemeinde.

Heiligen Geist begleiten wird. Innerhalb des gesamten Gottesvolkes gibt es jedoch keinen Unterschied zwischen ordinierten
und nicht-ordinierten Personen, weder im Wesen noch im Grad.

63. Innerhalb der GEKE gibt es unterschiedliche Ansichten
über die Beziehung der Ordination zu anderen Formen der Berufung und Einführung. Breite Übereinstimmung gibt es jedoch
in einigen grundlegenden Aussagen zur Ordination, die schon
in den Neuendettelsau-Thesen (1982/86) gemacht wurden. Dazu
gehört die Überzeugung, dass ein Amt in der Kirche, das Verkündigung des Evangeliums und Verwaltung der Sakramente
einschließt, in jedem Fall durch Ordination übertragen werden
muss.[54] Für andere Ämter ist dagegen die Ordination nicht nötig,
aber es bedarf angemessener liturgischer Akte der Anerkennung.

64. Im Kontext der GEKE wird die Ordination im grundsätzlichen Sinne (vgl. LK 33) als bezogen auf die Beauftragung für
den Dienst an Wort und Sakrament verstanden. Durch dieses
Amt kann »das Wort Gottes der Gemeinde (wie auch dem Amt
selber!) immer wieder kritisch und befreiend gegenübertreten«,
und die Kirche »markiert, wo sie in besonderer Weise auf Gottes
Hilfe und Barmherzigkeit angewiesen ist.«[55] In manchen Kirchen
der GEKE werden Diakone und Älteste ordiniert (auch in Fällen,
in denen diese Ämter nicht die Verwaltung der Sakramente
wahrnehmen).[56] Diese Frage bedarf weiterer Erörterung.[57]

2.3.2 Begrifflichkeit und Praxis der Ordination

65. Grundsätzlich stimmen die Kirchen darin überein, dass die
Ordination ein für alle Mal vollzogen wird und nicht wiederholt
werden soll. Es gibt jedoch unterschiedliche Arten, die Ordination für den lebenslangen Dienst zu praktizieren. Einige Kirchen, die ein dreifaches Amt[58] kennen, führen für jede Stufe

---

[54] Vgl. Neuendettelsau-Thesen II.9.

[55] Vgl. SEK, *Ordination*, S. 63/64.

[56] Vgl. Studienmaterial, Nr. 51.

[57] S. o. Nr. 50 u. 52; Empfehlung Nr. 4; Studienmaterial, Nr. 68.

[58] Im Sinne von BEM, s. o. Nr. 47.

dieses Amtes eine Ordinationshandlung durch. Dieses Alternativmodell muss die Kirchen nicht trennen, sofern es nicht eine Abstufung in der theologischen Fülle des Amtes impliziert.

66. Die Frage, ob eine Person ordiniert werden sollte, sollte nicht davon abhängen, ob sie ihren Dienst vollzeitlich, teilzeitlich oder in ehrenamtlicher Tätigkeit ausüben soll. (Dies ist von wachsender Bedeutung, weil immer mehr Kirchen Formen eines lokalen Amts einführen). Es sollte auch nicht allein auf der Grundlage ihrer Ausbildung entschieden werden. Die entscheidende Frage ist, ob es sich bei ihrem Amt um das Amt der Wortverkündigung und Sakramentsverwaltung handelt oder nicht. Wenn es sich darum handelt, soll die zum Dienst bestimmte Person ordiniert werden, unabhängig vom Zeitrahmen und den geographischen Einschränkungen, die für diesen bestimmten Dienst gesetzt sind. Die geistliche Bedeutung des Gnadenmittels und die Realität der Übermittlung von Gottes rettendem Handeln in Christus sind dieselben, ob nun das Amt vollzeitlich oder teilzeitlich, mit oder ohne Gehalt ausgeübt wird. Die Kirchen dürfen keine Praktiken einführen, die als Abstufungen in dem Amt, das auf die für die Kirche konstitutiven Elemente bezogen ist, wahrgenommen werden können. Regelungen für eingeschränkte Formen des Dienstes (ordinationsgebundene örtliche Ämter) können sowohl legitim als auch unter bestimmten Umständen hilfreich sein. Die Einschränkungen müssen aber durch die Beschäftigungsverhältnisse und nicht durch Anpassungen im Verständnis der Ordination gebildet werden.[59] Dass

---

[59] Die VELKD hat in ihrem Dokument »*Ordnungsgemäß berufen*« (s. Anm. 3) von 2006 eine terminologische Unterscheidung zwischen *Ordination* für den pastoralen Dienst mit allen Verantwortlichkeiten und *Beauftragung* für einen pastoralen Dienst, der weitgehend auf Predigt und Sakramentsverwaltung in einer Gemeinde begrenzt ist, eingeführt. Dabei ist aber das Verständnis, dass auch die Beauftragung als Ordination in streng theologischem Sinn (nach CA XIV) anzusehen ist, auch wenn dafür ein anderer Begriff verwendet wird. In anderen Kirchen werden örtliche ordinationsgebundene Ämter durch Bedingungen der Anstellung definiert, die zeitliche und örtliche Begrenzungen des

einige Kirchen Sonderregelungen zum Zweck der Ausbildung oder Erprobung haben, ist dabei anerkannt.

67. Wichtig ist, dass diejenigen, die im ordinationsgebundenen Amt dienen sollen, ausreichend ausgebildet sind. Die Ordination von Personen, die nicht über die nötige theologische Bildung verfügen, birgt die Gefahr, die Treue zur apostolischen Tradition, die Einheit der Kirche und die Verbundenheit von Wort und Sakrament nicht ausreichend sicherzustellen. Das bedeutet jedoch nicht, dass die Ordination auf Theologen zu beschränken wäre, die ein volles Studium durchlaufen haben. In jedem Fall sind biblisch-theologische Ausbildung und geistliche Reife wichtig und müssen genügend berücksichtigt werden, auch im Fall von eingeschränkten Formen der Beschäftigung. Wenn eine ordinierte Person, die in einem eingeschränkten Beschäftigungsverhältnis steht oder stand, eine volle theologische Ausbildung abgeschlossen hat, dann sollte sie für den hauptberuflichen Dienst wählbar sein, ohne reordiniert zu werden.

68. Weil die Ordination grundsätzlich nur einmal im Leben geschieht, sollte es im Normalfall eine Bedingung sein, dass die Ordinandin zu einem lebenslangen Dienst bereit ist, auch wenn solch eine Entwicklung zum Zeitpunkt der Ordination weder verabredet noch vorgesehen ist.[60]

69. Die ausdrückliche Bereitschaft der Ordinandin, sich ordinieren zu lassen, ist ein unverzichtbarer Teil der Ordinationsliturgie. Sie hat üblicherweise die Form einer zustimmenden

---

Dienstes festlegen, und nicht durch Begrenzungen im Verständnis des ordinationsgebundenen Amts, die eine andere Bezeichnung als Ordination verlangen. Es ist wichtig, dass alle Kirchen der GEKE ein ganzheitliches Verständnis der Ordination sicherstellen und dass deshalb keine Reordination verlangt wird, wenn eine Person in einem örtlichen Amt sich später für den hauptberuflichen Dienst qualifiziert und hierzu berufen wird.

[60] Vgl. hierzu die Argumentation in: The Faith and Order Advisory Group of the Church of England: *The Mission and Ministry of the Whole Church. Biblical, Theological and Contemporary Perspectives*, 2007, 67 (ff).

Antwort des Ordinanden auf eine Frage der ordinierenden Amtsträgerin. Die Kirche ihrerseits verpflichtet sich dazu, die Ordinierten durch ihr Gebet und ihre Ermutigung zu unterstützen und angemessene Bedingungen für die Ausübung des Dienstes zu gewährleisten. Die Anwesenheit und Zustimmung der Gemeinde bei der Ordination repräsentiert die korporative Beteiligung der Kirche, in der die Ordinierte dienen soll, und auch die ökumenische Perspektive, dass der Dienst an Wort und Sakrament nicht für eine örtliche Kirche allein, sondern für die eine heilige katholische und apostolische Kirche eingesetzt ist.[61] Innerhalb der GEKE wird dies durch die gegenseitige Anerkennung der Ordination für den Dienst an Wort und Sakrament dargestellt (LK 33; s. o. Nr. 57).

70. Unter den Kirchen, sowohl in der GEKE als auch in der weltweiten Ökumene, ist es eine weitgehend einmütige Praxis, dass Ordinationen nur von Personen vorgenommen werden sollen, die selbst ordiniert sind; normalerweise auch unter Beteiligung nicht-ordinierter Personen.[62] Sie nehmen ihre Aufgabe im Namen der ganzen Gemeinde wahr, die die Ordinandin in den Dienst des gesamten Gottesvolkes beruft. Weil die Ordination auch die Anerkennung von Amtsträgern jenseits der Grenzen der einzelnen Gemeinde und Kirche einschließt, werden Ordinationen üblicherweise von Personen vorgenommen, denen der Dienst der Episkopé anvertraut ist. Ordinationen finden gewöhnlich in den Kirchen (z. B. Kathedralen) statt, an denen die ordinierenden Amtsträgerinnen dienen, oder in den Kirchen, in denen die zu Ordinierenden arbeiten sollen.[63] In beiden Fällen sollte der Zusammenhang beider Ebenen, der weltweiten Kirche und der Ortsgemeinde, ausdrücklich dargestellt werden.

---

[61] Vgl. Lund Statement, Nr. 55.

[62] Ordination durch ordinierte Personen entspricht der reformatorischen Tradition und stellt ökumenische Anschlussfähigkeit sicher (vgl. SEK, *Ordination,* 77f).

[63] In der methodistischen Tradition finden Ordinationen in der Jährlichen Konferenz statt, die sowohl die örtliche als auch die weltweite Kirche repräsentiert.

2.4 Dienst und Ausübung der Episkopé

2.4.1 Bedeutung und Aufgabe von Episkopé

71. Der Begriff »Episkopé« ist in den ökumenischen Debatten der drei letzten Jahrzehnte wichtig geworden. Er bezieht sich auf die Ausübung der pastoralen Aufsicht, mit dem Zweck, sowohl das Wesen der Kirche (*esse*) als auch ihr Wohlergehen (*bene esse*) sicherzustellen. Die Aufgaben der Episkopé sind »die Ortsgemeinden in Gemeinschaft zu halten, die apostolische Wahrheit zu sichern und weiterzugeben, sich gegenseitig zu unterstützen und eine führende Rolle beim Bezeugen des Evangeliums zu spielen«.[64] So dient sie sowohl der Einheit als auch der Apostolizität der Kirche.[65] Episkopé ist seit den frühesten Zeiten der Kirche ausgeübt worden. Historisch gesehen gehören Episkopé und Kirchenleitung zusammen und umfassen Aufsicht über Lehre, Gottesdienst und pastorale Tätigkeiten ebenso wie die Verwaltung von institutionellen, finanziellen und personellen Ressourcen. Ihre institutionellen und amtlichen Formen haben sich in der Alten Kirche schrittweise herausgebildet, als die Gemeinden größer und zahlreicher wurden.

72. Episkopé ist ein Dienst in der und für die Kirche, nicht die Ausübung von Herrschaft über sie.[66] Für die Reformation war es wichtig, die Macht der Bischöfe zu begrenzen und ihre geistliche Aufgabe, die im Wesentlichen dieselbe ist wie die des

---

[64] *Wesen und Auftrag der Kirche*, Nr. 91.

[65] In ihrem Dialog mit den anglikanischen Kirchen stellen die lutherischen und reformierten Kirchen Frankreichs in der Gemeinsamen Erklärung von Reuilly miteinander fest: »Wir glauben, daß ein in personaler, kollegialer und gemeinschaftlicher Weise ausgeübtes Amt pastoraler Aufsicht – episkope – auf allen Ebenen des kirchlichen Lebens nötig ist, um die Einheit und Apostolizität der Kirche zu bezeugen und zu schützen.« (Nr. 31.i; vgl. Meißen A 4).

[66] Die Neuendettelsau-Thesen drücken es so aus: »Die reformatorischen Kirchen […] verstehen den ›Dienst der Episkopé‹ ausschließlich als einen Dienst an der Einheit der Kirche, nicht als ein Amt über der Kirche, sondern als einen Dienst in der Kirche.« (I.1.D).

Amtes der Wortverkündigung und Sakramentsverwaltung, von der Ausübung weltlicher Macht zu trennen (CA XXVIII).

73. Im Kontext evangelischer Kirchen wird Episkopé vorrangig für jede Einzelkirche gestaltet und ausgeübt. Indem sie die Predigt und das geistliche Leben der Gemeinden beaufsichtigt, nimmt die Ausübung der Episkopé Verantwortung für das Evangelium als Kern der Apostolizität und Einheit der Kirche wahr. Episkopé ist deshalb auch ein Dienst an der Einheit der ganzen Kirche und kann ohne diese ökumenische Perspektive nicht angemessen in Betracht gezogen werden.

74. Traditionellerweise, und bis heute, sind Visitationen eine wichtige Aufgabe der Episkopé, die sich sowohl auf geistliche als auch rechtliche Angelegenheiten beziehen. Hier liegt der Blickpunkt auf Gemeinden innerhalb einer Einzelkirche. Visitationen werden durch die Kirche und für die Kirche durchgeführt. Sie werden im Allgemeinen von den Inhabern des personalen Aufsichtsamts in Zusammenarbeit mit Vertreterinnen der synodalen Strukturen der Kirche auf örtlicher und regionaler Ebene ausgeführt.

2.4.2 Episkopé als gemeinsame Verantwortung in der Kirche

75. Die institutionelle Entwicklung und das Verständnis der Episkopé sind mit unterschiedlichen Gewichtungen beschrieben worden. Das BEM-Dokument versteht Episkopé als Aufgabe des Bischofsamtes und setzt sie mit »pastoraler Aufsicht« gleich (vgl. Nr. 21, 23, 29). Die anschließende Diskussion führte zu einer differenzierteren Wahrnehmung. Dennoch wurde das Verständnis von Episkopé in hohem Maße durch die Aufgabe der geistlichen Aufsicht durch Bischöfinnen und Superintendenten bestimmt. »Episkopé« wird in dieser Tradition hauptsächlich mit dem »Aufsichtsamt« gleichgesetzt.

76. In einem weiteren Sinne, und im Einklang mit den früheren Dokumenten der GEKE[67], betont das Verständnis der Epis-

---

[67] Vgl. den ersten Satz im Kapitel über »Der Leitungsdienst (die Epis-

kopé die Aufgaben der pastoralen Aufsicht ebenso wie die der geistlichen Leitung und Steuerung in der Kirche. In manchen Kirchen ist der Dienst der Episkopé enger mit personalen Aufsichtsämtern verbunden als in anderen. In allen Kirchen der GEKE wird jedoch die Kirchenleitung in weiterem Sinne durch Synoden und von Synoden eingesetzte Gremien (unter Beteiligung von ordinierten und nicht-ordinierten Personen[68]) ausgeübt, in enger Zusammenarbeit mit Amtsträgern, die eigens für den Dienst der Episkopé eingesetzt sind. Dies spiegelt die Tatsache wider, dass die »Ordnung der Ämter« (s. o. Nr. 38 ff), die eingesetzt ist, um den Dienst aller Christen zu fördern, mehr umfasst als nur das Amt der Wortverkündigung und Sakramentsverwaltung.

77. Unter den christlichen Kirchen herrscht breite Übereinstimmung, dass Episkopé zugleich in personaler, kollegialer und gemeinschaftlicher Weise ausgeübt werden muss.[69] Die Formen, wie sich diese drei Dimensionen zueinander verhalten, weichen jedoch beträchtlich voneinander ab. Die meisten evangelischen Kirchenordnungen stellen einen Ausgleich zwischen dem personalen und dem gemeinschaftlichen Element der Episkopé her, indem sie eine geordnete Wechselwirkung zwischen Dienern der Episkopé und synodalen Formen von Kirchenleitung auf lokaler und regionaler Ebene sicherstellen. Synodale Strukturen werden durch repräsentative Organe wie Kirchenvorstände, Presbyterien und Synoden auf verschiedenen Ebenen gebildet,

---

kopé)« in Tampere-These 3: »Zum Dienst des Wortes gehört auch die Aufgabe der Leitung der Gemeinde.«; Freiheit gestalten (Anm. 2), Nr. 2.2.1.1: »Zu den Kernfragen im ökumenischen Gespräch zählt das Verständnis von Amt, Ordination und geistlicher Kirchenleitung (Episkopé).«

[68] Wenn wir in diesem Dokument von »nicht-ordinierten Personen« sprechen, wenden wir ein engeres Verständnis von Ordination an (nur für den Dienst an Wort und Sakrament) und rechnen so die ordinierten Ältesten in einigen reformierten Kirchen als nicht-ordiniert.

[69] Vgl. Porvoo Nr. 32.k; Reuilly Nr. 31.i (s. o. Anm. 65); *Wesen und Auftrag der Kirche*, Nr. 94.

in denen ordinierte und nicht-ordinierte Personen zusammenarbeiten. Personaler Dienst der Aufsicht ist ein Element innerhalb des Ganzen der Episkopé im Leben der Kirche. Er wird örtlich durch Gemeindepfarrerinnen und regional durch Superintendenten, Bischöfinnen oder Kirchenpräsidenten wahrgenommen. Im Gesamtrahmen der Episkopé besteht die Aufsichtsaufgabe derer, die am Dienst der Episkopé auf örtlicher und regionaler Ebene teilhaben, darin, immer wieder zu bezeugen, dass die Kirche, auch in institutioneller Sicht, das Evangelium als ihr entscheidendes Kriterium hat. Als Glieder am Leib Christi und Teilhaber am Dienst des gesamten Gottesvolkes sind ordinierte und nicht-ordinierte getaufte Personen befähigt, miteinander am Gesamten der Episkopé teilzuhaben.

78. Die Modelle der Verbindung von personalen und synodalen Elementen sowie der Aufteilung der Autorität weichen in den Kirchen der GEKE beträchtlich voneinander ab. Bischöfe und Präsidentinnen werden in manchen Fällen von Synoden, Konferenzen oder Kirchenräten gewählt, in anderen von den Pfarrern ihrer Diözesen zusammen mit einer repräsentativen Anzahl von Kirchenvorstandsmitgliedern. Die Wählerschaft schließt also immer eine große Zahl von Nicht-Ordinierten ein.[70] Generell werden die Bischöfinnen oder Präsidenten in den Kirchen der GEKE nicht allein von den ordinierten Pfarrerinnen oder anderen Bischöfen ernannt; auch üben sie die Episkopé nicht unabhängig von Synoden oder Konferenzen aus.

79. Die Modelle stimmen also darin überein, dass sie die gemeinsame Verantwortung von Ordinierten und Nicht-Ordinierten in der Episkopé betonen. Diese Konvergenz ist besonders wichtig im Blick auf die Fragen, die sich von den bestehenden Vereinbarungen mit anglikanischen Kirchen (wie Meißen, Porvoo und Reuilly) hinsichtlich des Verständnisses von Episkopé (vgl. Studienmaterial Kap. 2.7) und die Umsetzung dieser Vereinbarungen innerhalb der Kirchen der GEKE ergeben. Das re-

---

[70] In der Lutherischen Kirche der Slowakei wählen sogar alle getauften und konfirmierten Glieder der Kirche den Bischof.

formatorische Verständnis von der Einheit der Kirche, das für alle Kirchen der GEKE grundlegend ist, hält daran fest, dass die Bezeugung des Evangeliums in Wort und Sakrament dem gesamten Gottesvolk anvertraut ist und in der Gemeinde durch ein besonders berufenes Amt, das den Dienst der Episkopé einschließt, aufrecht erhalten wird. Die Ordnung der Ämter in der Kirche schließt den Dienst der Episkopé ein. Dieser Dienst garantiert nicht die Einheit der Kirche, aber dient der Kirche in ihrer Berufung, an der apostolischen Wahrheit festzuhalten und mit Christus im Glauben vereint zu bleiben.

3 Empfehlungen

1. Wir empfehlen den Kirchen der GEKE und aller anderen christlichen Traditionen, ihre Ämter kritisch zu überprüfen und über die Rolle ihrer Ämter bei den fortdauernden Spaltungen und Trennungen der Kirchen nachzudenken, um die Einigkeit im Geist durch das Band des Friedens zu erhalten.
2. Wir empfehlen den Kirchen der GEKE, weiter an dem gemeinsamen Verständnis eines Konzeptes der Ordnung der Ämter zu arbeiten, zu dem der Dienst an Wort und Sakrament und die Dienste der *diakonia* und der Episkopé unverzichtbar gehören.
3. Wir empfehlen den Kirchen der GEKE, die Zusammengehörigkeit des Dienstes der öffentlichen Wortverkündigung und Sakramentsverwaltung zu beachten, die in der Theologie der Ordination in breiter Weise bestätigt wird, und deshalb diejenigen zu ordinieren, die mit Predigt und Verwaltung der Sakramente beauftragt werden.
4. Wir empfehlen den Kirchen der GEKE, ihre Lehre und Praxis der Ordination zu prüfen im Hinblick auf die Frage, zu welchem Dienst ordiniert und zu welchem beauftragt werden soll, um die gegenseitige Anerkennung der Ämter zu sichern und um die Verbundenheit in der GEKE als Ganzer und mit der weiteren ökumenischen Bewegung zu stärken.
5. Wir empfehlen weitere Studien über den Diakonat, angesichts der Tatsache, dass der diakonische Dienst in den Kirchen der GEKE auf unterschiedliche Weisen verstanden und geordnet wird. Ein besonderes Ziel sollte sein, seine Stellung in Bezug auf die Ordination zu klären.
6. Wir empfehlen den Kirchen der GEKE, ein Verständnis von Episkopé als einer Aufgabe zu vertreten, die weder den Bischöfinnen noch den Dienern an Wort und Sakrament allein zukommt, sondern eine gemeinsame Verantwortung ist, an der Kirchenvorstände, Synoden und Konferenzen teilhaben. Wir empfehlen ihnen, die personalen, kollegialen und gemeinschaftlichen Elemente von Episkopé zu berücksichtigen.

7. Wir empfehlen weitere Studien über das Verhältnis von pastoraler Aufsicht, geistlicher Leitung und Verwaltung innerhalb des Verständnisses von Episkopé.

8. Wir empfehlen denjenigen Kirchen der GEKE, die noch keine Frauen ordinieren, den breiten Konsens innerhalb der Kirchen der GEKE ernstzunehmen, dass dass der Dienst von sowohl Frauen als auch Männern eine Gabe Gottes ist.

9. Wir empfehlen den Kirchen der GEKE, weiter an einem gemeinsamen Verständnis einer Verfahrensweise zu arbeiten, die in Treue zum Evangelium Personen in homosexuellen Beziehungen bewertet, die zum Dienst des Amts berufen sind.

10. Wir empfehlen weitere Studien zu der Frage, wie das GEKE-Modell der Einheit in versöhnter Verschiedenheit im Lichte von Christi Ruf nach Einheit der Kirche weiterentwickelt werden kann, um die Gemeinschaft zu vertiefen, die zwischen den Kirchen der GEKE schon besteht, und um Anknüpfungspunkte und Verbindungen mit anderen Kirchen zu finden.

4 Studienmaterial
Zusätzliches Material für das Lehrgespräch über »Amt, Ordination, Episkopé«

Vorbemerkung: Dieser Text wurde weder von der Lehrgesprächsgruppe noch vom Rat der GEKE intensiv diskutiert. Als er den Kirchen der GEKE 2010 zugeschickt wurde, wurden Kommentare zu diesem Text nicht erbeten, so dass er 2011 nicht revidiert wurde. Nicht alle Formulierungen werden von allen Autoren unterstützt werden, und eine Menge an Verbesserungen könnte noch vorgenommen werden. Die grobe Argumentationslinie ist jedoch akzeptiert und gibt wichtige Ergänzungen zu der Erklärung.

4.1 Geschichtlicher Rückblick

1. Die Position der evangelischen Kirchen zu Dienst, Ordination und Episkopé, wie sie in der »Erklärung« dargelegt ist, beansprucht, der Heiligen Schrift und – nach evangelischem Verständnis – der Tradition, wie wir ihr in der Geschichte der Kirche Jesus Christi begegnen, zu entsprechen. Von Beginn an gab es bestimmte Arten, die Dienste in der Kirche zu verstehen und zu ordnen. Dies begann in der Periode des Neuen Testaments, auch wenn der Text des Neuen Testaments selbst uns keine Lehre vom Dienst präsentiert. In diesem Abschnitt blicken wir zurück auf die historische Entwicklung, die hinter unserem gegenwärtigen Verständnis des Dienstes liegt. Hier ist noch nicht die Absicht, aus dem Zeugnis des Neuen Testament oder dem Erbe der Reformation Normen abzuleiten (dies wird in Teil 4.2 geschehen), sondern die Vielfalt und die Kontinuität der Modelle und Formen des Dienstes innerhalb der evangelischen Kirchen genau zu erklären.

4.1.1 Das Neue Testament

2. Die oftmals behauptete Alternative zwischen Charisma und Dienst existiert nicht einmal in der Theologie des Paulus, da das Wirken des Geistes unteilbar ist. In 1. Kor 12,28 werden an Personen gebundene Funktionen und außergewöhnliche Fähigkeiten gleichermaßen dem ordnenden Handeln Gottes zugeordnet. Die Liste von Charismen in Röm 12,6–8 bezeugt ebenfalls die Grundtendenz des paulinischen Ansatzes: In den Charismen wird Gottes Gnade konkret, sodass ihre Gliederung, Ordnung und Stetigkeit natürliche Elemente des Geistwirkens sind.

3. Paulus formuliert in 1 Kor 12,28 die ersten drei Charismen (Apostel, Lehrer, Prophet) personal und signalisiert damit, dass ein fester Personenkreis eine spezifische Funktion bezogen auf die Gemeinde für eine bestimmte Dauer ausübt. In diesem Sinne können wir bei Paulus von Ämtern sprechen.

4. Das apostolische Amt unterstreicht in besonderer Art die Berufung der frühchristlichen Missionare und ihre Fähigkeit zu leiten und neue Gemeinden zu gründen. In der ersten Phase ist dieser Dienst auf Jerusalem konzentriert (vgl. 1 Kor 15,3–11; Gal 1,17–19), aber er kann in keinster Weise auf die Zwölf, auf die christliche Gemeinde in Jerusalem oder auf Männer beschränkt werden (vgl. 1 Kor 15,7; Röm 16,7). Es gibt kein einheitliches Konzept des Apostelamtes im Neuen Testament – im Gegenteil, es gibt verschiedene Sichtweisen des Amtes. Paulus verstand sein Apostelamt als Berufung, das Evangelium zu verkündigen und die Völker zum Gehorsam des Glaubens zu rufen (vgl. Röm 1,1–6). Propheten und Lehrer hatten offensichtlich ihre eigenen Aufgaben, unter anderem den Willen Jesu für die Gemeinschaft zu bezeugen und das Kerygma und die Texte der Schrift zu interpretieren (mündlich und schriftlich). Die Apostelgeschichte und der Epheserbrief erwähnen neben diesen Ämtern Evangelisten, die durch Christus berufen sind, ohne eine genaue Beschreibung, wie ihre Berufung stattfand (Apg 21,8; Eph 4,11).

5. Apg 11,30; 14,23; 15,2 machen deutlich, dass es schon in den frühesten Gemeinden *presbyteroi* gab, Personen, die eine führende Position in den Gemeinden einnahmen. In der Abschiedsrede des Paulus in Milet werden die *presbyteroi* (der Zeit

nach Paulus) angesprochen (Apg 20, 17). Sie sind eingesetzt als *episkopoi* durch den Heiligen Geist und erhalten ihren Auftrag »die Kirche Gottes zu weiden« (Apg 20,28). Lukas gebraucht hier zwei verschiedene Ausdrücke für die gleiche Gruppe von Ämtern, möglicherweise um verschiedene Konzepte (oder Strukturen) von Diensten zu harmonisieren, die hinter diesen Begriffen stehen.

6. In Phil 1,1 erwähnt Paulus – ohne weitere Erklärungen – *episkopoi* und *diakonoi* (Bischöfe und Diakone oder Aufseher und Helfer). Offensichtlich sind dies mehrere Personen, die Aufgaben erfüllen, welche der Gemeinde allgemein bekannt sind. Ihre besondere Position in der Gemeinde wird im Anfang des Paulusbriefes betont. Der Sprachgebrauch lässt darauf schließen, dass die *episkopoi* eine führende Position innerhalb der Gemeinde ausübten. Wahrscheinlich handelt es sich um Leiter von Hauskirchen (1. Kor 1,14; 16,15 f. 19; Röm 16,5.23; Apg 18,8), die ihr Haus für ortsansässige Christen zur Verfügung stellten und die jeweilige Gemeinde als Patrone in vielfältiger Weise unterstützten. Wenn wir uns die Gemeinde in Philippi anschauen (die wuchs und sich selbst in verschiedenen Hauskirchen aufteilte), mögen wir annehmen, dass Personen mit einer natürlichen Autorität für diese Aufgabe ausgewählt worden waren. Die *diakonoi* dienten als Helfer der *episkopoi* und hatten wahrscheinlich eine besondere Verantwortung bei der Vorbereitung der Eucharistiefeiern. Zudem oblag ihnen die Einsammlung und Verwaltung der Gaben.

7. Eine deutliche Verschiebung in Richtung einer festen Ämterstruktur kann für die nachpaulinische Zeit festgestellt werden, besonders in den Pastoralbriefen. Durch eine neue Ämterstruktur sollten die insolierten und von der Häresie bedrohten Hauskirchen zu einer örtlichen Gemeinde als dem einen Haus Gottes zusammengefügt werden. Dieser örtlichen Gemeinde sollte nun ein *episkopos* vorstehen. Dieses Konzept ist mit einem grundlegenden Rückbezug auf Paulus verbunden, wie exemplarisch 1 Tim 3,15 zeigt (vgl. auch Titus 1,7).

8. Der Autor der Pastoralbriefe stand vor der Aufgabe, zwei Verfassungsformen zu kombinieren und neu zu interpretieren,

die wahrscheinlich in den Gemeinden bereits existierten. In den Pastoralbriefen finden wir sowohl Aussagen über eine auf *presbyteroi* gestützte Verfassung (1 Tim 5,17–19; Titus 1,5f) als auch einen Pflichtenspiegel für die *episkopoi* und *diakonoi* (1 Tim 3,2–13; Tit 1,7–9). Das Ziel war offensichtlich nicht eine Verschmelzung beider Verfassungstrukturen, denn nur in Titus 1,5–9 stehen beide Strukturen nebeneinander, ohne wirklich mit einander verbunden zu werden. Stattdessen bevorzugt der Autor der Pastoralbriefe eine episkopale Verfassung kombiniert mit dem Dienst der Diakone.

9. Nach 1 Tim 3,1 ist das Amt des *episkopos* eine ehrenvolle Aufgabe, die man anstreben soll. Der *episkopos* steht nicht länger einer Hauskirche vor, sondern ihm oblag die Leitung einer örtlichen Gemeinde, unterstützt von *diakonoi* und verantwortlichen *presbyteroi* (Ältesten). Die angestrebte Reorganisation des episkopalen Dienstes und die graduelle Überwindung der presbyterialen Verfassung wird illustriert durch die Ordination des Timotheus in 1 Tim 4,14. Obwohl dem Timotheus von den *presbyteroi* die Hände aufgelegt worden waren (aber man beachte, dass nach 2 Tim 1,16 Timotheus von Paulus ordiniert worden war), wird er als *episkopos* von der ganzen Gemeinde ordiniert. Die Ordination war ein spiritueller, ein rechtlicher und ein institutioneller Akt, der die Autorität der Amtsträger stärkte in ihrer Aufgabe, die Tradition fortzuführen und zu bewahren.

10. Nicht zuletzt beschleunigten das Auftreten von Häresien und ihr Erfolg in den Hauskirchen die Etablierung eines funktionstüchtigen Amtes. Der *episkopos* sollte für die ganze Gemeinde verantwortlich sein (vgl. 1 Tim 5,1–21). Die Kirche als heiliger Bau und als auf Gott gegründete Institution, in der die Wahrheit Jesu Christi präsent ist (vgl. 1 Tim 3,15f; 2 Tim 2,19–21), muss sich gegen die Häresie verteidigen.

11. Dennoch erfassen rechtliche Kategorien nicht das Wesen des Episkopenamtes, das primär ein geistliches Amt ist, denn die Fähigkeit zur Lehre qualifiziert für das Leitungsamt der Gemeinde. Der *episkopos* wird als Haushalter Gottes angesprochen (1 Titus 1,7–9), der die rechte Lehre bewahrt und den Gegnern

widersteht. Der *episkopos* herrscht nicht, sondern er ist der personale Garant für die Einheit der Gemeinde.

12. Insgesamt zeichnet sich das neutestamentliche Verständnis vom Dienst durch eine personale und eine funktionale Dimension aus: Bewährte und beauftragte Männer und Frauen nehmen ihre Aufgaben/Dienste in den Gemeinden wahr und unterstützen die Predigt des Evangeliums. All dieses geschieht in Treue zur Wahrheit des Evangeliums.

4.1.2 Die Kirche in Antike und Mittelalter

13. Im 2. Jahrhundert gab es eine Entwicklung zu einer mehr hierarchischen Auffassung und Ordnung des Dienstes. Wichtige Schritte dorthin sind der Erste Clemensbrief mit seiner Gegenüberstellung von Geistlichen und Laien (40,5) und seinem ersten Hinweis auf ein Konzept einer apostolischen Sukzession (42,1–4), und Ignatius von Antiochien mit seiner Forderung nach einer hierarchischen Verfassung: Der Bischof sollte die Leitungsfunktion in der Gemeinde haben, die Kollegien der Presbyter und Diakone waren als Berater und Helfer untergeordnet. Dies war begründet mit dem Schutz der Orthodoxie gegen häretische Lehren.

14. Aber dieses hierarchische Modell, basierend auf dem monarchischen Episkopat, wurde nicht vor dem 3. Jahrhundert umfassend umgesetzt. Zur gleichen Zeit wurde der Dienst der Bischöfe und Presbyter primär verstanden als ein priesterlicher Dienst, für den die Ordination beansprucht wurde. Nach der Hippolytischen *Traditio Apostolica* mussten Diakone auch von dem Bischof ordiniert werden.

15. Als die Kirche im 4. Jahrhundert über das ganze römische Reich organisiert wurde, änderte sich die Funktion des Bischofs vom Leiter einer Gemeinde zum Leiter einer Diözese, die aus mehreren Gemeinden bestand. Folglich verlor das Presbyterium seinen kollegialen Charakter und wurde nunmehr aufgefasst als Repräsentation des Bischofs auf lokaler Ebene, durch die Predigt und die Verwaltung der Sakramente. Ebenso begann der Diakonat an Bedeutung zu verlieren. Für Jahrhunderte war er ein Dienst (»ministry«) mit seinen eigenen Aufgaben in der

Liturgie und im Liebesdienst (»service«), aber besonders im Westen wurde er mehr und mehr zu einer Übergangsordnung, einer Art vorbereitender Status für das Presbyteramt.

16. Im Mittelalter war der Dienst theologisch definiert durch den Vorsitz bei der Eucharistiefeier. Folglich wurde er als ein priesterlicher Dienst angesehen, während der Dienst der Predigt des Evangeliums eine untergeordnete Rolle spielte, oder sogar überhaupt keine. Der presbyteriale Dienst wurde aufgefasst als die Grundform des Dienstes. Viele Theologen fassten das episkopale Amt nicht als spezifischen Dienst im theologischen Sinne auf, sondern als eine Institution mit Autorität im juristischen Sinne.

4.1.3 Die Reformation

17. Die Reformation hatte ihren Ursprung in der Wiederentdeckung des Evangeliums als die Botschaft von der Rechtfertigung aus Gnade allein durch den Glauben. Dies führte zu einem neuen Verständnis der Kirche als einer *creatura* des Evangeliums und als eine Gemeinschaft der Glaubenden. Beide Prinzipien brachten einen neuen Ansatz für die Theologie und Praxis des Dienstes, den alle Gruppen innerhalb der evangelischen Bewegung gemeinsam hatten und der zur Grundlage bleibender Differenzen zur Römisch-katholischen Kirche und faktisch auch zu den östlichen orthodoxen Kirchen wurde.

18. Die wichtigsten gemeinsamen Merkmale waren: eine neue Konzentration auf die Berufung des ganzen Volkes Gottes, ein neues Verständnis des presbyterialen/pastoralen Dienstes als Dienst am Wort, und eine Anerkennung der Notwendigkeit der Ordination als spezifische Form der Beauftragung für den Dienst. Weil die Gemeinschaft aller getauften Gläubigen Anteil an der Priesterschaft Christi hat, war das grundlegende Verständnis und die Bezeichnung des besonderen Dienstes nun »Pastor« oder »Prediger«.

19. Zugleich aber war die Reformation von Beginn an vielfältig und zog aus den gemeinsamen theologischen Überzeugungen unterschiedliche Konsequenzen. Es ist besonders wichtig, dass die lutherische Reformation gegenüber der Tradition kon-

servativ war und nur solche Gestaltungsprinzipien geändert haben wollte, die geeignet waren, die Wahrheit des Evangeliums zu verdunkeln. Deshalb konnte das episkopale Amt auf evangelische Art neu interpretiert werden, und folglich wurde es in den skandinavischen Ländern bewahrt. Im Gegensatz dazu war der reformierte Flügel der Reformation deutlich traditionskritisch und beanspruchte, das gesamte Leben der Kirche nach dem Maßstab der Bibel neu zu gestalten. Daraus ergab sich beispielsweise die nur in reformierten Kirchen gebräuchliche neue Gliederung des Amtes in Pastoren, Älteste und Diakone.

20. Neben diesen theologischen Differenzen standen Unterschiede in der historischen Situation bei der Durchsetzung der Reformation. Die lutherischen Kirchen waren dank der Förderung der fürstlichen Gewalt dazu in der Lage, sich in Deutschland und Nordeuropa zu etablieren. Deshalb lehnten sie sich in ihren Strukturen stark an den Fürstenstaat mit seiner personalen Ausübung von Herrschaft an. Auch in der Schweiz wurde die Reformation in enger Kooperation mit der Obrigkeit durchgeführt und die Kirchen hatten ein staatskirchliches Gepräge. Die Kantone waren aber dort republikanisch verfasst, und so war das kollegiale Element von vornherein stärker ausgebildet. Das gemeinschaftliche Element wurde besonders in den Kirchen betont, die sich unter einer feindlichen oder bestenfalls gleichgültigen Obrigkeit selbst organisieren mussten und dazu das presbyterial-synodale Modell entwickelten. Das waren vor allem die calvinistischen Kirchen in Frankreich, den Niederlanden und Ungarn (hier allerdings bestanden die Synoden anfangs nur aus ordinierten Pfarrern), aber auch lutherische Kirchen, etwa im Herzogtum Jülich-Kleve-Berg.

4.1.4 Die weitere Entwicklung in der Neuzeit

21. Die in der Reformationszeit entstandenen Grundmodelle evangelischer Kirchenverfassung differenzierten sich im Laufe der folgenden Jahrhunderte weiter aus. Eine Entwicklungslinie war die Wiederherstellung einer geistlichen personalen Episkopé in den deutschen Territorien, wo zunächst allein das landesherrliche Kirchenregiment gestaltbildend war: Der Lan-

desherr als *summus episcopus* setzte Theologen als Superintendenten o. ä. ein.

22. Eine weitere Entwicklung vollzog sich in Ungarn schon
im 17./18. Jahrhundert (letztlich auf der Synode von Buda 1791)
und anderswo hauptsächlich im 19. und frühen 20. Jahrhundert:
In vielen Kirchen, die episkopal oder konsistorial verfasst waren,
wurde das presbyterial-synodale Modell übernommen bzw. mit
dem bestehenden Modell verbunden. Dies geschah meist in
mehreren Stufen. Damit änderte sich nicht nur die Kirchenleitung, sondern auch die Zuständigkeit für bestimmte Bereiche
der Episkopé. In der Bevorzugung des presbyterial-synodalen
Modells wirkten theologische Argumente (die Berücksichtigung
des allgemeinen Priestertums aller Gläubigen als Gestaltungs-
prinzip) und außerkirchliche Entwicklungen (die Demokratisie-
rung im politischen Leben) miteinander.

23. Methodistische Kirchenstrukturen haben ihr besonderes
Gepräge durch ihre Formierung als eine Laienbewegung innerhalb der Kirche von England erhalten. Die United Methodist
Church geht auf das Jahr 1784 zurück, als nach dem Unabhän-
gigkeitskrieg und der Trennung der englischen und amerikanischen Anglikaner John Wesley selbst sich dazu gezwungen sah,
Älteste und einen Superintendenten für die Methodisten in den
Vereinigten Staaten zu ordinieren. Der erste Superintendent in
den Vereinigten Staaten nahm den Bischoftitel an. Im Unterschied dazu verzichtete die Methodistische Kirche in England,
die nach dem Tod von John Wesley ins Leben gerufen wurde,
darauf und setzte sich damit vom Anglikanismus ab. Die entscheidende Autorität jedoch in den methodistischen Kirchen
auf beiden Seiten des Atlantischen Ozeans hatte die Konferenz
(jetzt aus ordinierten und nicht-ordinierten Mitgliedern zusam-
mengesetzt), die aus den regelmäßigen Zusammenkünften der
Prediger erwuchs, die in Verbindung (›connexion‹) mit Wesley
waren. (Konnexionalismus war schon immer ein charakteristi-
scher Begriff zur Beschreibung der Methodistischen Ekklesiologie.)

24. Eine doppelte Motivation liegt sicherlich bei der Öffnung
der Ämter für Frauen von Seiten der evangelischen Kirchen

während des 20. Jahrhunderts vor. Gesellschaftliche Entwicklungen haben hier eine mindestens ebenso große Rolle gespielt wie die theologische Einsicht in die Gleichheit beider Geschlechter.

25. Entwicklungen in der neuesten Zeit sind ebenfalls gegenläufig. Erstens lässt sich beobachten, wie die ökumenischen Verbindungen einzelne Kirchen zu einer Überprüfung und Korrektur ihrer Theologie und Praxis des Amtes geführt haben. Ein herausragendes Beispiel ist die Wiederbegründung des dreigliedrigen Amtes nach dem Vorbild der Alten Kirche in einigen lutherischen Kirchen des Nordens. Hier ist die Verbindung mit den anglikanischen Kirchen besonders wichtig geworden.

26. Die ökumenische Diskussion hat ferner eine größere Aufmerksamkeit auf die Ausübung der Episkopé geschaffen. Insbesondere die lutherischen Kirchen haben in interkonfessionellen Gesprächen, z. B. mit Anglikanern und der Römisch-katholischen Kirche, eine Bereitschaft angedeutet, die Episkopé stärker auf das Bischofsamt auszurichten. Wie sehr dies aber in die tatsächliche Ordnung der Kirchen umgesetzt wird, ist noch offen. So drängen die Anglikaner darauf, dass sich aus der Porvoo-Erklärung zwischen den anglikanischen Kirchen Großbritanniens und Irlands und den nordischen und baltischen lutherischen Kirchen die Notwendigkeit ergibt, beispielsweise die Ordination durch Bischofsstellvertreter/innen, wie in Norwegen und Dänemark üblich, einzustellen.

27. Eine andere Entwicklung wurde ausgelöst durch die Schwierigkeiten vieler Kirchen, die flächendeckende Versorgung des Verkündigungsdienstes durch akademisch ausgebildete und hauptamtlich tätige Theologen/innen zu gewährleisten. Dies hat zur Öffnung alternativer Zugangswege zum Amt geführt, und damit auch zu unterschiedlicher Praxis der Ordination (s. o. 12, 14). Pragmatische Überlegungen und theologische Argumente sind ebenfalls verbunden in den Begründungen für die unterschiedlichen Lösungen.

4.1.5 Beurteilung des historischen Befundes

28. Deutlich ist, dass es nicht nur im 16. Jahrhundert zu einem Neuansatz in Verständnis und Ausgestaltung der Ämter gekommen ist, sondern dass es auch in der Zeit danach zu vielfältigen Veränderungen gekommen ist. Weder die Reformationszeit noch die gegenwärtige Praxis kann jedoch eine normative Bedeutung für die evangelischen Kirchen haben. Das Ineinander von pragmatischen und theologischen Begründungen für die gegenwärtigen unterschiedlichen Formen der Gestaltung von Amt, Ordination und Episkopé verlangt vielmehr nach hermeneutischen Kriterien.

4.2 Diskussion spezieller Probleme

4.2.1 Das »Priestertum aller Gläubigen«

29. Wie oben gezeigt (siehe Nr. 17 f) war das neue reformatorische Verständnis der Kirche und ihres Dienstes verbunden mit einem neuen Verständnis des Priestertums als allen Christen zukommend. Die zentrale Bedeutung der Idee des »Priestertums aller Gläubigen« für das allgemeine evangelische Verständnis von Amt, Ordination und Episkopé wird in den Neuendettelsau-Thesen und den Tampere-Thesen ebenso wie in KJC[71] betont. Auch die Methodistische Kirche betrachtet den Satz über das Priestertum aller Gläubigen als eine »Kurzfassung« der Idee, dass alle Mitglieder der Kirche an dem Dienst und der Mission Gottes partizipieren: Die verschiedenen Ämter entstammen lediglich der Tatsache, dass die Kirche eine Struktur braucht »und deshalb existieren verschiedene Ordnungen und Rollen innerhalb des einen Dienstes Christi verteilt auf das ganze Volk Gottes«.[72]

---

[71] S. Neuendettelsau Thesen I.3.A; Tampere-Thesen 2 (s. Erklärung, Nr. 8); KJC I.2.5.1.2. (s. Erklärung, Nr. 10). S. auch Meißen Nr. 4 = Reuilly Nr. 19: »Alle Getauften sind berufen, in einer Gemeinschaft des Priestertums zu leben und Gott Lobopfer darzubringen, die gute Nachricht miteinander zu teilen und sich an der Sendung und dem Dienst für die Menschheit zu beteiligen.«

30. Aus historischer Perspektive jedoch war das »Priestertum aller Gläubigen« kein vorherrschendes Kennzeichen zur Zeit der Reformation. Der geradezu axiomatische Charakter des Konzepts für evangelische Ekklesiologie und Ämterlehre kann sich weder direkt auf lutherische noch auf reformierte Bekenntnisschriften des 16. Jahrhunderts berufen. Es ist vielmehr das Resultat einer produktiven Weiterentwicklung von grundlegenden Impulsen der Reformation, die sich auf das Zeugnis der Heiligen Schrift sowie auf Aussagen in Luthers Schriften berufen, die sich bei ihm von seinen frühen bis zu seinen späten Schriften finden.

31. Martin Luther sprach nicht vom allgemeinen Priestertum aller Gläubigen, wie es im 18. Jahrhundert im Pietismus gebräuchlich wurde. Aber als er sich an den Adel wandte, um die Reformation zu fördern, bestritt er (mit Bezug auf 1 Petr 2,9 und Offb 5,10) die traditionelle Unterscheidung zwischen Laien und Geistlichen (die einen höheren »geistlichen Stand« repräsentierten) und behauptete, dass »wir alle durch die Taufe zu Priestern geweiht sind«.[73] Für Luther gehörten alle Christen dem geistlichen Stand an und ihr Verständnis als Priester ist christologisch begründet als Teilhabe am priesterlichen Amt Christi.[74] Es muss bemerkt werden, dass außer dem Kleinen

---

[72] The Nature of Oversight: Leadership, Management and Governance in the Methodist Church in Great Britain, 2005, Nr. 4.4.3.

[73] Vgl. An den Christlichen Adel deutscher Nation von des Christlichen standes besserung: »Dem nach szo werden wir allesampt durch die tauff zu priestern geweyhet, wie sanct Peter i. Pet. Ii. Sagt ›yhr seit ein kuniglich priesterthum, und ein priesterlich kunigreych‹, und Apoc. ›Du hast uns gemacht durch dein blut zu priestern und kunigen‹. [...] Szo folget aus dissem, das leye, priester, fursten, bischoff, und wie sie sagen, geistlich und weltlich, keynen andern unterscheyd ym grund warlich haben, den des ampts odder wercks halben, unnd nit des stand halbenn, dann sie seyn alle geystlichs stands, warhafftig priester, bischoff und bepste, aber nit gleichs eynerlei wercks [...]« (WA 6, 407f).

[74] Vgl. Von der Freiheit eines Christenmenschen: »Wie nu Christus die erste gepurtt hatt mit yhrer ehre und wirdickeit, alszo teyllet er sie mit allenn seynen Christen, das sie durch den glauben mussen auch alle

und Großen Katechismus und den Schmalkaldischen Artikeln, die ein Teil der lutherischen Bekenntnisschriften sind, Luthers Schriften in den evangelischen Kirchen keine formale und allgemeine Rolle als dogmatische Norm spielen. Die einzige lutherische Bekenntnisschrift, die das allgemeine Priestertum erwähnt, genauer das Priestertum der Kirche oder der Gemeinde, ist Melanchthons Abhandlung »De potestate et primatu Papae« (1537), wo es als Argument für das Recht der Gemeinde steht, Pastoren zu wählen und zu ordinieren.[75]

32. Ebenso sprechen die reformierten Bekenntnisschriften allgemein nicht vom allgemeinen Priestertum. Die Confessio Helvetica Posterior bezieht sich auf 1 Petr 2,9, unterscheidet aber das königliche Priestertum vom kirchlichen Amt.[76] Nach dem Genfer und Heidelberger Katechismus haben alle Gläubi-

---

künige und priester seyn mit Christo [...] Und das geht also zu, das ein Christen mensch durch den glauben szo hoch erhaben wirt ubir alle ding, das er aller eyn herr wirt geystlich, denn es kan yhm kein ding nit schaden zur seligkeit.« (WA 7, 27, 17–23). Zugleich betont Luther, dass der priesterliche Status jedes Christen nicht die Notwendigkeit aufhebt, dass jene, die als Pastor in der Kirche arbeiten, ordentlich ordiniert werden.

[75] S. *BSLK*, 491f.

[76] S. E. F. K. Müller (Hg.): *Bekenntnisschriftender reformierten Kirche*, Leipzig 1903, S. 202, Z. 12–17: »Nuncupant sane apostoli Christi omnes in Christum credentes sacerdotes, sed non ratione ministerij, sed quod per Christum, omnes fideles facti reges et sacerdotes, offerre possumus spirituales Deo hostias (Exod. 9,6; 1. Pet. 2,9; Apoc. 1,6). Diversissima ergo inter se sunt sacerdotium et ministerium. illud enim commune est Christianis omnibus, ut modo diximus, hoc non item«. Übersetzung: »Die Apostel Christi nennen zwar Priester alle, die an Christus glauben; freilich nicht, weil sie ein Amt verwalten, sondern weil durch Christus alle Gläubigen zu Königen und Priestern gemacht sind und wir alle Gott geistliche Opfer darbringen können [...]. Sehr verschieden voneinander sind also das Priestertum und das kirchliche Amt. Jenes nämlich ist allen Christen eigen, wie wir soeben sagten, dieses aber nicht« (P. Jacobs (Hg.): *Reformierte Bekenntnisschriften und Kirchenordnungen in deutscher Übersetzung*, Neukirchen 1949, 219).

gen dadurch, dass sie am Leibe Christi teilhaben, Anteil an der Salbung Christi zum Propheten, König und Priester.[77] Als ein »Priester« handeln meint jedoch in diesem Zusammenhang nur, dass der Gläubige sich selbst und seinen Dienst als Opfer Gott darbringt. Es kann kaum behauptet werden, dass die Reformation den Dienst an Wort und Sakrament vom »allgemeinen Priestertum« ableitet.

33. Die Frage, ob die axiomatische Stellung der Lehre vom allgemeinen Priestertum für die gegenwärtige evangelische Dogmatik ausreichend in Schrift und Tradition verwurzelt ist, wird sowohl außerhalb als auch innerhalb des Protestantismus aufgeworfen. In dieser Frage können jedoch die lutherischen Bekenntnisschriften nicht gegen Luther ausgespielt werden, einfach nur weil sie seine Terminologie vom Priestertum aller Gläubigen nicht aufgenommen haben. Allgemein haben die Bekenntnisschriften in den evangelischen Kirchen den Status eines autoritativen Zeugnisses (aber der Schrift untergeordnet). Lutherische wie auch unierte Kirchen nennen sie *normae normatae,* welche ihrerseits beständig auf ihren Einklang mit der Schrift geprüft werden müssen.

34. Dieses Prinzip ist in den reformierten und methodistischen Traditionen sogar noch stärker betont. Die reformierten Kirchen betrachten die Bildung von Bekenntnissen nicht als relativ abgeschlossen, wie die lutherische Tradition. Nach reformiertem Verständnis sind die Bekenntnisschriften des 16. Jahrhunderts deshalb nicht unhinterfragbar, sondern bedürfen in einigen Fällen der Korrektur. Auch die Methodistische Kirche kennt keine Bindung an die Bekenntnisschriften der Reformation. Jedoch bezieht sie sich auf den »apostolischen Glauben« im Sinne der Glaubensüberzeugungen der frühen Nachfolger Christi, wie er ausgedrückt ist in den »fundamentalen Prinzipien der historischen Bekenntnisse« (das Apostolikum und das Nicänum), »und der protestantischen Reformation«.[78]

---

[77] Vgl. Genfer Katechismus 1542/45, Fragen 40–45; Heidelberger Katechismus, Fragen 31f.

[78] Vgl. http://www.methodist.org.uk/index.cfm?fuseaction=opentogod.

35. Grundsätzlich sind deshalb die Bekenntnisschriften als Zeugnis der Reformation auch heute noch zu beachten. Aber ebenso wie die Schrift müssen sie von ihrem Zentrum her verstanden werden, d.h. vom Evangelium der Rechtfertigung. Nur wenn es wichtige biblisch-theologische Gründe gibt, kann eine Abweichung von den Bekenntnisschriften theologisch gerechtfertigt werden.

36. Die Bezeichnung von Christen als priesterliches Volk in 1 Petr 2,5.9 und Offb 1,6 ist metaphorische Redeweise, die alttestamentliche Motive aufnimmt (vgl. Ex 19,6; Jes 61,6). Von urchristlichen Ämtern ist in den genannten Stellen jedoch nicht die Rede. Es geht vielmehr um den Gedanken, dass das Christusgeschehen allen, die glauben, den unmittelbaren Zugang zu Gott eröffnet, der keiner priesterlichen Vermittlung im kultischen Sinne mehr bedarf.

37. Die Verbindung von Ämtern mit dem allgemeinen Priestertum aller Gläubigen oder der Gemeinschaft kann in biblisch-theologischen Begriffen angemessener aus der paulinischen Lehre vom Leib Christi und der damit verbundenen Charismenlehre (vgl. Röm 12,3–8; 1 Kor 12,14) entwickelt werden. Auf ihrer Grundlage lässt sich die innere Einheit des ordinierten Amtes mit dem an alle Christen ergehenden Auftrag, das Evangelium zu bezeugen, in einer Weise bestimmen, welche den lutherischen und reformierten Bekenntnisschriften nicht zuwiderläuft. Diese theologische Begründung entspricht auch der methodistischen Sichtweise, die besagt:»Es gibt nur einen Dienst in Christus, aber vielfältige Gaben und Wirkungen von Gottes Gnade im Leib Christi (Epheser 4,4–16).«[79]

---

content&cmind=1620. Auch die UMC ehrt die Glaubensbekenntnisse der Reformation, betrachtet jedoch als »grundlegende[n] Maßstab für die Gültigkeit von Lehrnormen … ihre Treue gegenüber dem apostolischen Glauben, der sich auf die Bibel gründet und sich im Leben der Kirche durch die Jahrhunderte hindurch als wahr erwiesen hat (*Verfassung, Lehre und Ordnung der Evangelisch-methodistischen Kirche*, Ausgabe 2010 mit Ergänzungen 2011, Grundlagen der Lehre und der theologische Auftrag der Evangelisch-methodistischen Kirche, S. 48).

38. Aus 1 Kor 14,26–33 geht hervor, dass nach Ansicht des Paulus alle Gemeindeglieder vom Heiligen Geist zur Verkündigung, sei es »in Zungen«, sei es in prophetischer Rede befähigt werden können.[80] Die Apostel, Propheten, Lehrer und Wundertäter, von denen Paulus in 1 Kor 12,28 spricht, sind freilich von Gott eingesetzt, nicht von der Gemeinde. Auf Gott wird neben der Gabe zu heilen schließlich auch die Gabe, die Gemeinde zu leiten, zurückgeführt (vgl. auch Röm 12,4–8). Paulus selbst weiß sich wie die Jünger, die Jesus zu Lebzeiten begleiteten, unmittelbar »von Christus und Gott, dem Vater« selbst berufen, nicht von Menschen, die ihm ein Amt übertragen hätten (vgl. Gal 1,1). Grundsätzlich kann kein Zweifel bestehen, dass der kirchengründende Verkündigungsdienst der Apostel von der Berufung aller Christen zum Christuszeugnis nicht nur bei Paulus, sondern auch in den übrigen Schriften des Neuen Testaments unterschieden wird. Die paulinische Charismenlehre lässt aber erkennen, dass dieser Unterschied insofern relativ ist, als das Charisma und der Auftrag der Verkündigung nicht ausschließlich den Aposteln gegeben oder auf eine bestimmte Gruppe von Amtsträgern beschränkt ist (vgl. Röm 12,7f). Was Paulus im Blick auf den Dienst der Verkündigung und der Gemeindeleitung als besondere Gabe des Geistes bezeichnet, wird theologisch sachgemäß durch den Gedanken der *vocatio interna* ausgedrückt, die durch die *vocatio externa* in der Ordination oder in der Beauftragung durch die Gemeinde ihre Bestätigung findet.

39. Auch die johanneische Theologie legt den Gedanken nahe, dass der Dienst der Verkündigung nicht nur einem besonderen Amt vorbehalten bleibt, sondern grundsätzlich allen Gläubigen aufgetragen ist. Die johanneischen Schriften reden von der Zeugenschaft (*martyria*) des Glaubens. Von Bedeutung ist aber auch die Verheißung des Parakleten in den Abschiedsreden Jesu in

---

[79] Ebd., § 129, S. 80.

[80] Nach 1 Kor 14,33b–36 sollen allerdings die Frauen in der Gemeinde schweigen. Wir müssen hier nicht auf die Frage eingehen, ob dies eine nach-paulinische Interpolation ist.

Joh 13–16, in denen Jesus seine Jünger in die Welt sendet (Griechisch: *apostellein*), wie der Vater ihn gesandt hat (Joh 17,18; 20,21; vgl. Joh 4,38; 13,20). Die Gruppe der Jünger, die um Jesus versammelt ist, repräsentiert letztlich die ganze christliche Gemeinschaft.[81] Das Johannesevangelium kennt weder definierte Ämter noch einen exklusiven Geistbesitz, der den elf Jüngern oder den Aposteln oder einer kirchlichen Hierarchie vorbehalten bliebe. Auf dieser Grundlage kann gesagt werden, dass das Konzept des Priestertums aller Gläubigen bei Luther und in der gegenwärtigen evangelischen Theologie, obwohl es über 1 Petr 2,5.9 und Offb 1,6 hinausgeht, biblisch und theologisch durchaus angemessen ist.

40. Der Kernpunkt dieses Konzeptes würde missverstanden werden, wenn es gegen die Notwendigkeit von besonderen Diensten und besonders den Dienst an Wort und Sakrament ausgespielt werden würde (vgl. Erklärung, Nr. 41f). Aber es bedeutet, wie Tampere-These 2 es ausdrückt, dass der »Dienst des Wortes […] stets auf das allgemeine Priestertum der Gemeinde angewiesen [ist] und soll ihm dienen […]«. So erinnert es sowohl das Volk Gottes an seine Sendung und die Dienerinnen an Wort und Sakrament an ihre Verantwortlichkeit für den Dienst aller Christen. Also ist das Konzept die Grundlage dafür, wie die Dienste weiter aufeinander bezogen werden. Darüber hinaus hat es noch eine spezielle Bedeutung für das Verständnis und die Ausübung der Episkopé als eine Aufgabe, die nicht auf die Vertreter des pastoralen Amtes begrenzt sein kann (s. Erklärung, Nr. 76).

4.2.2 Die »Ordnung der Ämter«

41. Der Begriff »Ordnung der Ämter«, der grundlegend für das Verhältnis des Dienstes des ganzen Volkes Gottes zu den besonderen Ämtern in der Kirche ist (vgl. Erklärung, Nr. 38f), wurde durch das Dokument »Die Kirche Jesu Christi« einge-

---

[81] Nur in Joh 17 und 20 spielt der Unterschied zwischen den verschiedenen Jüngergenerationen eine Rolle.

führt. KJC setzt es gleich mit »geordnetem Amt«[82] und bevorzugt den letzteren Begriff. Der Wortgebrauch in KJC ist hier nicht einheitlich, weil »geordnetes Amt« auf der einen Seite gleichgesetzt wird mit dem Dienst an Wort und Sakrament,[83] auf der anderen Seite eher als ein umfassender Begriff benutzt wird.[84] Wegen dieses Mangels an Klarheit vermeiden wir den Begriff »geordnetes Amt« in diesem Dokument.

42. Ein anderes Problem ist das Verhältnis des Begriffs »geordnetes Amt« zu dem des »ordinierten Amts«, der seit dem Lima-Dokument oft in ökumenischen Kontexten gebraucht worden ist. Auf der Grundlage dieser Terminologie gebrauchten die früheren GEKE-Dokumente diesen Begriff manchmal ebenfalls, um den Dienst an Wort und Sakrament zu bezeichnen.[85] Aber das »ordinierte Amt« nach BEM ist nicht einfach ein »von Gott eingesetztes« Amt, sondern auch ein durch die Ordination übertragenes Amt.[86] Das passt gut mit der Römisch-Katholischen

---

[82] Vgl. KJC, 31 (Kap. I.2.5.1): »Zeugnis und Dienst der Kirche bedürfen der Institutionen des Gottesdienstes und der Weitergabe des Evangeliums. Dafür ist aufgrund des allgemeinen Priestertums der Gläubigen eine Ordnung der Ämter (ein ›geordnetes Amt‹) erforderlich.«

[83] Vgl. KJC, 34 (Kap. I.2.5.1.2): »Dort, wo Kirche ist, bedarf es darum eines ›geordneten Amtes‹ der öffentlichen Wortverkündigung und Sakramentsverwaltung.«

[84] Vgl. KJC, 35 (Kap. I.2.5.1.2) »daß der Ausdruck ›geordnetes Amt‹ die Gesamtheit kirchlicher Dienste im Sinne von These 3 der Tampere-Thesen bezeichnet. Das durch die Ordination übertragene Amt ist ein Teil dieses geordneten Amtes«. Tampere-These 3 bezieht sich auf den Dienst der Episkopé und besagt, »daß die Verantwortung für die Verkündigung des Evangeliums der ganzen Gemeinde obliegt und daß die Leitung der Gemeinde (der Kirche) auch durch andere ›Dienste‹ geschieht und nicht nur dem ordinierten Amt zukommt«. Vgl. auch KJC, 35 (Kap. I.2.5.2), nachdem die hauptamtlichen Mitarbeiter in der diakonischen Arbeit der Kirche »am geordneten Dienst der Kirche« teilnehmen.

[85] Vgl. z. B. Nr. 7–10 in der Einführung.

[86] Vgl. BEM, Amt, Nr. 7.c.: »Der Ausdruck ordiniertes Amt (ordained ministry) bezieht sich auf Personen, die ein Charisma empfangen haben

und den orthodoxen und anglikanischen Kirchen überein, in denen sowohl Bischöfe als auch Priester und Diakone ordiniert werden. Unter den Kirchen der GEKE variiert jedoch die Praxis hinsichtlich der geordneten Ämter, für die ordiniert wird (vgl. Erklärung, Nr. 65). Um der Klarheit willen vermeiden wir auch den Begriff »ordiniertes Amt«.

43. Die Sache selbst jedoch ist sehr wichtig, weshalb sowohl theologische als auch terminologische Klarheit notwendig ist. Für die GEKE ist das Thema von besonderer Bedeutung, weil es innerhalb des Protestantismus Unterschiede zwischen den konfessionellen Traditionen gibt. Viele Lutheraner werden, ausgehend von CA V (»*De ministerio ecclesiastico*«), behaupten, dass es kein anderes göttlich geordnetes Amt gibt als das *ministerium verbi* (Dienst am Wort). Reformierte Theologen sprechen im Gegensatz dazu von mehreren Diensten mit Bezug auf Johannes Calvins Lehre vom vierfachen oder dreifachen Amt. Es muss jedoch beachtet werden, dass Calvin ebenso einen Dienst im Singular betont: den »Dienst von Menschen, den Gott zur Regierung seiner Kirche benutzt«.[87] Dieser Dienst beinhaltet verschiedene »*officia*«. Deshalb wurde das Konzept eines gegliederten oder differenzierten Amtes in den reformierten und unierten Kirchen in deutschsprachigen Teilen Europas gebräuchlich.[88] Auf der

---

und die die Kirche zum Dienst ernennt durch die Ordination, durch Anrufung des Geistes und Handauflegung«.

[87] Calvin, *Institutio* IV.3.2. vgl. *Opera Selecta* 5,44 Z. 15–17: »[…] hominum ministerium, quo Deus in gubernanda ecclesia utitur, praecipuum esse nervum, quo fideles in uno corpore cohaereant […]«; deutsche Übersetzung nach Otto Weber. – S. auch unten, Nr. 71 mit Anm. 49.

[88] Vgl. z. B. Theologische Überlegungen zum gegliederten Amt (1970) des Theologischen Ausschusses der Evangelischen Kirche von Westfalen, in: *Amt und Ordination im Verständnis evangelischer Kirchen und ökumenischer Gespräche. Eine Dokumentation im Auftrag der Arnoldshainer Konferenz*, hg. v. A. Burgsmüller, R. Frieling, Gütersloh 1974, 88 f; SEK, *Ordination*, Kap. 4.2. (44) oder die Grundordnung der Evangelischen Kirche von Berlin-Brandenburg-schlesische Oberlausitz, Nr. II,2: »Der Heilige Geist erbaut und leitet die Gemeinde durch vielfältige Ga-

anderen Seite haben einige lutherische Kirchen kürzlich eine Vielzahl von Ämtern anerkannt; besonders jene Kirchen, die mit der Porvoo-Erklärung einen positiven Standpunkt gegenüber dem dreifachen Amt nach BEM eingenommen und eine neue Form des Diakonats geschaffen haben.

44. Der Begriff »Ordnung der Ämter« hat den Vorteil, dass er die Frage offen lässt, ob es ein einzelnes »geordnetes Amt«, ausgeübt in verschiedenen Formen, oder mehrere »geordnete Ämter« gibt. Diese (eher akademische) Frage sollte in weiteren Lehrgesprächen untersucht werden. Wichtiger ist die Frage der Elemente der Ordnung der Ämter sowie wie ihre Struktur.

45. Als wir feststellten, dass drei Ämter (oder Komponenten des einen Dienstes) in der Ordnung der Ämter unverzichtbar sind (vgl. Erklärung, Nr. 38), betonten wir die Legitimität der Vielfalt in der Ordnung der Ämter. Das Prinzip der legitimen Vielfalt steht im Gegensatz zu der Überzeugung vieler anderer christlichen Kirchen, z. B. der Römisch-katholischen, der orthodoxen und anglikanischen Kirchen, und stellt tatsächlich ein Haupthindernis in der ökumenischen Annäherung dar. Das Lima-Dokument sagt, dass »das dreifache Amt des Bischofs, Presbyters und Diakons heute als ein Ausdruck der Einheit, die wir suchen, und auch als ein Mittel, diese zu erreichen, dienen könne (Nr. 22). Damit ist die Erwartung an die evangelischen Kirchen verbunden, die dreifache Ordnung einzuführen oder wieder einzuführen.[89] Diese Frage verdient sorgfältige Überle-

---

ben und Dienste. Sie dienen alle dem einen Amt, dem sich die Kirche verdankt und das ihr aufgetragen ist, die in Christus geschehene Versöhnung Gottes mit der Welt zu bezeugen und zur Versöhnung mit Gott zu rufen. Alle Dienste, ob in Verkündigung oder Lehre, in Diakonie oder Kirchenmusik, in der Leitung oder der Verwaltung, sind Entfaltungen des einen Amtes.«

[89] Dies wurde deutlicher ausgesprochen von den Anglikanern, vgl. die Porvooer Gemeinsame Feststellung, Nr. 32.j und 41 mit der Porvoo-Erklärung (ebd. Nr. 58, b. v. und VII) und die Gemeinsame Erklärung von Reuilly, Nr. 43.

gung. Es ist wichtig, die Schrift- und Wirklichkeitsgemäßheit dieses Prinzips zu überprüfen.

46. Es ist offensichtlich, dass die Schriften des Neuen Testaments ein vielfältiges Bild von Diensten und Formen der Gemeindeleitung aufzeigen und diese nicht einheitlich sind. Während dies auch von römisch-katholischen und orthodoxen Theologen zugegeben wird, gibt es einen Disput darüber, ob es im Neuen Testament eine geradlinige Entwicklung zu einer besonderen Amtsstruktur gibt, wie sie in der frühen Kirche auftaucht. Schon in den frühen Schriften des Neuen Testaments werden *presbyteroi* und *episkopoi* erwähnt, die eine besondere Funktion im Rahmen der Gemeindeleitung ausüben. Aber erst im zweiten Jahrhundert führt dies zum Aufkommen des »monarchischen Episkopats« und der hierarchischen Gliederung in Bischof, Presbyter und Diakon (s. o. Nr. 8–14).

47. Die Bedeutung der Pastoralbriefe zum Verständnis von Amt, Ordination und Episkopé ist in der Ökumene kontrovers. Evangelische, katholische und orthodoxe Exegeten stimmen darin überein, dass in 1 Tim 3 und Titus 1,5f eine Institutionalisierung der Dienste der Leitung und das erste Aufkommen eines Konzepts einer Kette von Amtsträgern feststellbar ist.[90] Während jedoch evangelische Exegeten darin eine Entwicklung angebahnt sehen, die zu einer Entfernung von den Ursprüngen eines christlichen Amtsverständnisses führt, interpretieren katholische Exegeten diese Entwicklung als Realisierung einer inneren Entelechie. Die Schriftgemäßheit der kirchlichen Ämter und ihrer Struktur bestünde demnach darin, in der historischen Kontinuität dieser Entwicklung zu stehen, die vom Heiligen Geist geleitet worden sei.

48. Demgegenüber betonen die evangelischen Kirchen, dass das Neue Testament kein einheitliches Amtsverständnis über-

---

[90] Vgl. z. B. Ökumenischer Arbeitskreis evangelischer und katholischer Theologen: Das kirchliche Amt in apostolischer Nachfolge. Abschließender Bericht, in: *Das kirchliche Amt in apostolischer Nachfolge* III, hg. v. D. Sattler, G. Wenz, Freiburg i. Br. / Göttingen 2008, 167–267, hier 199 f.

liefert, sondern die Freiheit des Geistes bezeugt, der in unterschiedlichen Strukturen wirken kann. Schriftgemäßheit bedeutet demnach, dass die konkrete Ausgestaltung der kirchlichen Ämter und Dienste jeweils funktionsgerecht und im Sinne der Unterscheidung von Grund, Gestalt und Bestimmung der Kirche sowohl dem Auftraggeber als auch dem Empfänger gemäß sein muss. Deshalb sind die konkreten Ordnungen, die das Neue Testament bezeugt, keine unmittelbare Norm, sondern weithin als Modelle zu betrachten, die für immer neue Aktualisierungen offen sind.[91]

49. In diesem Sinne lässt sich auch die durch Calvin begründete reformierte Lehre vom vierfachen oder dreifachen Amt verstehen. Einerseits hat man Calvins Ämterlehre Biblizismus vorgeworfen, weil er einmalige und dauerhafte Ämter im Neuen Testament unterscheidet (vgl. *Institutio* IV.3.5). Andererseits ist die Auswahl der für konstitutiv gehaltenen Ämter durch dogmatische und praktische Überlegungen bestimmt. Exegetisches und historisches Kriterium ist für Calvin, dass die Ämter in der Urgemeinde nachweisbar sind und in der Alten Kirche weiterbestanden haben. Jedoch fällt es Calvin schwer, bestimmte Ämter und Amtsstrukturen überzeugend abzulehnen, z. B. Bischof und Prophet. Folgerichtig lehnt er das Bischofsamt nicht völlig ab. Recht verstanden zeigt die reformierte Lehre, wie die hermeneutischen Kriterien der Schriftgemäßheit und der Wirklichkeits- oder Situationsgemäßheit in der konkreten Gestaltung der kirchlichen Ordnung und der kirchlichen Ämter zur Geltung gebracht werden können. Ohne für die heutigen Kirchen unmittelbar normativ zu sein, dient die reformierte Ämterlehre genau darin als Modell für die Gegenwart.

50. Für Protestanten ist der problematischste Teil an der Lehre vom dreifachen Amt nach BEM die hierarchische Abstufung, die in den anglikanischen, orthodoxen und römisch-ka-

---

[91] Vgl. die Ausführungen über die »Normativität des Ursprungs« im »Malta-Bericht« des Lutherischen Weltbundes und des römischen Einheitssekretariats von 1972 (§ 51–54 = DwÜ 1, 261f).

tholischen Kirchen festgestellt werden kann. Besonders die reformierten Bekenntnisschriften betonen, dass, weil Jesus Christus der alleinige Herrscher der Kirche ist, »alle wahren Pastoren [...] die gleiche Macht haben unter einem einzigen Haupt, einzigen Herrn und einzigen allgemeinen Bischof, Jesus Christus«[92]. Auch nach der methodistischen Tradition geschieht der »Dienst aller Christen und Christinnen [...] in gegenseitiger Ergänzung.«[93] Und die Barmer Theologische Erklärung (These IV) drückt es folgendermaßen aus: »Die verschiedenen Ämter der Kirche begründen keine Herrschaft der einen über die anderen; sondern die Ausübung des der ganzen Gemeinde anvertrauten und befohlenen Dienstes.«

51. Deshalb ist es für ein evangelisches Amtsverständnis wichtig, eine reflektierte Haltung gegenüber Stufen der Verantwortung und Autorität zu haben. Auf der einen Seite ist es klar, dass einige Personen zu umfassenderen Bereichen des Dienstes (geographisch oder fachlich) berufen sind als andere und dass ihnen Verantwortung für untergeordnete Personen gegeben wird, die in ihrem Bereich arbeiten. Es ist außerdem richtig, dass es, wie in allen sozialen Bereichen, eine gewisse Korrespondenz zwischen verschiedenen Ebenen von Verantwortung und Autorität geben muss, damit das Management gut funktioniert. Die Kirche ist jedoch eine Gesellschaft *sui generis,* gemäß den Ermahnungen Christi an seine Jünger nach Mt 20,25–28. Die geordneten Ämter in der Kirche sind in Bezug zu einander definiert, grundsätzlich horizontal, aber in gewissem Ausmaß auch »vertikal«. Aber dies muss immer als *Dienst* (»service«) verstanden und ausgeübt werden, in Form von Funktionalität und gegenseitiger Ergänzung und nicht als exklusive Rechte oder Herrschaft.

---

[92] Confessio Gallicana XXX; vgl. auch Confession Helvetica Posterior XVIII; Synode von Emden 1571, Art. 1.

[93] *Verfassung, Lehre und Ordnung der Evangelisch-methodistischen Kirche* (s. Anm. 8), § 129, 80. In der amerikanischen Originalfassung ist noch beigefügt: »No ministry is subservient to another«.

4.2.3 Der Dienst von Frauen und Männern

52. Der weitgehende Konsens unter den evangelischen Kirchen in Bezug auf die Offenheit aller Ämter für beide Geschlechter ist eins der umstrittensten Themen innerhalb der ökumenischen Diskussion über das Amt. Deshalb scheint es wertvoll, die Argumente der evangelischen Position in der Diskussion mit anderen Positionen zusammenzufassen.

53. Die Bibel bezeugt, dass Männer und Frauen nach Gottes Bild geschaffen sind (Gen 1,27), dass der Geist Gottes über Söhne und Töchter ausgegossen wurde (Apg 2,16-18) und dass es in Christus weder Mann noch Frau gibt (Gal 3, 28). Deshalb gibt es einen breiten Konsens zwischen den Kirchen, dass sowohl Männer als auch Frauen zum Dienst Christi berufen sind. Das Lima-Dokument sagt: »Die Kirche muß den Dienst erkennen, der von Frauen verwirklicht werden kann, ebenso wie den, der von Männern geleistet werden kann. Ein tiefergehendes Verständnis des umfassenden Charakters des Dienstes, das die gegenseitige Abhängigkeit von Männern und Frauen widerspiegelt, muß noch breiter im Leben der Kirche zum Ausdruck kommen.«[94]

54. Frauen leisten in allen Kirchen wichtige Dienste auf pastoralem und sozialem Gebiet und in der Bildung. Sogar Kirchen, die bislang die Ordination von Frauen abweisen, betonen in jüngeren Erklärungen, dass Frauen in verschiedenen Ämtern »dem Leib Christi und seiner Mission« dienen.[95]

55. Frauen wurden jedoch in allen Kirchen für Jahrhunderte vom Dienst an Wort und Sakrament ausgeschlossen und sind es heute immer noch in zahlreichen Kirchen. Beginnend im 19. Jahrhundert aber öffneten die meisten lutherischen, reformierten und methodistischen Kirchen ihre Ämter Schritt für Schritt für Frauen und etablierten endlich gleiche Rechte für

---

[94] BEM, Amt, Nr. 18.

[95] *The Church of the Triune God.* The Cyprus Agreed Statement of the International Commission for Anglican-Orthodox Theological Dialogue, hg. vom Anglican Communion Office, London 2006, no. VII.17 (eigene Übersetzung).

Frauen und Männer auf allen Ebenen des Dienstes. (Das gleiche wurde von den meisten anglikanischen, baptistischen und alt-katholischen Kirchen durchgeführt.) Alle konfessionellen Traditionen innerhalb der GEKE bekräftigten kürzlich die Notwendigkeit dieser Position. Der Reformierte Weltbund bezeugt: »Einige Kirchen ordinieren immer noch keine Frauen, obwohl dies biblisch und theologisch nicht gestützt ist. Oftmals stützt sich der Grund dafür, keine Frauen zu ordinieren, auf die vorherrschende patriarchalische, soziale, kulturelle und religiöse Umwelt des Landes, in dem sich die Kirche befindet. Es ist nötig, dass wir einander dabei unterstützen, die Vorrangigkeit von relevanten theologischen Einsichten über die Herrschaft von nicht-theologischen Faktoren wiederherzustellen. Ein vollständiges Verständnis des christlichen Dienstes ist inklusiv und unterstützt die Ordination von Frauen.«[96] Die Erklärung des Lutherischen Weltbundes über das bischöfliche Amt (2007) sagt: »Heute gehört die grosse Mehrheit aller Lutheranerinnen und Lutheraner Kirchen an, die Frauen und Männer gleichermassen ordinieren. Diese Praxis spiegelt ein erneuertes Verständnis des biblischen Zeugnisses wider. Die Frauenordination bringt die Überzeugung zum Ausdruck, dass im öffentlichen Amt von Wort und Sakrament die Gaben von Männern wie Frauen gebraucht werden, damit die Kirche ihre Sendung erfüllen kann, und dass die Beschränkung des ordinationsgebundenen Amtes auf Männer das Wesen der Kirche verdunkelt, die Zeichen unserer Versöhnung und Einheit in Christus durch die Taufe ist, über die Schranken ethnischer Zugehörigkeit, sozialer Schichtung und des Geschlechts hinweg (vgl. Gal 3,27–28)«.[97] Auch die methodistischen Kirchen haben in jüngsten Dialogen mit anderen Bekenntnissen erklärt, dass alle Ebenen des Dienstes für Männer

---

[96] ›A new community. Affirmations of The Ordination of Women‹, in: *Walk my Sister The ordination of women: Reformed perspectives*, hg. v. Ursel Rosenhäger, Sarah Stephens, (Genf) 1993 (Studies from the World Alliance of Reformed Churches 18), 5 (eigene Übersetzung).

[97] Lund Statement, Nr. 20.

und Frauen offen sind: »Methodisten ordinieren Frauen, weil sie glauben, dass auch Frauen die Berufung empfangen, die durch innere Überzeugung und äußerlich sichtbare Gaben und Gnaden offenbar und durch die Versammlung der Gläubigen bestätigt wird.«[98]

56. Den evangelischen Kirchen wird manchmal vorgeworfen, lediglich sozialen Veränderungen zu folgen, wie etwa der Bewegung für Gleichberechtigung von Frauen. Solche Entwicklungen sind sicherlich einflussreich, aber müssen nicht automatisch zu Veränderungen in der Kirche und ihren Ämtern führen. In einer Studie des Reformierten Weltbundes wird erklärt: »Als Teil der menschlichen Gemeinschaft ist die christliche Gemeinschaft gebunden an die Veränderungen, die sich in dieser größeren Gemeinschaft ereignen. Ein Blick in die Geschichte des Christentums gibt uns genug Belege, um zu zeigen, dass die christliche Gemeinschaft nicht sklavisch allem folgt, was sich an Veränderungen in der Menschheit vollzieht. Sie bedient sich ihres eigenen Urteils, das auf ihrer Interpretation der Bibel, der Traditionen, der Dogmen, der Lehren, kirchlichen Sitten usw. basiert. Solche Begegnungen variieren auch, weil die Praxis der christlichen Gemeinschaften in der ganzen Welt, oder selbst innerhalb regionaler und nationaler Bereiche, nicht einheitlich ist.«[99] Folglich handeln die Kirchen, die Frauen ordinieren, gemäß ihrem Verständnis der Bibel und ihrer theologischen Einsichten: »Diejenigen Kirchen, die Frauen ordinieren, tun dies aus ihrem Verständnis des Evangeliums und des Amtes heraus.

---

[98] *Die apostolische Tradition.* Bericht der Gemeinsamen Kommission der Römisch-Katholischen Kirche und des Weltrates Methodistischer Kirchen (»Singapur-Bericht« 1991), Nr. 96, in: DwÜ 3, 442–468, hier 466. Vgl. auch das Anglikanisch-Methodistische Dokument *Teilhaben an der apostolischen Gemeinschaft* (1996), Nr. 55: »Dass Gott Frauen zum ordinierten Amt in all seinen Formen beruft, wird innerhalb des Methodismus bejaht« (in: DwÜ 3, 44–73, hier 60).

[99] H. S. WILSON, ›Towards a new understanting of ministry: some theological considerations‹, in: *Walk my Sister* (s. Anm. 26), 75 (eigene Übersetzung).

Es beruht für sie auf der tiefen theologischen Überzeugung, daß es dem ordinierten Amt der Kirche an Fülle mangelt, wenn es auf ein Geschlecht beschränkt ist.«[100]

57. Es muss anerkannt werden, dass Unterschiede hinsichtlich der Ordination von Frauen innerhalb der Ökumene ein großes Hindernis für Kirchengemeinschaft darstellen. Kirchen, die selbst keine Ordination von Frauen praktizieren, werden meist die ordinierten Dienste von Frauen und Männern von solchen Kirchen, die sie praktizieren, nicht anerkennen. Die Kirchen der GEKE bedauern, dass ihre Praxis zu Problemen mit anderen Kirchen führt, und sie erklären ihre Bereitschaft für weitere Diskussionen. Aber durch ihre Erklärung, dass ihre Position zum Dienst von Frauen nicht verhandelbar ist, bekräftigen sie, dass sie nicht akzeptieren werden, dass andere Kirchen zwischen ihren weiblichen und männlichen Amtsträgern einen Unterschied machen. Deshalb werden sie keine Modelle der Kirchengemeinschaft akzeptieren, die eine Ablehnung der Ordination von Frauen oder ein Entwertung ihrer weiblichen Ordinierten beinhalten. Auch kann keine Differenzierung vorgenommen werden zwischen jenen, die von Bischöfen, und jenen, die von Bischöfinnen (bzw. anderen Trägerinnen des Aufsichtsamts) ordiniert worden sind.

58. Die Kirchen der GEKE haben ihre Praxis der Frauenordination im Einklang mit dem gegenwärtigen reformatorischen Verständnis des Amtes entwickelt. Sie sind erst in der zweiten Hälfte des letzten Jahrhunderts zu einem gemeinsamen Verständnis der Berufung von Frauen und Männern in die Ämter gekommen, und ein langes Ringen war für dieses Ergebnis notwendig. Sie erkennen auch, dass es selbst in ihrer eigenen Gemeinschaft Zögerlichkeit gibt und dass prinzipielle Gleichheit nicht immer auch praktische Gleichheit bedeutet. Die Kirchen der GEKE betrachten die Ordination von Frauen als ein Geschenk und als Segen des Heiligen Geistes und werden diese Praxis nicht aufgeben, weil es für sie eine prinzipielle Angele-

---

[100] BEM, Amt, Nr. 18, Kommentar.

genheit ist. Sie betonen ihre Erwartung, dass die Mitgliedskirchen, die bislang noch keine Frauen ordinieren, ihre Praxis überdenken werden (s. auch das Zitat aus der Neuendettelsau-These in der Erklärung, Nr. 53).

4.2.4 Amt und Homosexualität

59. Hinsichtlich der Qualifikation von Personen für die geordneten Dienste und besonders für den Dienst an Wort und Sakrament ist eins der am heißesten diskutierten Themen heute die Frage der sexuellen Orientierung, d.h. ob homosexuelle Personen ordiniert werden können. In Anbetracht der Diskussion in vielen der Mitgliedskirchen der GEKE[101] und der öffentlichen Aufmerksamkeit, die diese Frage auf sich gezogen hat, ist auch in diesem Dokument eine Erörterung dieses Themas angemessen. Die bedeutenden Unterschiede innerhalb der GEKE in Bezug auf diese Frage, die von der grundsätzlichen Bewertung der Vereinbarkeit von homosexuellen Beziehungen mit der christlichen Lehre abhängig sind, spiegeln die sehr unterschiedlichen rechtlichen Bedingungen und öffentlichen Einstellungen gegenüber der Homosexualität in den europäischen Gesellschaften wider.

60. Die Protestantische Kirche der Niederlande, die lutherische Kirche von Norwegen und die Schweizer reformierten Kirchen[102] bejahen grundsätzlich die Qualifikation von homosexuellen Personen für die Ordination. Die Vereinigte Evangelisch-Lutherische Kirche in Deutschland (VELKD) erklärt, dass das Thema keine Bekenntnisfrage ist, und macht die Ordination

---

[101] Eins der vielen Beispiele hierfür ist die Tagung der Evangelischen Kirche von Westfalen zu diesem Thema im September 2009. Vgl. http://www.evangelisch-in-westfalen.de/presse/nachrichten/artikel/offen-und-einladend-auch-fuer-gleichgeschlechtlich-liebende/.

[102] Der Schweizerische Evangelische Kirchenbund stützt seine Argumentation auf das Priestertum aller Gläubigen und die paulinische Charismenlehre und stellt fest, dass »keine stichhaltigen Gründe gegen die Ordination von […] homosexuell disponierten Menschen vorzubringen« seien (SEK, *Ordination*, 57).

von Homosexuellen von einem verantwortungsvollen Lebensstil und der Akzeptanz der örtlichen Gemeinde abhängig. Zur gleichen Zeit überlässt sie den Mitgliedskirchen die Entscheidung, ob Personen, die in einer gleichgeschlechtlichen Partnerschaft leben, von der Ordination ausgeschlossen werden sollten.[103] Die United Methodist Church wiederum beschränkt grundsätzlich die Möglichkeit der Ordination von Personen, die die Homosexualität nicht praktizieren (nicht frei bekennende praktizierende Homosexuelle sind).[104] Die Kirche von Schottland berief auf ihrer Generalversammlung von 2011 eine theologische Kommission, um »eine theologische Diskussion über Fragen rund um gleichgeschlechtliche Partnerschaften, Lebenspartnerschaften und Ehe« vorzubereiten. Die Kommission wird der Generalversammlung im Jahr 2013 berichten.[105] Die Vereinigte Reformierte Kirche beschloss im Jahr 2000 ein Moratorium zur Diskussion dieser Frage. 2007 nahm sie eine Selbstverpflichtung an, in der die Unterschiedlichkeit der Ansichten über diese Frage und der Wunsch, vereint zu bleiben, anerkannt wurden. Dies wurde 2012 bekräftigt, als eine Broschüre und eine CD mit Namen »Living with Difference« für die örtlichen Gemeinden bereitgestellt wurden. Wieder andere Mitgliedskirchen haben keine offizielle Politik in Bezug auf die Ordination von Homosexuellen, betrachten Homosexualität aber mehr oder we-

---

[103] Vgl. http://www.ekd.de/homosexualitaet/stellungnahme_biko_velkd. html. - Die EKD hat noch in dem Dokument »Mit Spannungen leben« (1996) die Gleichwertigkeit von heterosexuellen und homosexuellen Beziehungen recht klar bestritten und deshalb argumentiert, dass Personen, die in einer gleichgeschlechtlichen Partnerschaft leben, nur in Ausnahmefällen zum Pfarramt zugelassen werden sollten (vgl. http:// www.ekd.de/familie/ spannungen_1996_5.html).

[104] Vgl. UMC, *Book of Discipline*, Nashville 2008, § 304.3, 206: »self-avowed practicing homosexuals are not to be certified as candidates, ordained as ministers, or appointed to serve in The United Methodist Church.« In der deutschen Ausgabe (s.o. Anm. 8) fehlt dieser Absatz.

[105] *Reports to the General Assembly of the Church of Scotland 2011* II, 24 f.

niger deutlich als nicht im Einklang mit der biblischen Lehre und dem christlichen Leben stehend.[106]

61. Wir stellen zusammenfassend fest, dass es innerhalb der GEKE eine breite Übereinstimmung in Bezug auf die Rechte und die menschliche Würde von Personen mit homosexueller Orientierung gibt,[107] aber keine Übereinstimmung in Bezug auf die Annehmbarkeit von homosexuellen Beziehungen innerhalb der christlichen Kirche im allgemeinen und deshalb auch für Ordinierte im besonderen. Für eine Lösung ist eine Einschätzung des biblischen Zeugnisses über Homosexualität ebenso notwendig wie eine Erfassung der Natur von Homosexualität. Hierbei wird es auch sinnvoll sein, andere Faktoren bezüglich des Lebensstils von Pfarrern und Kandidaten der Theologie mit einzuschließen.

62. Wir empfehlen, dass die Mitgliedskirchen der GEKE weiterhin darum ringen, einen evangeliumsgemäßen Standpunkt zu finden in der Bewertung von Personen, die homosexuell sind und/oder in einer homosexuellen Beziehung leben und in den Dienst berufen sind. Ein gutes Beispiel hierfür gibt die Methodistische Kirche in England, die ihren Versuch, verschiedene und voneinander abweichende theologische Sichtweisen zusammenzuhalten, als eine Pilgerreise des Glaubens betrachtet (vgl. den oben erwähnten Bericht, Anm. 37). Das Thema sollte in einem zukünftigen GEKE-Studienprozess zur menschlichen Sexualität noch detaillierter behandelt werden.

---

[106] Vgl. Z. B. die Erklärung der Bischöfe der drei lutherischen Kirchen in Estland, Lettland und Litauen, in der u.a. die Entscheidung anderer lutherischer Kirchen, »nicht-zölibatäre Homosexuelle für das Pfarramt oder Bischofsamt zu ordinieren«, verurteilt wird, weil »eine homosexuelle Aktivität mit der Nachfolge Christi unvereinbar ist « (http://dizzysound.net/blog/2009/11/19/baltic-lutheran-bishops-some-lutheran-churches-departing-apostolic-doctrine/).

[107] Ein deutliches Beispiel für eine solche Bekräftigung ist das Dokument *Pilgrimage of Faith* (2005) der Methodistischen Kirche in England (vgl. http://www.methodist.org.uk/static/conf2005/co_17_pilgrimageoffaith_0805.doc).

4.2.5 Die Bedeutung der Ordination

63. Viele Probleme in Bezug auf ein gemeinsames Verständnis der Ordination sind der Tatsache geschuldet, dass »Ordination« kein biblisches Wort ist. Der Begriff ›ordinatio‹ ist vom römischen Recht abgeleitet. Trotzdem finden wir im Neuen Testament einige Stellen, die eine Grundlage darstellen für das, was wir heute ›Ordination‹ nennen. In den frühesten Gemeinden wurden Formen der Beauftragung praktiziert, die als Basis für die Grundlegung der Ordination dienen. Diese können auf das Alte Testament zurückgeführt werden, in dem schon besondere Berufungen, gefolgt von Handlungen der Autorisierung, gefunden werden können, auch wenn sie nicht direkt mit der christlichen Ordination in Verbindung gebracht werden können. Jedenfalls wurde die Ordination nicht vom Christentum erfunden. Generell besteht darin Übereinkunft, dass es doch eine Verbindung mit der Synagoge und der nachbiblischen jüdischen Praxis gibt.

64. Ein Ritual der Beauftragung für einen besonderen Dienst durch Handauflegung gewinnt Form im Zuge der stufenweisen Entwicklung ständiger Ämter und Dienste. Solch ein Ritual der Ordination wird in der Apostelgeschichte und in den Pastoralbriefen erwähnt. Es dient dazu, die Charismen desjenigen zu seinem besonderen Dienst zu bestätigen, der beauftragt werden soll, und als ein Zeichen externer Kontinuität mit jenen, die die gleiche Aufgabe haben. Diese Behauptung, dass im frühesten Christentum die Leitung einer Gemeinde nur auf der Grundlage der Handauflegung durch einen Apostel ausgeübt wurde, kann weder exegetisch noch historisch aufrechterhalten werden, ebensowenig die Behauptung einer historischen Sukzession, d. h. einer fortlaufenden Kette von Handauflegungen von den Aposteln bis zur Gegenwart.

65. Es kann nicht mit Sicherheit behauptet werden, dass die Form der Ordination in den frühesten Gemeinden einheitlich war. Jedoch erlaubt das biblische Zeugnis einige Schlussfolgerungen, die allgemein anerkannt sind:

– Presbyter und Diakone wurden vom Presbyterium ordiniert, primär im Namen Gottes.[108]

- Es gab eine Verbindung zwischen der Handauflegung und der Gabe des Heiligen Geistes.[109]
- Die Handlung war eine Bekräftigung und Autorisierung durch die Apostel oder das Presbyterium.[110]
- Die Handlung schloss eine Antwort des zu Ordinierenden in Form eines Bekenntnisses ein.[111]

66. Eine Einschätzung der Position der Reformation in Bezug auf die Ordination ist schwierig, weil die Praxis zwischen den verschiedenen Teilen und den unterschiedlichen Perioden der reformatorischen Bewegung variiert. In jedem Fall gab es mit der Konsolidierung der Reformation Übereinstimmung über die Notwendigkeit eines gut geordneten Zugangs zum Dienst an Wort und Sakrament. Die Reformatoren zielten darauf, an die traditionelle Praxis und das Verständnis der Ordination anzuschließen und gleichzeitig ihr neues Verständnis des Amtes zu betonen. Die Ordination ist kein Hauptthema in den Bekenntnisschriften, und deshalb gibt es keine klare und umfassende Definition. Aber es gibt eine Übereinstimmung über die Notwendigkeit der Berufung und Ordination von Pfarrern als Handlung der ganzen Kirche[112] und über die Autorität der Presbyter, die Ordination vorzunehmen, weil sich die eigentlichen (römisch-katholischen) Bischöfe weigerten, Protestanten zu ordinieren.[113]

67. Philipp Melanchthon und Johannes Calvin waren sogar bereit, die Ordination als ein Sakrament anzusehen, vorausgesetzt, dass sie in einem biblischen Sinne verstanden und ver-

---

[108] SEK, *Ordination*, 55; vgl. BEM, Amt, Nr. 40.

[109] Lund Statement, Nr. 10; vgl. SEK, *Ordination*, 55; BEM, Amt, Nr. 39.

[110] Ebd.

[111] Vgl. 2 Tim 6,12.

[112] Vgl. CA XIV; Tractatus de primatu et potestate Papae, 72 (*BSLK*, 492 f); Confessio Helvetica Posterior 18.8.

[113] Vgl. Schmalkaldische Artikel 10.3 (*BSLK*, 458); Tractatus de primatu et potestate Papae, 60–67 (ebd., 489–491).

waltet wurde.[114] Heutzutage zählen die evangelischen Kirchen die Ordination nicht zu den Sakramenten, weil sie kein materielles Zeichen mit sich trägt und nicht als eine Handlung betrachtet wird, die Gottes rettende Gnade mitteilt. Zugleich bestreiten sie nicht den sakramentalen Charakter des Ordinatonsritus, vor allem deshalb, weil er eine Epiklese mit einschließt (ein besonderer Ruf um das Geschenk des Heiligen Geistes).[115]

68. Die Reformatoren, besonders Bucer und Calvin, waren überzeugt, dass die Leitung durch Älteste für das Wohl der Kirche wesentlich war, aber sie erlaubten eine flexible Gestaltung des Ältestendienstes. Es gibt vergleichbare Dienste in vielen reformatorischen Kirchen, zu denen ihre Vertreter nur für eine begrenzte Zeit gewählt und in ihr Amt ohne Ordination eingesetzt werden. Seit dem 17. Jahrhundert wurde es aber in einigen westeuropäischen reformierten Kirchen zur Praxis, diejenigen zu ordinieren, die für das Amt des Ältesten ausgesondert waren. Im Kollektiv üben die Ältesten Leitung für die ganze Gemeinde aus, unter der Herrschaft und gemäß dem Beispiel Christi und durch die Führung des Heiligen Geistes. Diese Leitung wird in einer kollegialen Partnerschaft mit den Pastoren auf lokaler, nationaler und globaler Ebene des kirchlichen Lebens ausgeübt. Es sollte jedoch betont werden, dass die Ordnung der Ältesten sich von dem Dienst an Wort und Sakrament unterscheidet. Wegen dieser Besonderheit kommt die Frage von »gegenseitiger Anerkennung der Ordination« im Sinne der Leuenberger Konkordie 33 nicht auf.

4.2.6 Verständnis und Bedeutung der Episkopé
69. Obwohl der Begriff *episkope* (im Unterschied zu den Begriffen Dienst (»ministry«) oder Ordination) im Neuen Testament vorkommt, gibt es keine allgemein akzeptierte Definition dieses

---

[114] Vgl. Apologie XIII. 7–13 (*BSLK*, 293f); Calvin, *Institutio* IV.19.28–31.
[115] Vgl. Reform und Anerkennung kirchlicher Ämter, 1972, in: *Amt und Ordination* (Anm. 18), Nr. 16; Malta-Bericht (s. Anm. 21), Nr. 59 (*DwÜ* 1, 263f); ARCIC I, Erläuterung 1979, Nr. 3 (*DwÜ* 1, 156f); *Die apostolische Tradition* (s. Anm. 28), Nr. 88 (*DwÜ* 3, 464f).

Begriffs. Der biblische Gebrauch gibt keinen klaren Anhaltspunkt, da *episkope* sowohl als göttliche Handlung (in Luk 19,44 und 1 Petr 2,12 in der Bedeutung einer göttlichen Visitation) und als menschliche Position oder Amt (Apg 1,20; 1 Tim 3,1) verstanden werden kann. In Hebräer 12,15 bezieht sich das Verb *episkopein* auf eine Aufgabe, die von der ganzen Gemeinde wahrgenommen wird.

70. Mit dem Hinweis hierauf betrachten die meisten evangelischen Kirchen es als eine Reduzierung, wenn Episkopé mit der Aufgabe des episkopalen Amtes gleichgesetzt wird. Die Diskussion im Anschluss an das Lima-Dokument führte zu dem Resultat, dass Episkopé als eine notwendige Funktion der Kirche und der Episkopat als spezielle Form zur Erfüllung dieser Funktion unterschieden werden müssen.[116] Es wurde deutlich, dass das personale Element der Episkopé mit ihren kollegialen und gemeinschaftlichen Elementen ausgeglichen werden muss. Deshalb ist die grundsätzliche Bedeutung von Episkopé eher »Kirchenleitung« als »Aufsicht« (die leicht mit einem regionalen bischöflichen Amt verknüpft wird). Sogar die lutherischen Kirchen, die ein großes Gewicht auf das »bischöfliche Amt« legen und es als das »ordinationsgebundene Amt der pastoralen Aufsicht« bezeichnen, geben zu, dass der »Dienst der *episkopé* im weiten Sinne auch durch kooperative, synodale Formen der Aufsicht ausgeübt [wird], an denen Laien wie Ordinierte entsprechend festgelegten Regeln und Bestimmungen beteiligt sind«.[117] Die methodistische Erklärung »The Nature of Over-

---

[116] Vgl. bes. *Episkope and Episkopacy and the Quest for Visible Unity*, hg. v. Peter Bouteneff, Alan Falconer, Faith and Order Paper Nr. 183, WCC, 1999. Diese Unterscheidung wurde von dem Faith and Order-Dokument *Wesen und Auftrag der Kirche*, Nr. 90–98, aufgegriffen, auch wenn eine Reihe von Kirchen immer noch daran festhalten, dass auch der »historische Episkopat« notwendig sei (vgl. Nr. 93, Kästchen).

[117] Lund Statement, Nr. 4. Das »bischöfliche Amt« ist das Hauptthema dieses Statements (vgl. Nr. 43–49, 53–59), mit nur wenigen Bemerkungen über die »weitere« Bedeutung der Episkopé als »Kirchenleitung [...] durch synodale und kollegiale Strukturen« (Nr. 50).

sight« (Anm. 2) gebraucht »*oversight*« als die Übersetzung des griechischen Wortes *episkope*, aber sieht als ihre Komponenten »*governance*« (Ausübung formaler Autorität durch Festlegung der Richtlinien und Ordnung der Praxis der Kirche), »*management*« (Anwendung von Strategien, um die Richtlinien durchzusetzen, Einsetzung von Menschen und anderen Ressourcen zu diesem Ziel und Überwachung der Ergebnisse) und »*leadership*« (Inspiration, Wahrnehmen und Auszuformulieren von Visionen, Anbieten von Modellen, um Anleitung zu geben und Macht auszuüben mit Autorität, Gerechtigkeit und Liebe).

71. Zwischen den verschiedenen evangelischen Traditionen gibt es jedoch unterschiedliche Schwerpunkte hinsichtlich des Verständnisses der Episkopé und graduell unterschiedliche Argumente für ihre Notwendigkeit. Die *lutherische* Tradition sieht die »Aufsicht« mit »dem Zweck, für das Leben einer ganzen Kirche Sorge zu tragen« als eine Angelegenheit »von grundlegender Bedeutung für das Leben der Kirche.« Ihre Aufgaben sind »Leitungsverantwortung für die Sendung der Kirche [...], besonders durch Visitationen Wegweisung für das gemeinsame Leben der Gemeinden in der Region, für die sie zuständig sind, zu geben und sie in ihrem Zusammenleben zu unterstützen«, zu ordinieren und »Lehre und geistliche Praxis in der Kirche, vor allem insofern sie von Ordinierten ausgeübt werden« zu beaufsichtigen (Lund Statement, Nr. 43 u. 46). Nach der *methodistischen* Tradition ist die Episkopé ein notwendiges Element der Kirche. Der Text »The Nature of Oversight« sagt: »Die Funktion der Sicherstellung, dass die Kirche treu zu ihrem Auftrag bleibt, ist bekannt als *oversight*.« Das bedeutet, dass für den Methodismus das glaubwürdige Predigen und Bezeugen des Evangeliums ein wichtiger Aspekt seines apostolischen Zeugnisses ist. Hierin ist die methodistische Tradition der lutherischen nahe. Nach den *reformierten* Bekenntnisschriften ist Christus das alleinige Haupt der Kirche.[118] Deshalb wird Christi Leitung der Kirche

---

[118] Vgl. Confessio Gallicana XXX; Confessio Scotica XVI; Westminster Confession XXV.1.

gegenüber menschlichen Strukturen und Institutionen betont. Aber Calvin beschreibt das von den Ältesten ausgeübte »Amt der Leitung« als »für alle Zeiten vonnöten«.[119] Der Begriff Episkopé mag nicht so vertraut sein, aber die Notwendigkeit von Disziplin (als essentieller Aspekt oder sogar als Erkennungsmerkmal der Kirche)[120] wird in der reformierten Tradition betont. Sie bezieht sich sowohl auf die Lebensführung des ganzen Volkes Gottes als auch auf die Lehre der Prediger: beides muss beaufsichtigt und korrigiert werden. Folglich wird die Wichtigkeit der Leitung und Aufsicht für die Einheit und Apostolizität der Kirche in der reformierten Tradition ebenfalls unterstrichen, oftmals verbunden mit einer besonderen Struktur der Ausübung von Leitung und Aufsicht. In den *unierten* Kirchen folgen Verständnis und Gestaltung der Episkopé gewöhnlich einer Kombination aus lutherischen und reformierten Ansätzen. Die Unterschiede machen weitere theologische Arbeit notwendig. Trotzdem kann eine breite Übereinstimmung über die Notwendigkeit von Episkopé als einer gemeinsamen Verantwortlichkeit klar festgestellt werden.

4.2.7 Themen von Leuenberg, Meißen, Porvoo und Reuilly

72. Neue Fragestellungen für die GEKE hinsichtlich der Wichtigkeit und der Erfordernisse von Episkopé ergeben sich durch die existierenden Vereinbarungen mit anglikanischen Kirchen (wie Meißen, Porvoo und Reuilly). Die anglikanischen Kirchen sehen die Existenz einer dreifachen Ordnung des Dienstes und von Bischöfen in historischer Sukzession als wesentlich für die Kirchengemeinschaft, weil sie »glauben, dass der Historische Episkopat ein Zeichen der Apostolizität der ganzen Kirche ist.«[121] Die Porvooer Gemeinsame Feststellung hat, indem sie eine Über-

---

[119] Calvin, *Institutio* IV.3.8 (»Est igitur hoc gubernationis munus saeculis omnibus necessarium«).

[120] Vgl. Calvin, *Institutio* IV.12.1; Confessio Belgica XXIX; Confessio Scotica XVIII + XXV.

[121] Reuilly Nr. 37; vgl. auch Porvoo, bes. Nr. 46.

einkunft auf dieser Basis erreichte, den Weg für die völlige Austauschbarkeit von Pfarrern geebnet. Für die GEKE ist dieses Thema wichtig, denn einige Kirchen der GEKE (die lutherischen Kirchen in Norwegen, Dänemark, Estland und Litauen) haben durch die Unterzeichnung der Porvoo-Erklärung den Wert des Zeichens der frei übernommenen historischen episkopalen Sukzession bestätigt. Deshalb muss es diskutiert werden, ob das »Porvoo-Modell« als mit dem »Leuenberger Modell« kompatibel angesehen werden kann. Dieses Thema, das auch aus anglikanischer Sicht ungelöst ist, bedarf gründlicher Reflektion.

73. Über einige nordische, baltische, nordamerikanische und afrikanische lutherische Kirchen hinaus sind wenige evangelische Kirchen der Bitte des Lima-Dokuments nachgekommen, »die bischöfliche Sukzession als ein Zeichen der Apostolizität des Lebens der ganzen Kirche zu akzeptieren« (Amt Nr. 38). Aufbauend auf der Überzeugung, dass »zur wahren Einheit der Kirche die Übereinstimmung in der rechten Lehre des Evangeliums und in der rechten Verwaltung der Sakramente notwendig und ausreichend« ist (LK 2, vgl. CA VII), haben die meisten Kirchen der GEKE die historische bischöfliche Sukzession im Dienst der Episkopé nicht als ein natürliches Element zur Förderung der christlichen Einheit verstanden und deshalb keine Notwendigkeit gesehen, ihr Verständnis und die Ordnung ihrer Ämter zu ändern. Nach dem Dokument »Die Kirche Jesu Christi« beziehen sich solche Themen auf die Gestalt der Kirche, nicht auf ihren Grund. Folglich war die erste Einschätzung der Porvooer Gemeinsamen Feststellung durch die GEKE (damals: Leuenberger Kirchengemeinschaft) kritisch.[122]

---

[122] Vgl. Leuenberg – Meißen – Porvoo, 1998 (vgl. Erklärung, Anm. 5), 2.4.: »Die Leuenberger Kirchengemeinschaft (LKG) wird Gespräche über die Bedeutung des Bischofsamtes und der historischen apostolischen Sukzession fördern, wenn sie der Ausweitung und Vertiefung von Kirchengemeinschaft dienen. Würde eine Übernahme dieser Lehrtradition jedoch als notwendige Voraussetzung für die Einheit der Kirche angesehen, wäre damit die gemeinsame Basis der reformatorischen Bekenntnisschriften verlassen. Die Apostolizität der Kirche steht dafür, daß ihr

74. Jedoch ist es nicht ausgeschlossen, dass – um des sichtbareren Ausdrucks der Gemeinschaft willen – eine GEKE-Kirche den historischen Episkopat als ein frei gewähltes Zeichen der Einheit annehmen könnte. Die Norwegische Kirche z. B. sah ihre Entscheidung, die Porvoo-Erklärung zu unterzeichnen, als mit CA VII vereinbar.[123] Auch die anderen lutherischen Kirchen, die sowohl die Leuenberger Konkordie als auch die Porvoo-Erklärung unterzeichneten, werden geltend machen, dass der historische Episkopat mit dem grundsätzlichen evangelischen Verständnisses des Dienstes kompatibel ist. Aber für sie waren dazu keine strukturellen Veränderungen nötig, nur Veränderungen im Verständnis der sichtbaren Zeichen dieser historischen Kontinuität in der Kirche. Die Kirchen der GEKE können mit den Anglikanern bestätigen, dass die historische bischöfliche Sukzession »ein Zeichen der Apostolizität der Kirche« ist, wie es in der Gemeinsamen Erklärung von Reuilly von 1999 zum Ausdruck gebracht wurde.[124] Das setzt jedoch voraus, dass der historische Episkopat mit der dreifachen Struktur des Dienstes keine hierarchische Abstufung der verschiedenen Ämter enthielte. Mit der Barmer Theologischen Erklärung weisen sie die Idee zurück, dass die verschiedenen Ämter in der Kirche eine

---

Zeugnis authentisch und fortdauernd wirksam ist. Nach reformatorischem Verständnis ist die Apostolizität jedoch nicht mit bestimmten Ausdrucksformen identisch, in denen sie geschichtlich Gestalt gewonnen hat, sondern sie ist von diesen gerade zu unterscheiden.«; 4.1.1.: »Auch ein ›versöhntes‹ oder besser gemeinsames Amtsverständnis wird jedoch nur strukturelle Ergänzung, nicht aber Grund der Einheit und Gemeinschaft der Kirchen sein können, wenn nicht die reformatorische Grundlage der LK preisgegeben werden soll.«

[123] Vgl. Olav Fykse Tveit, *Compatibility of Church Agreements* (http://www.kirken.no/english/engelsk.cfm?artid=5897), Abschnitt 2a.

[124] Nr. 38; vgl. Nr. 39: »Jedoch empfehlen die Anglikaner den Gebrauch dieses Zeichens: als Ausdruck des in seiner Kirche gegenwärtigen Gottes; als einen göttlichen Aufruf zur Treue und Einheit; und als Aufforderung, die Wesensmerkmale der Kirche der Apostel stärker zur Geltung zu bringen.«

Herrschaft der einen über die anderen begründen würden (Barmen IV, s. o. Nr. 50), und betonen, wie die verschiedenen Ämter und Dienste sich gegenseitig ergänzen. Er sollt auch nicht als der einzig akzeptable Weg angesehen werden, um die Einheit sichtbar zu machen.

Abkürzungen von grundlegenden Quellen

BEM   Taufe, Eucharistie und Amt. Konvergenztexte
       der Kommission für Glauben und Kirchenverfas-
       sung, (»Lima-Dokument«), 1982, in: *DwÜ* 1,
       545–585

CA   Confessio Augustana = Augsburgische Konfes-
       sion

Calvin, *Institutio*   Johannes Calvin, *Institutio Religionis Christianae*,
       1559, in: Ioannis Calvini Opera Selecta, ed.
       P. Barth, W. Niesel, vol. 3–5, München
       1926–1936

DwÜ 1–3   *Dokumente wachsender Übereinstimmung.* Sämt-
       liche Berichte und Konsenstexte interkonfessio-
       neller Gespräche auf Weltebene, Bd. I–III, hg. v.
       Harding Meyer u. a., Paderborn / Frankfurt am
       Main 1991–2004

KJC   *Die Kirche Jesu Christi. Der reformatorische Bei-
       trag zum ökumenischen Dialog über die kirchliche
       Einheit*, hg. v. M. Bünker, M. Friedrich Leuenber-
       ger Texte 1, Leipzig 4. Aufl. 2012

LK   Konkordie reformatorischer Kirchen in Europa
       (Leuenberger Konkordie), in: *DwÜ* 3, 724–731

Lund Statement   Lutherischer Weltbund – eine Kirchengemein-
       schaft: *Das bischöfliche Amt im Rahmen der Apos-
       tolizität der Kirche. Erklärung von Lund*, 2007
       (viersprachige Publikation, hg. v. LWB 2008)

Meißen   Auf dem Weg zu sichtbarer Einheit (»Meißener
       Gemeinsame Feststellung«), 1992, in: *DwÜ* 3,
       734–748

Neuendettelsau-Thesen	Thesen zur Übereinstimmung in der Frage ›Amt und Ordination‹ zwischen den an der Leuenberger Konkordie beteiligten Kirchen (Neuendettelsau-Thesen 1982/1986), in: *Sakramente, Amt, Ordination*, hg. v. W. Hüffmeier, Leuenberger Texte 2, Frankfurt am Main 1995, 87–93
Porvoo	Die Porvooer Gemeinsame Feststellung, 1992, in: *DwÜ* 3, 754-777
Reuilly	Berufen zu Zeugnis und Dienst. Gemeinsame Erklärung von Reuilly, in: *DwÜ* 3, 814–834
SEK, *Ordination*	Schweizerischer Evangelischer Kirchenbund: *Ordination in reformierter Perspektive* (SEK Position 10), 2007
Tampere-Thesen	Thesen zur Amtsdiskussion heute (Tampere-Thesen 1986), in: *Sakramente, Amt, Ordination*, Leuenberger Texte 2, Frankfurt am Main 1995, 103–112
Wesen und Auftrag der Kirche	ÖRK – Kommission für Glauben und Kirchenverfassung, *Wesen und Auftrag der Kirche. Ein Schritt auf dem Weg zu einer gemeinsamen Auffassung* (deutsche Übersetzung von *The Nature and Mission of the Church*, Faith and Order Paper No. 198, Genf 2005; http://www.oikoumene.org/fileadmin/files/wcc-main/documents/p2/FO2005_198_ge.pdf)

Beteiligte am Lehrgespräch

Startgruppe 2007/2008

Dr. Árpád Ferencz, Reformierte Kirche in Ungarn
Prof. Dr. Martin Friedrich, Gemeinschaft Evangelischer Kirchen in Europa (Sekretär)
Prof. Dr. Klaus Grünwaldt, Vereinigte Evangelisch-Lutherische Kirche Deutschlands
Prof. Dr. Ulrich Körtner, Evangelische Kirche A. u. H. B. in Österreich
Prof. Dr. Elisabeth Parmentier, Gemeinschaft der lutherischen und reformierten Kirchen Frankreichs
Superintendent Canon Harvey Richardson, Methodist Church in Britain (Vorsitzender)
Dr. Ingegerd Sjölin, Schwedische Kirche

Lehrgesprächsgruppe, 2009

Dr. L'ubomir Batka, Evangelisch-Lutherische Kirche A.B. in der Slowakei
Rev. Marcin Brzóska, Evangelisch-Augsburgische Kirche in Polen
Dr. Árpád Ferencz, Reformierte Kirche in Ungarn
Prof. Dr. Martin Friedrich, Gemeinschaft Evangelischer Kirchen in Europa (Sekretär)
Dr. Pawel Gajewski, Evangelische Waldenserkirche in Italien
Dr. Dr. Kathrin Gelder, Vereinigte Evangelisch-Lutherische Kirche Deutschlands
Dr. Margriet Gosker, Protestantische Kirche in den Niederlanden
Paul Henke, Gemeinschaft Evangelischer Kirchen in Europa
Dr. Martin Hirzel, Schweizerischer Evangelischer Kirchenbund
Prof. Dr. Klaus Grünwaldt, Vereinigte Evangelisch-Lutherische Kirche Deutschlands
Dr. Gesine von Klöden-Freudenberg, Union Evangelischer Kirchen
Prof. Dr. Ulrich Körtner, Evangelische Kirche A. u. H. B. in Österreich
Dr. John McPake, Kirche von Schottland
Prof. Dr. Michael Nausner, Evangelisch-Methodistische Kirche Zentralkonferenz Deutschland

Rev. Sven Oppegaard, Kirche von Norwegen

Prof. Dr. Elisabeth Parmentier, Gemeinschaft der lutherischen und reformierten Kirchen Frankreichs

Superintendent Canon Harvey Richardson, Methodist Church in Britain (Vorsitzender)

Dr. Jan Roskovec, Evangelische Kirche der Böhmischen Brüder

Prof. Dr. Udo Schnelle, Union Evangelischer Kirchen

Dr. Ingegerd Sjölin, Schwedische Kirche

Redaktionsgruppe 2009-2011

Prof. Dr. Martin Friedrich, Gemeinschaft Evangelischer Kirchen in Europa (Sekretär)

Dr. Margriet Gosker, Protestantische Kirche in den Niederlanden

Paul Henke, Gemeinschaft Evangelischer Kirchen in Europa

Dr. Martin Hirzel, Schweizerischer Evangelischer Kirchenbund

Prof. Dr. Ulrich Körtner, Evangelische Kirche A. u. H.B. in Österreich

Rev. Sven Oppegaard, Kirche von Norwegen

Superintendent Canon Harvey Richardson, Methodist Church in Britain (Vorsitzender)

Die Ausbildung für das ordinationsgebundene Amt in der Gemeinschaft Evangelischer Kirchen in Europa

Endgültige Fassung 2012

Beschluss der Vollversammlung der GEKE in Florenz, 20.–26. 9. 2012:

1. Die Vollversammlung dankt den Beteiligten an den Konsultationen 2008 und 2010 sowie der Redaktionsgruppe für die Erarbeitung des Dokuments »Die Ausbildung für das ordinationsgebundene Amt in der Gemeinschaft Evangelischer Kirchen in Europa«.
2. Die Vollversammlung begrüßt die breite Diskussion des Dokuments in den Mitgliedskirchen und dankt für die differenzierten Stellungnahmen, deren Auswertung Eingang in die Schlussfassung gefunden hat.
3. Die Vollversammlung betrachtet das Dokument als einen wegweisenden Beitrag zu einem gemeinsamen Verständnis von guter theologischer Ausbildung.
4. Die Vollversammlung empfiehlt den Mitgliedskirchen, das Dokument bei Reformen im Bereich der Ausbildung zu berücksichtigen.
5. Die Vollversammlung bittet den Rat, geeignete Voraussetzungen zur Realisierung der im Schlussabschnitt genannten Empfehlungen zu schaffen.

Inhalt

Einleitung

In der Leuenberger Konkordie von 1973, mit der vorreformatorische, lutherische, reformierte und unierte Kirchen Europas Kirchengemeinschaft erklärt haben, ist die gegenseitige Anerkennung der Ordination ausgesprochen.

Diese gegenseitige Anerkennung wird grundsätzlich von allen Kirchen der GEKE bejaht, hat aber nur eingeschränkte praktische Konsequenzen. Derzeit ist der Wechsel von Pfarrerinnen und Pfarrern[1] von einer Kirche der GEKE zu einer anderen nur unter großen Schwierigkeiten möglich. Die unterschiedlichen Bildungsgänge und -abschlüsse stehen der Übernahme von Ordinierten in den Pfarrdienst anderer Kirchen oft im Wege, auch wenn die Ordination an sich anerkannt ist.

Der hier vorgelegte Text ist aus einem mehrjährigen Konsultationsprozess der Mitgliedskirchen der GEKE erwachsen. Dabei hat sich gezeigt, dass die theologische Ausbildung für das ordinationsgebundene Amt in der Gemeinschaft Evangelischer Kirchen in Europa in ihrer Vielfalt große Gemeinsamkeiten aufweist. So war es möglich, die nachfolgenden Leitlinien zu entwickeln. Sie wollen ein gemeinsames Verständnis von guter Ausbildung skizzieren, das für die Mitgliedskirchen jeweils orientierend wirken kann, und sie dabei unterstützen, praktische Konsequenzen aus der Anerkennung der Ordination zu ziehen und damit die Verwirklichung der Kirchengemeinschaft zu vertiefen. Der Text schließt mit einigen Empfehlungen für die Zusammenarbeit bei der Aus- und Fortbildung von Pfarrerinnen und Pfarrern und für die Erleichterung des Wechsels innerhalb der Gemeinschaft Evangelischer Kirchen in Europa.

Die Überlegungen berücksichtigen besonders – wie von der Vollversammlung der GEKE 2006 gefordert – die Wandlungen

---

[1] Die Berufsbezeichnung Pfarrer und Pfarrerin ist in diesem Text gleichbedeutend mit der Berufsbezeichnung Pastor und Pastorin.

im Verständnis und Bild des ordinationsgebundenen Amtes in den Mitgliedskirchen, die missionarischen Herausforderungen in den pluralen Öffentlichkeiten und die Veränderungen in den Bildungslandschaften Europas.

1 Grundlagen

1.1 Das ordinationsgebundene Amt der öffentlichen Wortverkündigung und Sakramentsverwaltung (Pfarramt)

Die folgenden Darlegungen konzentrieren sich auf das ordinationsgebundene Amt der öffentlichen Wortverkündigung und Sakramentsverwaltung. Damit wird der Tatsache Rechnung getragen, dass es einerseits Kirchen in der GEKE gibt, die auch andere ordinationsgebundene Ämter, wie das Ältestenamt und das Diakonenamt, kennen. Andererseits gibt es Kirchen, die zwischen einer Ordination zum Amt der öffentlichen Wortverkündigung und Sakramentsverwaltung und einer zeitlich und/oder örtlich begrenzten (*pro loco et tempore*) Beauftragung zur Teilhabe – anderer kirchlicher Berufe und ehrenamtlicher Dienste – am Verkündigungsdienst unterscheiden.

Unbeschadet der Verschiedenheiten in der Ämterstruktur sowie im Verständnis und in der Praxis der Ordination kann jenes *Amt der öffentlichen Wortverkündigung und Sakramentsverwaltung* in den Blick genommen werden, das für den Dienst an Wort und Sakrament (*ministerium verbi*) eine *einmalige Ordinationshandlung* voraussetzt und ein *kirchliches Dienstverhältnis* (*munus ecclesiasticum*) bzw. einen *Dienstauftrag* (*installatio, introductio*) beinhaltet: das Pfarramt. Die Rechte und Pflichten aus der Ordination sind zu unterscheiden von den Rechten und Pflichten, die sich aus dem kirchlichen Dienstverhältnis und dem Dienstauftrag (*installatio*) ergeben. Das Pfarramt setzt beides voraus, die Ordination und die Installation. Der Dienst an Wort und Sakrament ist als kirchliches Amt (*munus ecclesiasticum*) geordnet.

1.2 Pfarramt und Gemeinde

Über die Aufgaben des *ministerium verbi* und seine Zuordnung zur Gemeinde haben die Kirchen der GEKE bereits eine grundsätzliche theologische Klärung vollzogen. »Der Dienst des Wortes ist […] stets auf das allgemeine Priestertum der Gemeinde angewiesen und soll ihm dienen, wie auch das allgemeine Priestertum der Gemeinde und aller Getauften auf den besonderen Dienst der Verkündigung des Wortes und der Austeilung der Sakramente angewiesen ist. Das ordinierte Amt ruht so nach reformatorischem Verständnis auf einem besonderen Auftrag Christi und steht zugleich in seinem Dienst mit der ganzen Gemeinde zusammen unter dem Wort Gottes.«[2]

Dieser Dienst bedarf geordneter Strukturen (einer »Ordnung der Ämter«[3]). Weil der Dienst des Wortes letztlich allen zukommt, kann nicht ein Einzelner sich selbst dazu berufen. Es können nur jene den Predigtdienst ausüben, die von der Gemeinschaft der Glaubenden dazu ausdrücklich berufen (*rite vocatus*) werden. Und wer dazu berufen ist, öffentlich zu lehren (*publice docere*), soll das Volk Gottes zu seinem Dienst befähigen. Das Amt dient der kontinuierlichen Ausübung des Predigtdienstes.

1.3 Die Aufgabe des Amtes und die Anforderungen an die Ausbildung

Die *venia docendi*, das Recht und die Pflicht, öffentlich zu lehren, zu predigen und die Sakramente zu verwalten, wird in der Ordination verliehen. Die Fähigkeit, den christlichen Glauben innerhalb und außerhalb der Kirche öffentlich zu vertreten, und

---

[2]   Thesen zur Amtsdiskussion heute (Tampere-Thesen 1986), in: Sakramente, Amt, Ordination, hg. v. Wilhelm Hüffmeier (Leuenberger Texte 2), Frankfurt a. M. 1995, 105 (These 2); aufgenommen in: Die Kirche Jesu Christi. hg. v. Wilhelm Hüffmeier (Leuenberger Texte 1), Frankfurt a. M. 1995, 32 f. (I.2.5.1.1).

[3]   Ebd., 31 (I.2.5.1).

die theologische Urteilsfähigkeit hinsichtlich der »Reinheit« der Lehre und der »Richtigkeit« der Sakramentsverwaltung (vgl. CA 7: »pure docetur et recte administrantur«; Confessio Helvetica Posterior XVII: »in vera concordique praedicatione evangelii Christi, et in ritibus a Domino diserte traditis«) sind Voraussetzung für die Ordination.

Erwartet wird für die Ausübung des Amtes also eine *Bindung an kirchlich-konfessionelle Lehrformen*, die in der Ordination durch eine – je nach Kirche unterschiedliche – Verpflichtung auf Schrift und Bekenntnis (bzw. allein die Schrift) deutlich gemacht wird. Die Ordinierten sollen in der Lage sein, ihr gegenwärtiges Denken und Reden auf Kohärenz mit der in den evangelischen Kirchen geltenden Lehre hin zu überprüfen. Und sie sollen nicht theologisch abschließend reden, sondern ihre theologischen Überlegungen sollen die Möglichkeit für die Gemeinde eröffnen, die vorgetragene Lehre gemeinsam zu erörtern.

Das setzt *theologische Kompetenz* voraus. Sie besteht in der Fähigkeit, theologische Kenntnisse, wissenschaftlich gebildete Urteilskraft, persönlich gewonnene Einsicht in die Wahrheit des Evangeliums und die erforderlichen praktischen Fertigkeiten aufeinander zu beziehen. Ein Studium wissenschaftlicher Theologie an Universitäten oder Hochschulen ist dafür eine entscheidende Voraussetzung. Führen andere Wege in das Pfarramt oder wird das ordinierte Amt der öffentlichen Wortverkündigung und Sakramentsverwaltung ehrenamtlich ausgeübt, so dürfen die Ansprüche an theologische Bildung nicht herabgesetzt werden. Die Fähigkeit, das Evangelium ansprechend und authentisch ins Gespräch zu bringen, wird heute in der Regel mit dem Begriff der *»persönlichen Eignung«* zum Ausdruck gebracht. Die Kirchen haben unterschiedliche Wege, diese Form der Eignung festzustellen.

Persönlich authentisch den Glauben der Kirche in pluralen Öffentlichkeiten mitteilen und darstellen, das ist unter heutigen Bedingungen in Europa eine große missionarische Herausforderung. »Evangelisieren« – so die biblische Aufgabenbeschreibung (vgl. Matthäus 28, 16–20) – bedeutet deshalb, »sich glaubwürdig auf die sozialen Räume einlassen, in denen christlicher Glaube plausibel werden soll«[4]. Wer Menschen vom Evangelium her Orientierung ermöglichen will, wer »öffentlich lehren« will, muss *Kenntnisse, Einsichten und Fertigkeiten hinsichtlich der Kommunikationsbedingungen* erwerben. Sonst besteht die Gefahr, sich in binnenkirchliche Zusammenhänge zurückzuziehen und den Öffentlichkeitsanspruch des Evangeliums preiszugeben.

Da die Strukturen der Öffentlichkeit im heutigen Europa keineswegs einheitlich sind, sind unterschiedliche Konzepte in der Ausbildung zum ordinationsgebundenen Amt sinnvoll. Gleichwohl gibt es auch gemeinsame Einsichten, was die Herausforderungen angeht: Aufmerksamkeit ist im Informationszeitalter und angesichts der Massenmedien eine knappe Ressource; die Botschaft ist immer medial vermittelt, muss also für das jeweilige Medium stimmig erschlossen werden; der Sinn einer Botschaft muss in den jeweiligen sozialen Interaktionsgemeinschaften kommunikabel sein. Wie auch immer die Herausforderungen beschrieben werden, es gehört zu den Anforderungen an das Pfarramt, sich in pluralen Öffentlichkeiten bewegen und die frohe Botschaft auch jenseits binnenkirchlicher Zusammenhänge ins Gespräch bringen zu können.

Das Recht und die Pflicht zur öffentlichen Lehre umfassen das ganze Leben der Ordinierten. Die Ordination ist eine auf Dauer angelegte Beauftragung, in der sich die Person vom Evangelium halten und in Anspruch nehmen lässt. Diesem Anspruch muss insbesondere die kirchliche Begleitung der Studierenden in der Ausbildung Rechnung tragen.

---

[4] Evangelisch evangelisieren – Perspektiven für Kirchen in Europa, hg. im Auftrag des Rates der GEKE v. Michael Bünker u. Martin Friedrich, Wien 2007, Nr. 2.14.

1.4 Fazit

Die Kirchen der GEKE gehen davon aus, dass das ordinationsgebundene Amt der öffentlichen Wortverkündigung und Sakramentsverwaltung und der Dienst des gesamten Volkes Gottes
aufeinander angewiesen sind. Das Pfarramt nimmt den allen
Getauften von Gott gegebenen Dienst der Verkündigung in der
Öffentlichkeit als kirchlich geordnetes Amt wahr.

Die *Ordination zielt auf einen das ganze Leben umfassenden
Dienst (»ministerial existence«)* am Wort. Dazu gehört die Fähigkeit, das Evangelium in pluralen Öffentlichkeiten als Wirklichkeit erschließende Kraft zu vertreten. Die persönliche Eignung
zu diesem Dienst wird ebenso erwartet wie Frömmigkeit als
Lebenshaltung, die das Evangelium für sich selbst gelten lässt.
Das erfordert einerseits eine theologische Bildung, die am bes-
ten an Universitäten und Hochschulen erworben werden kann,
wo es auch zu Begegnung mit anderen wissenschaftlichen
Disziplinen kommt. Andererseits ist es notwendig, die kirchlich-konfessionelle Bindung zu beachten. Sie beinhaltet eine
Vertrautheit mit den jeweiligen konfessionellen Frömmigkeits-
kulturen und die theologische Urteilsfähigkeit hinsichtlich der
konfessionellen Lehrformen.

Die folgenden Leitlinien versuchen auf dieser Grundlage
deutlich zu machen, woran sich gute Ausbildung zum ordinationsgebundenen Amt der öffentlichen Wortverkündigung und
Sakramentsverwaltung, woran sich auch gute Fortbildung erkennen lässt. Es geht dabei nicht um die Vereinheitlichung von
Aus- und Fortbildung der Kirchen der GEKE. Vielmehr soll den
Kirchen die Möglichkeit gegeben werden, auf dieser Grundlage
zur gegenseitigen Anerkennung der Ausbildung zu gelangen.

2 Leitlinien

2.1 Der Gang der Ausbildung bis zur Ordination

In den meisten Mitgliedskirchen der GEKE gilt ein fünf- bis sechsjähriges Theologiestudium an einer Universität bzw. an einer Hochschule als Voraussetzung für die Übernahme in den kirchlichen Dienst. Zum Studium tritt eine praktische Ausbildungsphase von einer Dauer bis zu drei Jahren in der Verantwortung der Kirche hinzu. Auch hierfür gelten die Maßstäbe akademischer Reflexion. In vielen Kirchen folgt die praktische Ausbildung im Anschluss an das mit dem Ersten Theologischen Examen abgeschlossene Theologiestudium. Manche Kirchen integrieren die praktische Ausbildung weitgehend in das Studium bzw. gestalten sie durch den Wechsel von akademischen Semestern und Praxiseinheiten oder in Verbindung mit den ersten Amtsjahren.

Der Ort des Theologiestudiums ist in der Regel die Theologische Fakultät an einer Universität oder Hochschule. Hier soll den künftigen Pfarrerinnen und Pfarrern im Kontext universitärer Bildung und Fächervielfalt die Chance eröffnet werden, unter den Bedingungen akademischer Freiheit in einen intensiven und weitgefächerten Bildungsprozess einzutreten. Evangelische Theologie ist eng mit der Geschichte der europäischen Universität verbunden und den akademischen Standards universitärer Forschung verpflichtet. Wenn die Kirchen eigene Universitäten, Hochschulen oder theologische Seminare unterhalten, sehen sie sich in der akademischen Tradition evangelischer Theologie und möchten an ihr gemessen werden.

Während des Studiums sollen die Studierenden das akademisch fundierte Berufswissen erlangen, ein wissenschaftlich geschultes Urteilsvermögen entwickeln und eine persönliche theologische Identität gewinnen. Die Begegnung mit der Praxis erfolgt primär auf der Theorieebene; die Studierenden lernen natürlich immer wieder konkrete Praxisfelder und Praxissituationen kennen, zum Beispiel in der Ethik oder im Fach Praktische Theologie, aber sie nähern sich ihnen vorrangig beobachtend und analysierend. Während des Studiums werden exemplarische Praxissituationen erprobt: zum Beispiel in den homiletischen und religionspädagogischen Seminaren oder in einem in der Mitte des Studiums angesiedelten Gemeindepraktikum. Das dient dann der erfahrungsorientierten Arbeit an Themen des Studiums, der theologisch reflektierten Selbsterfahrung und auch der Klärung und Vertiefung der Berufsmotivation.

Im *Verlauf ihres Studiums* sollen die Studierenden gründlich vertraut werden:

- mit den Grundlagen der christlichen Überlieferung, wie sie sich der bibelwissenschaftlich fundierten Zuwendung zu den Ursprungssituationen des Glaubens in der biblischen Überlieferung erschließen und die Sicht des christlichen Glaubens über das Verhältnis des Menschen zu Gott und den Ursprung, die Verfassung und die Bestimmung seiner Lebenswirklichkeit geprägt haben und prägen,
- mit der geschichtlichen Entwicklung und Entfaltung des – Christentums, seiner Lehrbildung und den institutionellen Ausprägungen des christlichen Lebens in Geschichte und Gegenwart,
- mit der Aufgabe, die christliche Überlieferung gegenüber den heutigen Herausforderungen zu bewähren. Vor allem geht es um die Sprach- und Reflexionsfähigkeit des christlichen Glaubens in der Situation des weltanschaulichen und religiösen Pluralismus, um das Nachdenken über die Gestaltung kirchlichen Lebens in hochgradig säkularen Kontexten, um die Verpflichtung zur ökumenischen Gemeinschaft und um die erforderliche ethische Qualifikation in den immer komplizierter werdenden Herausforderungen an eine verantwortliche Lebens- und Gesellschaftspraxis.

Das Studium generale und die Nutzung des Lehrangebots anderer universitärer Fachbereiche sollen diesen Bildungsprozess bereichern.

In der *kirchlichen Ausbildung* erfolgt die professionelle, wissenschaftlich reflektierte Einübung in die pastoralen Arbeitsfelder des Pfarramtes. Hier erfahren die künftigen Pfarrerinnen und Pfarrer die Anforderungen des Pfarrberufs. Gleichzeitig eignen sie sich die berufsspezifischen Kenntnisse, Einsichten und Fertigkeiten an, die zur Erfüllung dieser Anforderungen notwendig sind, und reflektieren diese wissenschaftlich-theologisch. Damit erreichen sie die fachlichen Voraussetzungen für die Ordination.

Grundlegende Orte der kirchlichen Ausbildung sind das Vikariat in der Gemeinde und das Predigerseminar oder eine ihm vergleichbare Ausbildungseinrichtung. Die Ausbildung in der Gemeinde wird von einem Mentor oder einer Mentorin (Lehrpfarrerin oder Lehrpfarrer) begleitet. Zu den Handlungsfeldern des pfarramtlichen Dienstes (Gottesdienst, Bildung, Seelsorge, Gemeindeentwicklung und -leitung usw.) werden Kurse angeboten, in denen die praktischen Erfahrungen auf der Ebene der theologischen Theoriebildung durchdacht und Gestaltungskonzepte für die Arbeit in Kirche und Gemeinde entwickelt und erörtert werden. Das Predigerseminar als Ort gemeinsamer Arbeit ermöglicht zudem zeitlich begrenzte, aber verbindliche Phasen einer *vita communis*. Diese bieten Gelegenheit zu wichtigen Erfahrungen mit gemeinsamem Gottesdienst, Schriftmeditation und Gebet.

Die Ausbildung von Pfarrerinnen und Pfarrern ist in den Gesamtzusammenhang der individuellen Bildungsgeschichte theologischer Kompetenz eingebettet und deshalb eine innere Einheit, ein zielstrebiger Prozess des – auch Krisen einschließenden – Wachsens und Reifens. Sie zielt auf die Begründung einer elementaren Gestalt theologischer Kompetenz durch den Gewinn der für sie wesentlichen Kenntnisse, Einsichten und Fertigkeiten. Pfarrerinnen und Pfarrer sollen in der Lage sein, ihre beruflichen Tätigkeiten auf dieser Basis zu entwerfen, zu reflektieren, zu beurteilen, zu korrigieren und sie immer wieder in eine erkennbare Beziehung zum Evangelium zu setzen. Ihre theologische Kompetenz ist als die tragende Basis der Felder pastoralen Handelns (insbesondere Gottesdienst, Bildung, Seelsorge und Gemeindeentwicklung und -leitung sowie ihre diakonischen, missionarischen und ökumenischen Dimensionen) zu sehen. Wer gegenüber den Fragen der heutigen Menschen an den christlichen Glauben auskunftsfähig sein möchte, muss theologisch zuverlässig orientiert sein. So ist theologische Kompetenz auch die unabdingbare Voraussetzung für den Dialog mit Andersdenkenden.

2.2 Die Inhalte des theologischen Studiums

2.2.1 Einheit und fachliche Differenziertheit der Theologie

Für das Studium der Evangelischen Theologie sind drei fundamentale Leitperspektiven maßgebend: *erstens* die Perspektive der bibelwissenschaftlich fundierten Zuwendung zu den Ursprungssituationen des Glaubens in der biblischen Überlieferung, *zweitens* die Perspektive der historisch-analytischen Zuwendung zur geschichtlichen Entwicklung des Christentums und zur Entfaltung der christlichen Theologie von den Anfängen bis zur Gegenwart und *drittens* die Perspektive der theologisch reflektierten Zuwendung zu den heutigen Lebens- und Ausdrucksformen des christlichen Glaubens.

Die Arbeit innerhalb dieser fachlogischen Grundstruktur von biblischen, historischen und gegenwartsreflexiven Perspektiven vollzieht sich im Zusammenwirken der klassischen theologischen Hauptfächer Altes Testament, Neues Testament, Kirchengeschichte, Systematische Theologie und Praktische Theologie. Ihr Zusammenwirken muss ausdrücklich hervorgehoben werden. Die Arbeit unter den benannten Leitperspektiven betrifft, wenn auch in unterschiedlicher Weise, *alle* theologischen Fächer. Kein Fach bzw. keine Fächergruppe kann das Monopol für eine Leitperspektive ausschließlich für sich beanspruchen.

Theologische Wissenschaft zielt auf den Zusammenhang der Leitperspektiven und soll für die Studierenden nicht nur in ihrer Fachdifferenzierung, sondern auch in ihrer thematischen Kohärenz erfahrbar werden. Das ist eine sehr anspruchsvolle Aufgabe. Gleichwohl gilt: Das Studium der Theologie soll theologische Bildungsprozesse in Gang setzen, bei denen es die Studierenden lernen, die ausdifferenzierten Arbeitsweisen und fachlichen Schwerpunktsetzungen des theologischen Fächerkanons immer wieder zu verknüpfen, statt sie als beziehungslose Erkenntnisfelder nebeneinander stehen zu lassen. Deshalb ist die Interdisziplinarität deutlich zu verstärken, wobei der Grundsatz gilt: Gelingende Interdisziplinarität setzt fundierte Disziplinarität voraus und ist stets an sie gebunden.

Der heutige Fächerkanon evangelischer Theologie ist historisch gewachsen und geht nicht auf einen enzyklopädischen Entwurf zurück. Er verdankt sich der geschichtlichen Selbsterfahrung der Theologie im Kontext der gesamtgesellschaftlichen Entwicklung von Wissenschaft und Bildung und einer darin begründeten Ausdifferenzierung der Beziehung auf ihren Gegenstand: den christlichen Glauben in seiner geschichtlichen Wirklichkeit und sozialen Verfasstheit als Kirche. Darin ist er in sich kohärent und stimmig. Eine künftige Weiterentwicklung und Neugestaltung dieses Fächerkanons ist grundsätzlich nicht ausgeschlossen.

2.2.2 Exegetische Theologie
(Altes Testament und Neues Testament)

Die exegetische Theologie mit ihren bibelwissenschaftlichen Disziplinen der alt- und neutestamentlichen Wissenschaften untersucht das Werden, die Inhalte, den Gebrauch und die Geschichte der biblischen Texte in ihren historischen Kontexten. Ihre Rekonstruktionen folgen der historisch-kritischen Methodik des Textverstehens unter Einbeziehung weiterer Methodologien (zum Beispiel aus Hermeneutik, Literaturwissenschaft, Religionsgeschichte, Archäologie, Sozialgeschichte). So vergegenwärtigt sie kritisch die Norm der Schrift, an der sich die kirchliche Praxis selbstkritisch orientiert. Der Selbständigkeit und Funktion der Exegese im Fächerkanon evangelischer Theologie liegt eine Entscheidung der Reformation zugrunde: die Anerkennung des biblischen Offenbarungszeugnisses zur »einzigen Regel und Richtschnur« aller Lehre der Kirche.

Die Studierenden müssen in der Lage sein, die biblischen Texte in ihrer ursprünglichen Sprachgestalt (Hebräisch, Griechisch) zu lesen und zu interpretieren.

2.2.3 Kirchengeschichte

Die geschichtliche Entwicklung und Entfaltung des Christentums von den Anfängen bis zur Gegenwart ist Gegenstand der Kirchengeschichte. Sie erforscht die Formen und Folgen christlichen Lebens und christlicher Theologie, deren gesellschaftliche und kulturelle Voraussetzungen und Wirkungen, die Vollzüge und Institutionen des Erinnerns und Bezeugens des Evangeliums, die geschichtlich gewachsenen Phänomene christlicher Frömmigkeit und die Entstehung von Glaubensüberzeugungen. Sie fragt nach den treibenden Kräften für die Gestalt der Kirche in der Entwicklung der Frömmigkeit, der kirchlichen Lehrentscheidungen, der Theologie und des kirchlichen Rechts sowie nach den Bedingungen und Mechanismen der Konsensbildung, der Vorbereitung und des Fällens von Entscheidungen. Großes Gewicht hat die Frage nach Stellung und Funktion der Kirchen im Kontext der Gesellschaft und ihrer Teilsysteme (z. B. Politik, Wirtschaft, Wissenschaft und Bildung) sowie nach den epochenspezifischen Gestalten dieses Funktionszusammenhangs und seines Wandels (Sozialgeschichte des Christentums).

Da die Quellen der Geschichte der westlichen Kirche bis in die Neuzeit ganz oder überwiegend in lateinischer Sprache verfasst sind, setzt ein fundiertes Studium der Kirchengeschichte (und der Systematischen Theologie) neben der Kenntnis der griechischen auch diejenige der lateinischen Sprache voraus.

2.2.4 Systematische Theologie

Im Zentrum der Systematischen Theologie steht der Wahrheitsanspruch des Evangeliums und die Frage, wie das Evangelium zu verstehen ist, was es in den verschiedenen Kontexten über Gott, die Menschen und ihre Welt besagt und wie Menschen ihr Leben dementsprechend orientieren und gestalten können. Diese Aufgabe wird in den drei Themenbereichen Prinzipienlehre (Fundamentaltheologie unter Einschluss der Religionsphilosophie), Dogmatik und Ethik wahrgenommen. Dabei ist auf ihre Zusammenhänge zu achten. Das Studium der Dogmatik soll die Einsicht in die Wahrheit des Evangeliums fördern und die Studierenden dazu befähigen, diese Einsicht selbständig zu artikulieren. Die Prinzipienlehre entwickelt die Begründungen für die Gewinnung, Artikulation und Bewährung theologischer Erkenntnis. Die Ethik reflektiert die praxisorientierende Bedeutung und Kraft der in der Dogmatik entfalteten christlichen Sicht von Mensch und Welt.

2.2.5 Praktische Theologie

Thema der Praktischen Theologie sind die Symbolisierung und die Kommunikation des Evangeliums in der christlichen Kirche und in den Lebenszusammenhängen der Menschen. Es wird wahrgenommen und geklärt, wie sich die Kommunikation des Evangeliums ereignet und sich intensivieren lässt und wie sie, der darauf bezogene Glaube und dessen jeweilige Lebensformen aus dem einen kulturellen Horizont in einen anderen transformiert werden können, ohne dass im neuen Kontext die Pointen des Evangeliums verdunkelt werden oder verloren gehen. Die Studierenden sollen eine umfassende Kenntnis der Praxissituation des ordinationsgebundenen Amtes gewinnen und mit den theoretischen Grundlagen von Gottesdienst, Bildung, Seelsorge und Gemeindeentwicklung und -leitung unter verschiedenen historischen, speziell aber gegenwärtigen Bedingungen vertraut werden.

Praktika in Gemeinde, Schule, Arbeitswelt, Diakonie u. ä. sollen die Studierenden im Blick auf alle Fächer des Studiums dabei unterstützen, eine klare Vorstellung von der Bedeutung der im Studium zu gewinnenden theoretischen Kenntnisse und Einsichten für die bevorstehende Praxis zu entwickeln.

2.2.6 Weitere Fächer

Neben den theologischen Hauptfächern gibt es in vielen theologischen Fakultäten und Hochschulen weitere Fächer, die jenen zum Teil zugeordnet sind bzw. sich aus ihnen entwickelt haben: so zum Beispiel die Religionsgeschichte, die Biblische Archäologie, die Judaistik, die Zeitgeschichte, die Christliche Archäologie und kirchliche Kunst, die Konfessionskunde, die Ökumenik, die Missionswissenschaft, die theologische Genderforschung, die Kirchen- und Religionssoziologie, die Pastoralpsychologie, die

Diakoniewissenschaft, die Kirchliche Publizistik, die Kirchenmusik und das Kirchenrecht. Diese Vielfalt ist ein großer Reichtum. Sie kann freilich nur genutzt werden, wenn die Studierenden hier individuelle Schwerpunkte setzen können und den Blick auf das Ganze behalten.

Die Theologie bewegt sich immer im multikonfessionellen Horizont der verschiedenen christlichen Theologien und Kirchen und darüber hinaus in der Begegnung mit dem Judentum. Die Reflexion dieses Horizonts und der sich daraus ergebenden Aufgaben – insbesondere der wissenschaftlichen Förderung der Ökumene und des ökumenischen Dialogs – ist allen theologischen Disziplinen und Forschungsfeldern aufgegeben.

Die heutige religiöse Pluralität verlangt von der Theologie eine besondere Kompetenz bei interkulturellen Fragestellungen und bei der Begegnung des Christentums mit nicht-christlichen Religionen, Weltanschauungen und Traditionen. So hat das religionswissenschaftliche Studium deutlich an Gewicht gewonnen. Es ist wichtig, dass dieses seinen Ort an der Theologischen Fakultät hat. Die religionswissenschaftliche Arbeit in theologischer Verantwortung kann trotz aller Kooperationsmöglichkeiten nicht einfach durch die Studienangebote der Religionswissenschaften ersetzt werden, wie sie im Bereich der Kulturwissenschaften betrieben werden. Die Studierenden sollen mit den zentralen Theorieproblemen der Religionswissenschaft und Interkulturellen Theologie vertraut werden und Grundkenntnisse über nicht-christliche Religionen wie z. B. Islam, Hinduismus, Buddhismus und chinesische Religionen sowie über Neue Religiöse Bewegungen und Esoterik gewinnen.

2.2.7 Reflektierte Zusammenschau

Das Bewusstsein für die fachlogische Verankerung aller Disziplinen und Teildisziplinen in den drei Leitperspektiven (vgl. oben 2.2.1) kann die Theologie auf neue Weise als interdisziplinären Dialog erkennbar und als Ausdruck einer *gemeinsamen* Aufgabe und Verantwortung verstehbar werden lassen. So erbringt sie ihren spezifischen Beitrag für die Pfarramtsausbildung.

2.3 Verantwortung von Kirchen und theologischer Wissenschaft für die Ausbildung zum ordinationsgebundenen Amt

2.3.1 Ausbildung an der Universität

Die Ausbildung zum ordinationsgebundenen Amt der öffentlichen Wortverkündigung und Sakramentsverwaltung ist in den Kirchen der Reformation in der Regel in den universitären Bildungsinstitutionen angesiedelt. Dies verdankt sich der Einsicht, dass die Ausbildung Wissen und Kenntnisse der akademischen Wissenschaften, insbesondere der theologischen Fachgebiete, sowie die Beherrschung wissenschaftlicher theologischer Methoden vermitteln soll. Die Ausbildung sucht die Begegnung und den Diskurs mit anderen Wissenschaften auf akademischem Boden und ist in ihrem Lehren und Lernen geprägt durch akademische Freiheit und akademisches Leben. Die Studienangebote anderer universitärer Fächer (z. B. Philosophie, Kirchenrecht, Religionswissenschaft, Psychologie, Pädagogik, Soziologie) treten ergänzend zur theologischen Ausbildung hinzu.

Auch die Universität braucht die Theologie. Ohne sie ist die »universitas litterarum« nicht vollständig. Die Theologie reflektiert den Gottesbezug von Mensch, Gesellschaft und Welt und die damit gegebenen Voraussetzungen und Grenzen wissenschaftlicher Erkenntnis. Sie leistet einen grundlegenden Beitrag zur öffentlichen selbstkritischen Reflexion von Religion und zur Interpretation religiöser Phänomene und Lebenswelten.

2.3.2 Die Konfessionalität theologischer Ausbildung

Seit den Tagen der Reformation erfolgt die Ausbildung zum Pfarramt in einem Zusammenwirken von Hochschulstudium und kirchlicher Berufung bzw. Begleitung. Öffentliche Wortverkündigung ist nicht nur Anwendung eines erworbenen Wissens, sondern erfordert eigenständige Urteilsbildung und eigenständiges Bekenntnis der Ordinierten. Als solche sollen sie theologische Entscheidungen in einem bestmöglichen Bildungshorizont verantworten können.

Wir finden in Europa ein breites Spektrum an Möglichkeiten des Zusammenwirkens von Kirche und Universität bei der Gestaltung der theologischen Ausbildung. Einige theologische Fakultäten forcieren ein offenes und von den jeweiligen Kirchen unabhängiges Studium. Für andere ist die Bekenntnisgebundenheit des Studiums wesentlich. Die jeweilige Auffassung wirkt sich sowohl auf die Inhalte der theologischen Fächer als auch auf deren methodische Bearbeitung aus.

Konfessionelle Bestimmtheit und wissenschaftliche Ausrichtung der theologischen Ausbildung begründen eine gemeinsame Verantwortung von theologischer Wissenschaft und Kirche. Ausbildungsstätten des theologischen Studiums agieren faktisch in einer zweifachen Loyalität. Das damit gegebene komplexe Beziehungsgefüge wird in den einzelnen Ländern Europas aufgrund unterschiedlicher historischer Entwicklungen rechtlich verschieden ausgestaltet. Eine einseitige Zuordnung, welche die theologische Ausbildung allein als Ausführung eines kirchlichen Auftrags oder allein als Erfüllung akademischer Vorgaben ansieht, wird dieser Komplexität nicht gerecht.

2.3.3 Konkretionen für die theologische Ausbildung

Akademische theologische Wissenschaft ist mehr als eine wissenschaftliche Berufsvorbildung für das Pfarramt und für weitere Berufsfelder in und außerhalb der Kirche. Dennoch bestimmen die Notwendigkeiten des zukünftigen Berufs das Studium mit. Die Kirchen erwarten von der theologischen Wissenschaft, dass diese ihre künftigen Pfarrerinnen und Pfarrer zu jener theologischen Kompetenz führt, die nötig ist, um in der heutigen europäischen Gesellschaft sowohl über den christlichen Glauben auskunftsfähig zu sein als auch in missionarischer Hinsicht für den Glauben in protestantischer Prägung einstehen zu können. In Zukunft soll in der Ausbildung von Pfarrerinnen und Pfarrern verstärkt auf die Aneignung jener Fertigkeiten und Fähigkeiten Wert gelegt werden, die nötig sind, um in einer multikulturellen und multireligiösen Landschaft über den christlichen Glauben verständlich Auskunft zu geben und die religiösen Biographien anderer würdigen zu können. Zugleich sehen sich die Kirchen in der Verantwortung, den Erwerb dieser Fähigkeiten zu unterstützen und zu begleiten.

Manche Kirchen fördern während des Studiums durch einschlägige, begleitende Praktika in diversen Handlungsfeldern wie Gemeinde, Diakonie, Industrie, Jugendarbeit u. a. die praxisbezogene Konkretisierung der erworbenen theologischen Kompetenz. Teilweise sind diese Praktika bereits zu einem in das Studium integrierten Vikariat ausgebaut.

Das akademische Studium soll eine Art des Lehrens und Lernens bieten, welches sich durch den hohen Anteil selbstbestimmter und selbstverantworteter Bildungsprozesse von schulischen Vermittlungsformen unterscheidet. Offenheit, Kritik, Muße, Dialogbereitschaft, Interessenorientierung und ästhetische Bildung sind Kennzeichen akademischer Lebensform. Pfarrerinnen und Pfarrer sollen dies als Teil ihrer Bildungssozialisation erlebt haben und erleben.

Theologische Kompetenz muss individuell verantwortet werden. Vermittlungsformen, die dem selbständigen und biographisch orientierten Lernen und Nachdenken Raum lassen, kommen dem entgegen. Wichtig sind dabei persönliche Begegnungen und der Austausch untereinander und mit den Lehrenden. Die Aneignung, Übung und Entwicklung spezifischer kommunikativer und sozialer Fähigkeiten, wie z. B. Selbst- und Fremdwahrnehmung sowie Konfliktfähigkeit und -bearbeitung, verdienen besondere Aufmerksamkeit. Das wird von vielen Kirchen durch geeignete Maßnahmen unterstützt. Dazu gehören punktuelle Angebote, aber auch Möglichkeiten »Gemeinsamen Lebens« in studentischen Wohnheimen. Die Kirchen schätzen und fördern die studentische Selbstorganisation und anerkennen unabhängige Interessenvertretungen der Studierenden.

2.4 Gelebter Glaube

2.4.1 Theologiestudierende auf dem Wege zum Pfarrberuf – Hintergrundwandel

Die Gründe, warum junge Leute heutzutage das Theologiestudium wählen, sind äußerst unterschiedlich. Einerseits gibt es Studierende, die bereits vor Beginn des Studiums über einen lebendigen Gemeindekontakt verfügen und am kirchlichen Leben regelmäßig teilnehmen. Andererseits nehmen Studierende mit wesentlich geringerer kirchlicher Erfahrung, ja sogar ohne religiöse Sozialisation, ihr Theologiestudium auf.

Auf diesem Hintergrund sind Form und Praxis des geistlichen Lebens, denen die Studierenden während des Studiums begegnen, von größerer Bedeutung als früher. Es hat sich bewährt, dass die Kirchen schon während der Studienzeit den Kontakt zu den werdenden Pfarrerinnen und Pfarrern pflegen.

2.4.2 Gelebter Glaube und Pfarrberuf

Pfarrerinnen und Pfarrer – wie Christenmenschen überhaupt – sollen eine angemessene christliche Lebensform pflegen und entsprechend handeln. Eine erkennbare christliche Lebensführung entspricht dem Auftrag Jesu, Menschen für den Glauben zu gewinnen. Pfarrerinnen und Pfarrer stehen hier vor besonderen Erwartungen. Die Wahrnehmung ihrer beruflichen Aufgaben setzt aber auch voraus, dass sie zu ihrer eigenen religiösen Sozialisation in eine reflexive Distanz treten und andere christliche Lebensformen wertschätzen. Die Begegnung mit verschiedenen religiös-kirchlichen Milieus auch schon während des Studiums kann hier wichtige Impulse liefern.

2.4.3 Grundformen geistlichen Lebens

Evangelisches Christsein zeichnet sich durch die Freiheit aus, den jeweils eigenen Weg zu finden, zu einer geistlichen Persönlichkeit heranzureifen. Deshalb soll die Fähigkeit zu einer persönlichen geistlichen Lebensführung gefördert werden. Eine besondere Aufmerksamkeit verdient die Pflege der Grundformen geistlichen Lebens:

- persönliches Gebet
- Umgang mit Bibel und Gesangbuch
- Teilnahme am Gottesdienst
- Kommunikation über geistliche Fragen in der Gemeinschaft.

Die Ausbildung soll Begegnungen mit verschiedenen Frömmigkeitsrichtungen einschließen. Neben der eigenen Frömmigkeit sind Toleranz und Respekt anderen Glaubenshaltungen gegenüber unentbehrlich.

Studierende des Pfarramts brauchen Formen und Orte geistlicher Gemeinschaft. Das können z. B. Wohnheime sein oder diakonische Projekte, in denen sie eine dem evangelischen Geist entsprechende Gemeinschaft bilden, die als eine Art geistliche Werkstatt für die spätere geschwisterliche Gemeinschaft dienen kann.

Auch an den Fakultäten ergeben sich hier Aufgaben: Liturgische Angebote wie Andachten und akademische Gottesdienste sind geeignet, die kirchliche und geistliche Dimension der theologischen Ausbildung erkennbar zu machen.

2.4.4 Wege zur Klärung der *vocatio interna*

Es gibt Kirchen, die bereits zu Beginn des Studiums nach Motivation, innerer Berufung und persönlichem Engagement fragen. Bei anderen wird diese Frage auf einen späteren Zeitpunkt verschoben. Trotz dieser Unterschiede bilden die Jahre der theologischen Ausbildung eine relativ lange Zeitspanne, in der sich das Berufsbewusstsein und die *vocatio interna* der künftigen Pfarrerinnen und Pfarrer klären, formen und vertiefen kann.

Dieser Weg verläuft nicht ohne kleinere oder größere Krisen. Die Verantwortung der Kirchen ist dabei besonders groß: Die künftigen Pfarrerinnen und Pfarrer sollen in ihren Berufungskrisen so unterstützt werden, dass dadurch ihr eigener Glaube und die Freude am Pfarrberuf gestärkt wird. Wichtig sind Angebote geistlicher Begleitung und Seelsorge (individuelle Gespräche, Gemeinschaftswochenenden, geistliche Übungen, Hochschulgemeinden u. ä) – auch über die Zeit der Ausbildung hinaus.

2.5 Fortbildung

2.5.1 Grundlagen

Die ordinierenden Kirchen gehen davon aus, dass die Ordierten fähig und in der Lage sind, ihre theologische Kompetenz und ihre persönlichen Fähigkeiten im Kontext der eigenen Praxiserfahrungen weiterzuentwickeln, um die mit dem jeweiligen Dienst verbundene Verantwortung selbständig wahrnehmen zu können. Das schließt die Bereitschaft und die Fähigkeit ein, die eigenen Erfahrungen selbstkritisch zu verarbeiten, dabei eigene Stärken und Begabungen zu erkennen, aber auch Schwächen und Gefährdungen wahrzunehmen und zu bearbeiten. Die Ordination verpflichtet insofern die Ordinierten, im Rahmen des Selbststudiums, in Verbindung mit kollegialer und gegebenenfalls auch professioneller Beratung und unter Inanspruchnahme der besonderen Fortbildungsangebote der Kirchen die erworbene theologische Kompetenz und die persönlichen Fähigkeiten zu erhalten und zu entwickeln.

Umgekehrt schließt die Ordination auf Seiten der Kirchen nicht nur die Bestätigung und Anerkennung ein, dass die Ordinierten über die erforderlichen Voraussetzungen für die Übertragung eines kirchlichen Amtes verfügen. Sie verpflichtet zugleich die Kirchen, die Ordinierten durch geeignete Beratungs- und Fortbildungsangebote dabei zu unterstützen, ihre theologische Kompetenz und ihre persönlichen Fähigkeiten zu erneuern und weiter auszuarbeiten.

Sich fortzubilden ist ein integraler Bestandteil des Berufslebens der Ordinierten und gehört daher zu ihren Dienstpflichten. Die Kirche hat sie dabei zu unterstützen.

2.5.2 Ziele der Fortbildung

Aufgabe der theologischen Ausbildung ist es, die für die Ausübung des ordinierten Amts erforderlichen Kenntnisse, Einsichten und Fähigkeiten als Elemente der zu erwerbenden theologischen Kompetenz zu entwickeln. Die Fortbildung setzt diesen Vermittlungs- und Aneignungsprozess nicht einfach fort. Sie trägt vielmehr dazu bei, dass die Ordinierten die von ihnen bereits erworbenen Fähigkeiten selbst als die wesentliche Voraussetzung dafür verstehen lernen, die übertragene Aufgabe in den sich ständig wandelnden und differenzierter werdenden Situationen der europäischen Gesellschaften wahrnehmen zu können. Die Fortbildungsangebote sollen die Pfarrerinnen und Pfarrer dazu ermutigen, den ihnen aufgetragenen Dienst in genauer Besinnung auf die zentralen Bausteine theologischer Kompetenz – theologische Kenntnisse, persönlich gewonnene Einsicht in die Wahrheit des Evangeliums und die erworbenen methodischen Fähigkeiten – zu versehen: Sie sollen berufliches Können, wache Zeitgenossenschaft und ökumenische Aufgeschlossenheit verbinden und die vielfältigen und sich wandelnden Begegnungssituationen als Situationen der Kommunikation des Evangeliums verstehen lernen. Fortbildung kann die Ordinierten darin unterstützen, die der theologischen Kompetenz eigentümliche Kraft zur Erschließung diffuser, unübersichtlicher, sich wandelnder Praxissituationen für die Weitergabe des Glaubens zu erkennen und zu nutzen.

Diese Zielbestimmung der Fortbildung für Ordinierte schließt drei sich ergänzende Zielaspekte ein: die Vergewisserung und Rückbesinnung auf den Zusammenhang von theologischer Kompetenz, Frömmigkeit und persönlicher Identität der Ordinierten, die Entwicklung von Spezialisierungen und die Entwicklung von persönlichen Stärken.

2.5.2.1 Entwicklung von Stärken und Intensivierung der Praxisreflexion

Die Kirchen in Europa stehen vor Herausforderungen, die vor allem auch Herausforderungen für die in ihr tätigen Ordinierten sind: Neue missionarische Herausforderungen wie die notwendige milieusensible Ausrichtung kirchlicher Arbeit sowie höhere Qualitätsansprüche an die Tätigkeiten der Ordinierten machen neue Handlungskonzepte, neue Arbeitsweisen und Strukturen notwendig. Die Fortbildung unterstützt in diesem Zusammenhang die Einzelnen dabei, die der jeweiligen Aufgabe korrespondierende eigene Stärke zu entwickeln und in die gemeinsam verantwortete Arbeit einzubringen.

Bewährte und aktuelle Methoden zur gezielten Entwicklung von Stärken, zur Intensivierung der Praxisreflexion und zur Weiterentwicklung der Kooperation sind unter anderem: geschwisterliche Stärkung und Beratung, Visitationen, moderne Formen der Personalführung (z. b. Mitarbeitendengespräche und Zielvereinbarungen) und der professionellen Beratung (z. B. Coaching und Supervision).

2.5.2.2 Entwicklung von Spezialisierungen

Um neue Herausforderungen annehmen und die damit verbundenen Aufgaben wahrnehmen zu können, ist es darüber hinaus Aufgabe der Fortbildung, Angebote zum Erwerb von Kenntnissen und Fertigkeiten für spezielle Tätigkeiten zu entwickeln. Dazu gehören

- Fortbildungen, die für die Übernahme von Sonderdiensten erforderlich sind (z. B. Krankenhausseelsorge, Gefängnisseelsorge, Schuldienst, Tätigkeiten in diakonischen Unternehmen),
- Angebote, die für den Dienst in Gemeinden mit besonderen Herausforderungen vorbereiten (z. B. Jugendkirchen, City-Kirchen),
- Angebote für die Vorbereitung auf besondere Leitungsaufgaben und Fortbildungen für Führungskräfte,
- Fortbildungen gemeinsam mit anderen Mitarbeitenden, etwa zur Planung oder Auswertung gemeinsam durchgeführter Projekte.

2.5.2.3 Rückbesinnung und Vergewisserung

Über die Entwicklung der eigenen Stärken und den Erwerb besonderer Kenntnisse und Fertigkeiten hinaus bleibt die Rückbesinnung und Vergewisserung des Zusammenhangs von theologischer Kompetenz und persönlicher Frömmigkeit ein für den einzelnen Ordinierten bestimmendes Merkmal seiner Identität. Denn nicht eine Summierung von Einzelkompetenzen macht Ordinierte bereits fähig, den kirchlichen Auftrag unter den Bedingungen der Gegenwart wahrzunehmen. So nötig die Entwicklung einzelner Fähigkeiten auch ist, sie entfalten sich im ordinierten Dienst nur dann, wenn sie vermittelt sind mit einer Lebenshaltung, welche die theologische Kompetenz mit der individuellen Lebensführung zu einer spezifischen Form von Identität zu verbinden versteht. In der Fortbildung geht es daher auch um die Unterstützung der Ordinierten bei der Herausbildung jener Form der persönlichen Identität, ohne die sich eine umfassende theologische Kompetenz als Befähigung zu überzeugender Berufsausübung nicht entwickeln kann.

Fortbildungsmaßnahmen dienen in diesem Zusammenhang einerseits dem Erwerb neuer und der Vertiefung alter Kenntnisse sowie der Überprüfung, Weiterentwicklung und Festigung grundlegender Einsichten in die Wahrheit der kirchlichen Verkündigung angesichts gegenwärtiger Herausforderungen durch die Entwicklungen in den Wissenschaften, die Wandlungen in den europäischen Gesellschaften und die Entwicklungen im Bereich der Religionen und Weltanschauungen in Europa.

Andererseits ermöglichen sie mit ihren Angeboten von Zeiten der Stille, von Kontemplation und geistlichen Exerzitien sowie von Kollegs zur persönlichen Bilanzierung des bisherigen Lebens die Klärung der erreichten beruflichen und persönlichen Situation und die Vergewisserung über den Auftrag.

2.5.3 Zur Verbindlichkeit und Profilierung der Fortbildung

Ihre Verantwortung für die Fortbildung der Ordinierten nehmen die Kirchen in der Weise wahr, dass sie nicht nur durch Bereitstellung finanzieller Mittel und die Gewährung von Dienstbefreiung die Teilnahme an Fortbildungsveranstaltungen ermöglichen, sondern auch durch rechtliche Bestimmungen die Verbindlichkeit beruflicher Fortbildung gewährleisten.

Kirchenleitende Organe verbessern die Fortbildungsbereitschaft, wenn sie die Notwendigkeit der Teilnahme an Fortbildungsveranstaltungen entsprechend kommunizieren und angemessene personelle und finanzielle Mittel für die Fort- und Weiterbildung zur Verfügung stellen.

Um dem Bedarf an pastoraler Fortbildung und den hohen Erwartungen an ihre Qualität gerecht zu werden, sind Kooperationsmodelle zwischen den verschiedenen Einrichtungen für die Fortbildung der Ordinierten zu entwickeln und zu fördern. Dies wird innerhalb der Kirchen weitgehend schon erfolgreich praktiziert, könnte zukünftig aber auch stärker zwischen den einzelnen Kirchen und ihren Instituten geschehen. Die theologischen Fakultäten sollten in diese Aufgabe eingebunden werden. Im Blick auf hoch spezialisierten Fortbildungsbedarf – zum Beispiel von Führungskräften in Kirche und Diakonie – könnte die Entwicklung von Angebotsformen angestrebt werden, an der sich mehrere Kirchen in einer europäischen Region beteiligen. Im Zusammenspiel der verschiedenen Einrichtungen und Kirchen ließe sich so eine differenzierte und profilierte Fortbildungslandschaft innerhalb der GEKE entwickeln.

2.6 Weitere Zugänge zum *ministerium verbi divini*

2.6.1 Einleitung

Für die Kirchen der Reformation ist das Berufsbild des akademisch ausgebildeten und hauptberuflich tätigen Pfarrers bzw. der Pfarrerin charakteristisch. Daneben hat es in evangelischen Kirchen immer, insbesondere in Verfolgungszeiten und Minderheitssituationen, alternative Modelle gegeben, den Dienst der Wortverkündigung und Sakramentsverwaltung sicherzustellen. Diese alternativen Modelle haben im letzten Jahrhundert in vielen Kirchen erheblich an Bedeutung gewonnen. Grundsätzlich zu unterscheiden sind:

- der alternative Zugang zu einem hauptberuflich ausgeübten Pfarramt;
- die Beauftragung zum ehrenamtlich wahrgenommenen Dienst der Wortverkündigung;
- die Beauftragung von kirchlichen Mitarbeitenden mit anderem Berufsschwerpunkt (Katecheten/-innen, Diakone/-innen usw.) zum Dienst an Wort und Sakrament.

Für all diese Fälle sind von vielen Kirchen rechtliche Regelungen über Voraussetzungen, Ausbildung, Zugang und Ausübung des Dienstes erlassen worden, die jedoch im Einzelnen teils erheblich voneinander abweichen. Nicht von allen Kirchen werden diese Dienste zum ordinationsgebundenen Amt gerechnet; oft wird zwischen der Ordination für Theologinnen und Theologen mit voller akademischer Ausbildung und der Beauftragung zum ehrenamtlichen Predigtdienst unterschieden. Da es in allen Fällen aber um die Ausübung des *ministerium verbi divini* geht, muss auch die Frage der sachgerechten Ausbildung bei allen alternativen Zugängen sorgfältig betrachtet werden.

2.6.2 Alternative Zugänge zum Pfarramt

In vielen Kirchen wurde im 20. Jahrhundert ermöglicht, dass Personen mit anderweitiger abgeschlossener Berufsausbildung (und teilweise ohne Hochschulreife) einen eigenen Zugang zum Pfarrberuf erhalten. Dazu wurden Ausbildungseinrichtungen bzw. Ausbildungsgänge geschaffen, in denen die Kandidatinnen und Kandidaten einen kompakten, aber doch mehrere Jahre dauernden und in seinen Inhalten einem Theologiestudium nahekommenden Kurs durchlaufen. Die Ausbildung ist meist berufsbegleitend, gelegentlich aber auch eine Vollzeitausbildung in seminaristischer Form.

Bei den Anforderungen an die Ausbildung ist zu beachten, dass die »Pfarrverwalterinnen« und »Pfarrverwalter«[5] (unabhängig von ihrer rechtlichen Stellung und Besoldung) üblicherweise den gesamten Aufgabenbereich von Pfarrerinnen und Pfarrern zu betreuen haben (und auch in der öffentlichen Wahrnehmung mit ihnen gleichgesetzt werden). Darum ist eine Gleichwertigkeit der theologischen Befähigung unabdingbar. Es ist zwar richtig, dass die Berufs- und Lebenserfahrung der meist erst im mittleren Lebensalter mit der Ausbildung beginnen-

---

[5] Die Bezeichnungen und die rechtliche Stellung der auf diesem Wege ins Pfarramt gelangten Personen sind nicht einheitlich. In vielen deutschen Kirchen ist die Terminologie Pfarrverwalter/-in eingebürgert.

den Kandidatinnen und Kandidaten nicht nur für die spätere pfarramtliche Tätigkeit, sondern auch schon für ihr Lernverhalten eine Bereicherung darstellt. Am akademischen Niveau der Ausbildung sollten dennoch keine Abstriche gemacht werden.

Dies gilt auch dann, wenn die Anwärterinnen und Anwärter nicht aus einem »weltlichen« Beruf kommen, sondern aus einem kirchlichen Beruf, für den sie schon eine religions- oder gemeindepädagogische Ausbildung durchlaufen haben. Eine nur einjährige fachtheologische Ausbildung kann kaum ausreichend sein, eine Verlängerung wäre in diesen Fällen anzuraten.

2.6.3 Ehrenamtlich wahrgenommener Dienst der Wortverkündigung

In vielen evangelischen Kirchen können Gemeindeglieder zum Dienst der freien Wortverkündigung beauftragt oder ordiniert werden. Voraussetzung für die Beauftragung als »Prädikant« bzw. »Prädikantin«[6] ist jeweils der Abschluss einer mehrjährigen berufsbegleitenden Ausbildung, für die es unterschiedliche Modelle gibt. Generell ist jedoch die praktische Unterweisung durch einen Mentor oder eine Mentorin mit theoretischen und praktischen Kursen verbunden.

Auch wer nur gelegentlich und unter Begleitung einer Pfarrerin oder eines Pfarrers Gottesdienste leitet und Predigten hält, hat Anteil am öffentlichen Verkündigungsdienst. Er/sie ist ferner direkt beteiligt an einem Geschehen, das zum Markenzeichen der evangelischen Kirche gehört. Auch wenn es einsichtig ist, an Prädikantinnen und Prädikanten geringere Anforderungen zu stellen, sollten die hohen Standards evangelischer Predigtkultur möglichst nicht unterschritten werden. Für die Aus-

---

[6] Wiederum ist die Terminologie uneinheitlich. In manchen Kirchen gibt es hierfür »Laienpredigerinnen« oder »Laienprediger« bzw. »Lektorinnen« und »Lektoren« (die aber nach weiteren Kursen auch zur freien Wortverkündigung und zur Sakramentsverwaltung beauftragt werden können).

bildung bedeutet das, dass nicht nur Liturgik und Homiletik, sondern auch Exegese und Systematische Theologie, in eingeschränktem Maß auch Kirchengeschichte, auf dem Lehrplan stehen sollen. Wer predigt, muss die Heilige Schrift verstehen, sie auf eine gegebene Situation hin sachgerecht auslegen und die eigene Verkündigung wiederum vor der Schrift argumentativ verantworten können. Wer auf der Kanzel steht, wird auch als Seelsorger und Seelsorgerin wahr- und in Anspruch genommen, und darum sollte auch Poimenik in theoretischer und praktischer Weise vermittelt werden. Die kontinuierliche Begleitung durch Mentorinnen und Mentoren auch nach der Beauftragung und das Angebot von Fortbildungen sind ebenfalls unabdingbar.

2.6.4 Dienst am Wort durch kirchliche Mitarbeitende

In vielen Kirchen sind neben den Pfarrerinnen und Pfarrern auch andere Mitarbeitende (z. B. Mitarbeitende der Diakonie, Gemeindepädagoginnen und Gemeindepädagogen) oft in einem hohen Ausmaß am Verkündigungsdienst beteiligt. Neben der Frage, ob diese Personen ordiniert werden sollen, stellt sich auch die Frage nach ihrer Ausbildung. Man kann nicht zwingend davon ausgehen, dass die theologische Qualifikation schon durch die diakonische oder religionspädagogische Ausbildung gesichert ist. Wenn es in einer Kirche zum Normalfall gehört, dass Diakoninnen und Diakone, Gemeindepädagoginnen und Gemeindepädagogen Gottesdienste leiten, sollte in den Ausbildungsgängen dieser Tatsache durch eine stärkere Berücksichtigung der theologischen Kernfächer Rechnung getragen werden. Wo zu den Aufgaben von hauptberuflich Mitarbeitenden eher in Ausnahmefällen Gottesdienste und Predigttätigkeit gehören, ist eine fachliche Zusatzausbildung anzuraten.

2.6.5 Zusammenfassung

Die alternativen Zugänge sind zu würdigen, weil nach evangelischer Auffassung »die Verkündigung des Evangeliums und das Angebot der Heilsgemeinschaft [...] der Gemeinde als ganzer und ihren einzelnen Gliedern aufgetragen« sind.[7] Ohne das *mi-*

nisterium verbi, das »nach reformatorischem Verständnis auf einem besonderen Auftrag Christi« ruht,[8] zu relativieren, wird damit die gemeinsame Verantwortung des Gottesvolkes unterstrichen. Wichtig ist jedoch, dass angesichts des hohen Stellenwerts der Verkündigung für die evangelische Kirche eine sachgemäße und anspruchsvolle Aus- und Fortbildung gesichert ist.

---

[7] Thesen zur Amtsdiskussion heute (Tampere-Thesen 1986), These 2.
[8] Ebd.

3 Empfehlungen

3.1 Gegenseitige Anerkennung der Ausbildung zum ordinationsgebundenen Amt

Der vorliegende Text hat dargelegt, wodurch sich gute theologische Ausbildung zum ordinationsgebundenen Amt auszeichnet. Er enthält eine Reihe von Anregungen zur Überprüfung und gegebenenfalls Veränderung der eigenen Ausbildungspraxis. Die konkrete Ausgestaltung der Ausbildung wird von den Gegebenheiten und Erfordernissen vor Ort abhängen. Wenn sich jedoch die Kirchen auf die hier vorgelegten Grundsätze guter Ausbildung verständigen können, wird es leichter sein, zur gegenseitigen Anerkennung der Ausbildungswege und -abschlüsse zu gelangen. Dies wird den Zusammenhalt unter den Kirchen vertiefen und die Kirchengemeinschaft stärken. Auch für die Fakultäten wird die gegenseitige Anerkennung von Studienleistungen vereinfacht.

Eine gute theologische Ausbildung strebt an, dass wissenschaftliche Reflexion, Praxisbezug und gelebter Glaube in ein ausgewogenes Verhältnis zueinander gelangen. Auf diese Ausgewogenheit müssen die Kirchen bei allen Maßnahmen zur Reform und Gestaltung der Ausbildung achten.

Bei der Gestaltung der kirchlichen Ausbildung (z. B. Gemeindevikariat, Praxisphasen des Studiums) gibt es große Unterschiede. Die Mitgliedskirchen sollten auf der Ebene der GEKE Fragen der weiteren Entwicklung der kirchlichen Ausbildung gemeinsam erörtern.

Für die Fakultäten gilt: Stärker als bisher sollen es die Absolventinnen und Absolventen der theologischen Ausbildung lernen, die einzelnen Disziplinen der Theologie miteinander zu verknüpfen und bibelwissenschaftliche, historische, systematisch-theologische und praktisch-theologische Perspektiven aufeinander zu beziehen. Dabei muss der interdisziplinäre Bezug in allen Ausbildungsbereichen deutlich intensiviert werden.

Die Aufnahme in den Pfarrdienst setzt in der Regel ein Examen auf dem Niveau eines Masterabschlusses voraus.[9]

3.2 Internationaler Austausch und Kooperation

Das Auslandsstudium in der akademischen Ausbildung ist in vielen Kirchen der GEKE bereits eine Selbstverständlichkeit. Kirchen und Universitäten sollten dies weiter fördern. Die bereits bestehenden Partnerschaften von Fakultäten (z. B. über das Erasmus-Programm) können durch Partnerschaften zwischen Kirchen und kirchlichen Ausbildungsstätten ergänzt werden.

Auch Praktika und Teile der kirchlichen Ausbildung sollten künftig vermehrt im Ausland absolviert werden. Dort, wo es ein Gemeindevikariat gibt, sollten Möglichkeiten zu seiner Internationalisierung entwickelt werden.

Wünschenswert sind Programme, die einen zeitlich befristeten Austausch von Pfarrerinnen und Pfarrern ermöglichen und den größtmöglichen Gewinn von Erfahrungen und Perspektiven der Austauschpartner sichern. In diesem Zusammenhang muss auch die Anerkennung von Qualifikationen und Abschlüssen, die außerhalb der GEKE erworben wurden, bedacht werden.

Der dauerhafte Wechsel von der einen in die andere Kirche dient der Vertiefung der Kirchengemeinschaft in den Mitgliedskirchen der GEKE. Er wird erleichtert, wenn Programme angeboten werden, die es unterstützen, mit den neuen Verhältnissen rasch vertraut zu werden. Beispielhaft sind Kurse, die in Geschichte, Recht und Liturgie der jeweiligen Kirche einführen.

Die Fortbildung von Pfarrerinnen und Pfarrern bedarf vor dem Hintergrund der heutigen Herausforderungen eines didak-

---

[9] »Masterabschluss« bezieht sich hier auf die zweite Stufe in einem konsekutiven Studiensystem (Mastergrad folgt auf den Bachelorgrad), wie es gegenwärtig weithin in Europa gebräuchlich ist, wobei Großbritannien und Irland nicht genau dasselbe System anwenden.

tischen Konzepts und einer deutlichen Intensivierung. Im Bereich der GEKE bieten sich dafür gute Möglichkeiten: länderübergreifende Austauschprogramme zur Fortbildung, die Entwicklung internationaler Pastoralkollegs und multilateraler Fortbildungspartnerschaften. Außerdem sollten geeignete Instrumente zur Koordinierung und Abstimmung geschaffen werden. Im Blick auf den spezialisierten Fortbildungsbedarf – zum Beispiel bei Führungskräften in Kirche und Diakonie – sind Angebotsformen zu entwickeln, an denen sich mehrere Kirchen in einer Region beteiligen. Über die Website der GEKE kann für Fortbildungsangebote in ganz Europa geworben werden.

3.3 Weiterarbeit

Die Kirchen der GEKE sollten sich zur Weiterarbeit an der gemeinsamen Aufgabe der Ausbildung zum ordinationsgebundenen Amt, zur Realisierung der in diesem Dokument enthaltenen Anregungen und zur Vereinbarung weiterer konkreter Schritte verpflichten. Das gilt in besonderer Weise für die Fortbildung von Pfarrerinnen und Pfarrern. Regelmäßige Konsultationen auf der Ebene der GEKE sind dafür ein geeignetes Instrument.

Beteiligte am Konsultationsprojekt

Delegierte aus den Mitgliedskirchen

Stud. theol. Benjamin Apsel, Evangelische Kirche in Deutschland

Prof. Dr. Jörg Barthel, Evangelisch-Methodistische Kirche Deutschland

Prof. Dr. Dr. H.c. Michael Beintker, Evangelische Kirche in Deutschland*

Revd Marit Bunkholt, Kirche von Norwegen

Prof. Dr. Gordon Campbell, Presbyterianische Kirche von Irland

Revd John Chalmers, Kirche von Schottland

Privatdozent Dr. Daniel Cyranka, Evangelische Kirche in Deutschland

Dr. Harm Dane, Protestantische Kirche der Niederlande

Stud. theol. Anna-Katharina Diehl, Evangelische Kirche in Deutschland

Pfr. Pál Erdélyi, Reformierte Christliche Kirche der Slowakei

Prof. Dr. Sándor Fazakas, Reformierte Kirche in Ungarn

Oberkirchenrat Dr. Bernhard Felmberg, Evangelische Kirche in Deutschland

Revd Dr. David Field, Evangelisch-Methodistische Kirche, Zentralkonferenz Mittel- und Südeuropa

Prof. Dr. Ermanno Genre, Evangelische Waldenserkirche in Italien

Prof. Dr. Christian Grappe, Gemeinschaft der lutherischen und reformierten Kirchen Frankreichs

Propst Aivars Gusevs, Evangelisch-Lutherische Kirche in Lettland

Rektor Eberhard Harbsmeier, Evangelisch-Lutherische Kirche Dänemark

Rektor Pfarrer Dr. Martin Hoffmann, Evangelische Kirche in Deutschland

Prof. Dr. Jenő Kiss, Reformierte Kirche in Siebenbürgen

Generalbischof Miloš Klátik, Evangelisch-Lutherische Kirche A. B. in der Slowakei

Pastorin Hilke Klüver, Evangelisch-Reformierte Kirche

Revd Donald McCorkindale, Kirche von Schottland

Oberkirchenrat Joachim Ochel, Evangelische Kirche in Deutschland

Pfr. Indulis Paics, Evangelisch-Lutherische Kirche in Lettland

Prof. Dr. Georg Plasger, Reformierter Bund

Oberkirchenrätin Dr. Hannelore Reiner, Evangelische Kirche A. B. in Österreich*

Synodalratspräsident Pfr. Antoine Reymond, Schweizerischer Evangelischer Kirchenbund

Pfr. Dr. Jan Roskovec, Evangelische Kirche der Böhmischen Brüder

Kirchenrat Christoph Saumweber, Evangelisch-Lutherische Landeskirche in Bayern

Revd Dr. Ove Sander, Estnische Evangelisch-Lutherische Kirche

Pfr. Thomas Schaufelberger, Schweizerischer Evangelischer Kirchenbund

Univ. Prof. Dr. Robert Schelander, Evangelische Kirche A. B. in Österreich*

Prof. Dr. Peter Scherle, Evangelische Kirche in Hessen und Nassau*

Oberkirchenrat Karl Schiefermair, Evangelische Kirche A. B. in Österreich

Oberlandeskirchenrat Dr. Frithard Scholz, Ev. Kirche von Kurhessen-Waldeck

Prof. Dr. Jens Schröter, Evangelische Kirche in Deutschland

Pfr.'in Privatdozentin Dr. Regina Sommer, Evangelische Kirche von Kurhessen-Waldeck

Pfr. Jean-Michel Sordet, Schweizerischer Evangelischer Kirchenbund

Prof. Dr. Lajos Szabó, Evangelisch-Lutherische Kirche in Ungarn*

Mrs Moira Whyte, Kirche von Schottland

Oberlandeskirchenrat Michael Wöller, Evangelische Kirche in Deutschland*

Geschäftsstelle der GEKE

Bischof Dr. Michael Bünker, Generalsekretär der GEKE

Pfr.'in Mag. Adél Dávid*

Prof. Dr. Martin Friedrich, Studiensekretär GEKE*

* Mitglieder der Redaktionsgruppe

Training for the Ordained Ministry in the Community of Protestant Churches in Europe

Final Version 2012
Translated by Alasdair Heron

Resolution of the 7th General Assembly of the CPCE, Florence 2012:

1. The General Assembly conveys its thanks to those involved in the 2008 and 2010 consultations and to the drafting group for compiling the document »Training for the Ordained Ministry within the Community of Protestant Churches in Europe«.
2. The General Assembly welcomes the broad discussion of the document amongst the member churches and conveys its appreciation for the range of views that have been considered and incorporated in the conclusion.
3. The General Assembly regards the document as a guiding contribution for a common understanding of a good theological training.
4. The General Assembly recommends that the member churches take the document into consideration in relation to any reforms regarding the area of training.
5. The General Assembly asks the Council to lay the foundations for the realization of the recommendations mentioned in the last chapter.

Content

Introduction

In the Leuenberg Agreement of 1973, by which pre-Reformation, Lutheran, Reformed and United churches in Europe declared church fellowship, the mutual recognition of ordination is affirmed.

This mutual recognition is approved in principle by all the churches of CPCE, but has only limited practical consequences. At the moment considerable difficulties restrict the movement of ministers[1] from one CPCE church to another. Differences in courses of training and final qualifications often stand in the way of receiving ordained ministers into the service of another church even though their ordination as such is recognized.

The text presented here has grown out of a process of consultation by the member churches of CPCE over several years. This has shown that even in its diversity, theological training for the ordained ministry in the Community of Protestant Churches in Europe has much in common. This made it possible to develop the following guidelines. These aim to sketch a common understanding of good training which can offer orientation to the respective member churches and support them in drawing practical conclusions from the recognition of ordination and so deepening the realization of their church fellowship. The text closes with some recommendations for cooperation in the training and continuing education of ministers and for the simplifying of the exchange of ministers within the Community of Protestant Churches in Europe.

As instructed by the CPCE General Assembly of 2006, the reflections take special account of the changes in the understanding and image of the ordained ministry in the member churches, the missionary challenges in our pluralist public societies and changes in the educational landscapes in Europe.

---

[1] In this document the term ›minister‹ means the same as ›pastor‹.

1 Foundations

1.1 The Ordained Ministry of Public Proclamation of the Word and Administration of the Sacraments

The following presentations concentrate on the ministry ordained to public proclamation of the word and administration of the sacraments. This takes account of the fact that on the one hand there are churches in the CPCE which also practice ordination to other positions such as that of elder or deacon. On the other hand there are churches which distinguish between ordination to the ministry of public proclamation of the Word and administration of the Sacraments and temporally or locally restricted commissioning (*pro loco et tempore*) of other church workers and non-stipendiary staff to participate in the ministry of proclamation.

Regardless of the differences in structures of ministry and in the understanding and practice of ordination, we can focus here on that *ministry of public proclamation and administering of the sacraments* which presupposes *a once-for-all act of ordination* to the ministry of word and sacrament (*ministerium verbi*) and involves *an office in the church* (*munus ecclesiasticum*) or a *commission* (*installatio, introductio*): the regular ministry. The rights and duties arising from ordination are to be distinguished from the rights and duties arising from church office and commissioning (*installatio*). The office of ministry presupposes both, ordination and installation. Ministry of word and sacrament (*ministerium verbi*) is ordered as a church office (*munus ecclesiasticum*).

1.2 Ministry and Congregation

The CPCE churches have already completed a fundamental theological clarification of the tasks of the *ministerium verbi* and its relation to the congregation. »The ministry of the word ... always needs the universal priesthood of the congregation and should serve it, as also the universal priesthood of the congregation and everyone baptized needs the special service of the proclamation of the word and the administration of the sacraments. Thus, according to Reformation understanding, the ordained office rests upon a particular commission of Christ and at the same time stands together with the whole congregation in his service under the word of God.«[2]

This ministry requires ordered structures (an »order of ministries«).[3] Since the service of the word in the end touches all, individuals cannot call themselves to it. Only those can exercise the ministry of preaching who are specifically called to it (*rite vocatus*) by the community of the baptized. And those who are called to teach publicly (*publice docere*) should equip the people of God for their own ministry. The office serves the continuing exercise of the ministry of preaching.

1.3 The Task of the Ministry and the Demands on its Training

The *venia docendi*, the right and the duty to teach, preach and administer the sacraments publicly, is granted in ordination. The condition for ordination is the ability to represent the Christian faith publicly inside and outside the church and the capacity to judge theologically on the »purity« of doctrine and the »rightness« of the administration of the sacraments (cf. Augsburg Confession 7: »*pure docetur et recte administrantur*«; Second Helvetic Confession XVII: »*in vera concordique*

---

[2] Theses on the Current Discussion about Ministry (Tampere Theses 1986), in: *Sacraments, Ministry, Ordination*, ed. W. Hüffmeier (Leuenberger Texte 2), Frankfurt a. M. 1995, p. 115; taken up in: *The Church of Jesus Christ*, ed. W. Hüffmeier (Leuenberger Texte 1), Frankfurt a. M. 1995, p. 98 (I.2.5.1.1). – The translation has been corrected according to the German original version.

[3] Ibid., p. 97 (I.2.5.1).

praedicatione evangelii Christi, et in ritibus a Domino diserte traditis«).

Thus for the exercise of this office there is expected an *allegiance to ecclesiastical and confessional doctrinal standards* which is made clear in ordination by a binding commitment – the terms varying according to the church – to Scripture and Confession (or to Scripture alone). The ordained should be in a position to test their present thinking and speaking for coherence with the doctrine which is maintained in the protestant churches. And they should not pronounce final theological judgments; their theological reflections should rather open the way for the congregation to consider together the doctrine they present.

This presupposes *theological competence.* This means the ability to combine theological knowledge, academically informed judgment, personally acquired insight into the truth of the Gospel and the requisite practical skills. For this, the study of academic theology at public universities or colleges is a decisive presupposition. Even if other paths can lead to the office of ministry, or the ordained ministry of public proclamation of the word and administration of the sacraments is exercised by non-stipendiaries, the standards of theological education should still not be lowered. Ability to bring the Gospel to expression in an appealing and authentic way is generally expressed today by the concept of »personal aptitude«. The churches have different ways of discerning this form of aptitude.

Personally authentic communication and presentation of the faith of the church to a pluralistic public is a great missionary challenge under current conditions in Europe. ›Evangelising‹ – thus the biblical description of the task (cf. Matt. 28:16–20) – therefore »depends on those who engage in it becoming credibly involved in the social contexts in which Christian faith is to be made plausible«[4]. Those who wish to offer people orientation

---

[4]   *Evangelising. Protestant Perspectives for the Churches in Europe,* ed. Michael Bünker, Martin Friedrich, Vienna 2007, No. 2.14.

from the Gospel, to »teach publicly«, must acquire *knowledge, insight and skills in the conditions of communication.* Otherwise there is a danger of retreating into inner-churchly contexts and surrendering the public claim of the Gospel.

Since the public structures in today's Europe are by no means uniform, it is natural that there are different conceptions of training for the ordained ministry. At the same time there are common insights into the challenges: Attention is a scarce resource in the information age and in face of the mass media; the message is always medially communicated, so must be opened up in harmony with the respective medium; the sense of a message must be communicable in the relevant socially interactive groups. However the challenges are described, it is one of the demands on the ministry to be able to move in pluralistic public settings and bring the good news into discussion outside inner-churchly contexts as well.

The right and the duty of public teaching embrace the whole life of those ordained. Ordination is a lasting commissioning by which people let themselves be held and claimed by the Gospel. This claim must be specially taken into account in the church's accompaniment of students in their training.

1.4 Summary

The churches of CPCE presuppose that the ordained ministry of public proclamation of the word and administration of the sacraments and the ministry of the whole people of God are mutually dependent. The ministry as an office ordered by the church performs the service of public preaching given by God to all the baptized.

Ordination aims for a ministry embracing the whole of life (*>ministerial existence<*) in the service of the word. This involves the ability to represent the Gospel in a pluralist public as a power that discloses reality. Personal aptitude for this service is as much to be expected as piety as an attitude which allows the Gospel to apply to oneself. That demands on the one hand a theological education which can best be acquired at public universities and colleges, where other academic disciplines are also encountered. On the other hand it is necessary to respect its anchorage in the church and its confession. This involves familiarity with the relevant confessional cultivation of piety and capacity for theological judgment respecting the confessional doctrinal standards.

The following guidelines attempt to make clear on this basis the hallmarks of good training for the ordained ministry of public proclamation of the word and administration of the sacraments and also of good continuing education. This is not about establishing uniformity of training and continuing education in the CPCE churches. Rather the churches should be given the chance of coming on this basis to a mutual recognition of their training.

2 Guidelines

2.1 The Educational Path to Ordination

In most member churches of CPCE five to six years of theological study at a university or college count as the precondition for admission to the ministry of the church. This period of study is supplemented by a phase of practical training of around one to three years, for which the church is responsible. Here too the standards of academic reflection apply. In many churches the practical training follows on after the completion of theological studies with the First Theological Examination or equivalent. Some churches largely integrate practical training within the course of study or include it by alternating academic semesters with practical units or in connexion with the first years of ministry.

The place for theological study is as a rule the theological faculty of a university or college. This gives future ministers the chance of entering in the context of the university with its diversity of disciplines into an intensive and varied process of study under the conditions of academic freedom. Protestant theology is closely bound up with the history of the European university and is committed to the academic standards of university research. Where churches maintain their own universities, colleges or theological seminaries, they still see themselves in the academic tradition of protestant theology and wish to be measured by it.

During this study the students should acquire academically founded professional knowledge, develop a trained scholarly capacity for judgment and gain a personal theological identity. The encounter with church praxis ensues here primarily on the theoretical level; the students do of course repeatedly make acquaintance with specific practical fields and situations, for instance in Ethics or the discipline of Practical Theology, but they approach them chiefly by observation and analysis. In the course of study examples of practical situations are rehearsed, for instance in seminars on Practical Theology or Religious Education or in practical congregational internships during the course of studies. This serves experience-oriented work on study themes, theological reflection on one's own experience and also clarification and deepening of professional motivation.

In the course of their studies students should become thoroughly familiar:

– with the foundations of the Christian tradition, how these are opened up by using a scholarly exegetical foundation to approach the original situations of the faith recorded in the Bible and how they have shaped and continue to shape the Christian faith's view of the relation of human beings to God and the origin, constitution and goal of their lived reality,
– with the historical development and unfolding of Christianity and the institutional expressions of Christian life in past and present,
– with the task of maintaining the Christian tradition in the face of contemporary challenges. Here it is above all a matter of being able to articulate and reflect on Christian faith in the context of pluralistic world-views and religions, of considering the shaping of church life in highly secularized contexts, of

commitment to ecumenical fellowship and of the ethical qualification required by the ever more complex challenges to a responsible praxis in life and society.

General studies and use of the teaching on offer in other university disciplines should enrich this educational process.

Church training brings the professional, academically reflected induction into the pastoral working areas of the ministry. Here future ministers experience the demands of the ministerial profession. At the same time they acquire the particular professional knowledge, insights and skills which are necessary to fulfil these demands, and reflect on them in a disciplined theological way. With this they attain the technical qualifications for ordination.

The primary places of church training are the probationership in a congregation and seminary or a comparable educational setting. Training in the congregation is supervised by a minister as mentor. Courses are offered on the operational fields of ministerial service (conduct of worship, teaching, pastoral care, development and leadership of the congregation etc.), in which practical experience is reflected upon on the theoretical theological level and planning concepts for work in church and congregation are developed and discussed. The seminary as a place of common work also enables temporally limited but required periods in a *vita communis*. These offer opportunities for valuable experience with joint services, Scripture meditation and prayer.

The training of ministers is embedded in the overall history of the individual's formation in theological competence and is thus an inner unity, a guided process of growth – including crises as well – and maturing. It aims to establish an elementary form of theological competence through the acquisition of the knowledge, insights and skills that requires. On this basis ministers should be in a position to develop their professional activities, to reflect, evaluate and correct them and to set them ever and again in a discernible relation to the Gospel. Their theological competence is to be seen as the basis for the fields of pastoral activity (especially worship, teaching, pastoral care and development and leadership of the congregation, including the diaconal, missionary and ecumenical dimensions). Anyone who wishes to be able to give answers to the questions people ask today about Christian faith must be reliably oriented theologically. Thus theological competence is also the indispensable condition for dialogue with those who think differently.

2.2 The Contents of Theological Study

2.2.1 Unity and Differentiation of the Theological Disciplines

Three fundamental guiding perspectives set the scene for the study of protestant theology: *first,* the perspective of scholarly, exegetically based attention to the original situations of the faith recorded in the Bible; *second,* the perspective of an analytical historical approach to the development of Christianity and the unfolding of Christian theology from the beginnings down to the present; and *third,* the perspective of theologically reflected attention to the ways in which Christian faith is lived and expressed today. Work within this basic structure of biblical, historical and contemporary perspectives, which corresponds to the logic of the subject areas, is carried out in the combination of the five classical disciplines of theology, Old Testament, New Testament, Church History, Systematic Theology and Practical Theology. Their cooperation must be expressly emphasized. Work under the three guiding perspectives is relevant, albeit in different ways, for *all* the theological disciplines. No discipline or group of disciplines can claim the monopoly of a guiding perspective exclusively for itself.

Academic theology aims for the interconnection of the guiding perspectives and should be experienced by students not only in the differentiation of the disciplines but also in their thematic coherence. That is a very ambitious task. It also means at the same time that the study of theology should activate theological educational processes by which students learn to make regular connections between the differentiated methods and material emphases of the canon of theological disciplines instead of leaving them standing alongside each other as if they were unrelated fields of knowledge. For this reason interdisciplinary approaches need to be significantly strengthened, whereby the principle applies: Successful interdisciplinary work presupposes, and is always bound to, the well-founded identity of each of the disciplines.

The canon of theological disciplines today has grown through history and does not go back to an encyclopaedic plan. It is due to the historical experience of theology itself in the context of the general social development of science and education and to a differentiation on that basis of the disciplines' relation to their object: Christian faith in its historical reality and social constitution as the church. That makes the canon coherent and appropriate, but its further future development is not in principle excluded.

2.2.2 Exegetical Theology (Old Testament and New Testament)

Exegetical theology with its academic biblical disciplines of Old and New Testament investigates the emergence, the contents, the use and the history of the biblical texts in their historical contexts. Its reconstructions follow the historical-critical method but draw on other methodologies as well (e. g. from hermeneutics, literary studies, history of religion, archaeology, social history). Thus it makes critically present the Scriptural norm on which the church's praxis is self-critically oriented. The independence and the function of exegesis in the canon of disciplines of protestant theology is based on a decisive insight of the Reformation: the recognition of the biblical witness to revelation as »the only rule and standard« of all church doctrine.

The students must be in a position to read and interpret the biblical texts in their original linguistic form (Hebrew and Greek).

2.2.3 Church History

The historical development and unfolding of Christianity from its beginnings to the present is the object of Church History. It investigates the forms and outworkings of Christian life and Christian theology, their social and cultural conditions and impact, the monuments and institutions of their remembrance of the Gospel and testimony to it, the historically formed manifestations of Christian piety and the emergence of convictions of faith. It asks about the driving forces shaping the church in the development of piety, doctrinal decisions, theology and church law and about the conditions and mechanisms for the building of consensus, the preparation and reaching of decisions. Considerable weight belongs to the question of the position and function of the church in the context of society and its sub-systems (e.g. politics, economics, science and education) as well as of the shapes of this functional connexion and its specific changes in particular epochs (Social History of Christianity).

Since the sources for the history of the Western Church up to the modern era are wholly or largely written in Latin, a solidly based study of Church History (and Systematic Theology) presupposes knowledge of Latin as well as Greek.

2.2.4 Systematic Theology

In the centre of Systematic Theology stands the truth-claim of the Gospel and the question of how the Gospel is to be understood, what it says in various contexts about God, human beings and their world, and how people can orient and shape their life accordingly. This task is fulfilled in the three thematic areas of Principles of Theology (Fundamental Theology including Philosophy of Religion), Dogmatics and Ethics. Here their connexion should be observed. The study of Dogmatics should assist insight into the truth of the Gospel and enable students to articulate this insight for themselves. The Principles develop the bases for gaining, articulating and maintaining theological knowledge. Ethics reflects on the praxis-oriented significance and power of the Christian view of humanity and the world unfolded in Dogmatics.

2.2.5 Practical Theology

The theme of Practical Theology is the symbolization and communication of the Gospel in the Christian church and the connections of human life. It demonstrates and clarifies how communication of the Gospel takes place and can be intensified, and how it, the faith related to it and its respective life-forms can be transferred from one cultural horizon to another without obscuring or losing the emphases of the Gospel in the new context. Students should gain a comprehensive knowledge of the pastoral situation of the ordained ministry and become familiar with the theoretical foundations of worship, education, pastoral care and leadership and development of the congregation under various historical, but especially under contemporary conditions.

Internships in congregations, schools, the world of work or diaconal service and the like ought to assist the students in developing a clear idea of the significance for their future praxis of the theoretical knowledge and insights to be gained in all the disciplines of study.

2.2.6 Further Disciplines

Alongside the main theological disciplines there are in many theological faculties and colleges other subjects which are partly oriented to them or have grown from them: thus, for example, History of Religion, Biblical Archaeology, Jewish Studies, Contemporary History, Christian Archaeology and Church Art, Confessional Studies, Ecumenism, Missiology, theological Gender Studies, Ecclesiastical and Religious Sociology, Pastoral Psychology, Diaconal Studies, Church and Media, Church Music and Church Law. This diversity is a great enrichment. Its wealth can admittedly only be put to use if students can set their own emphases here and still retain a view of the whole.

Theology always moves in the multi-denominational horizon of the different Christian theologies and churches, and beyond these of the encounter with Judaism. Reflection on this horizon and the tasks arising from it – especially the academic advancement of Ecumenism and ecumenical dialogue – is laid upon all the theological disciplines and fields of research.

Today's religious diversity demands of theology a particular competence in intercultural questions and the meeting of Christianity with non-Christian religions, world-views and traditions. Thus academic Religious Studies have gained significantly in weight. It is important that these have a place in the theological faculty. In spite of all readiness to cooperate, the work of Religious Studies under the aegis of theology cannot simply be replaced by the offerings of Religious Studies as they are pursued in the area of the cultural disciplines. Students should become familiar with central theoretical problems of Religious Studies and Intercultural Theology and acquire basic knowledge of non-Christian religions such as Islam, Hinduism, Buddhism and Chinese Religions as well as New Religious Movements and Esotericism.

2.2.7 Integration in a Reflected Overview

Awareness of the logical anchoring of all the disciplines and sub-disciplines in the three guiding perspectives (2.2.1 above) can let theology be seen in a new way as an interdisciplinary dialogue and understood as the expression of a *shared* task and responsibility. This is how it brings its specific contribution for the training of ministers.

2.3 The Common Responsibility of Churches and Theological Scholarship for Training for the Ordained Ministry

2.3.1 Education at the University

In the churches of the Reformation, the training for the ordained ministry of public proclamation of the word and administration of the sacraments is generally located in university institutions of education. This is due to the insight that this training should mediate knowledge and information from the academic disciplines, especially from the theological, as well as the mastery of scholarly theological methods. The training seeks contact and dialogue with other disciplines on the academic terrain and is marked in its teaching and learning by academic freedom and academic life. The offerings of other university disciplines (e. g. Philosophy, Church Law, Religious Studies, Psychology, Education and Sociology) complement the education in Theology.

The university also needs theology. Without it the *universitas litterarum* is not complete. Theology reflects on the relation of humanity, society and the world to God and on the conditions and limits this involves for scientific knowledge. It makes a fundamental contribution to public, self-critical reflection on religion and to the interpretation of religious phenomena and realms of life.

2.3.2 The Confessional Dimension of Theological Education

Since the days of the Reformation, education for the ministry has been conducted in cooperation between university study and ecclesiastical calling or accompaniment. Public proclamation of the word is not simply the application of acquired information, but demands independent judgment and independent confession on the part of the ordained. As such they ought to be able to take responsibility for theological decisions in the best possible educational horizon.

We find in Europe a broad spectrum of possibilities for cooperation between church and university in the shaping of theological education. Some theological faculties press for a theological education which is open and independent of the respective churches. For others the confessional anchorage of study is significant. These respective views have an impact both on the contents of the theological disciplines and on their methods of working.

Confessional definition and academic orientation of theological education establish a shared responsibility of academic theology and the church. Institutions of theological education operate in fact within a double allegiance. Different historical developments have structured the resulting complex pattern of relations in different legal forms in individual European countries. A one-sided allocation, seeing theological education solely as fulfilling a church commission or solely as carrying out academic prescriptions, cannot do justice to this complexity.

2.3.3 Specifications for Theological Training

Academic theological scholarship is more than a disciplined professional training for the ministry and further professional areas inside and outside the church. However, the requirements of the future profession also condition the training. The churches expect of theological scholarship that it will equip their future ministers with that theological competence which is required in today's Europe in order both to be able to inform about the Christian faith and to stand up for the faith in its protestant expression in a missionary way. In the training of ministers in the future more weight should be placed on the acquisition of those techniques and skills which are needed to supply understandable information on the Christian faith and to appreciate the religious biographies of others in a multicultural and multireligious landscape. At the same time the churches see themselves as having a responsibility to support and accompany the acquisition of these abilities.

During the course of study, some churches support the practical application of acquired theological competence through relevant accompanying courses in such various areas of practical work as congregation, diaconate, industry, youth work and the like. In some places these practical courses have already been extended into a congregational assistantship integrated within the years of study.

Academic study should offer a form of teaching and learning which is distinguished from forms of educational provision in schools by the high proportion of learning processes determined by the students themselves on their own responsibility. Openness, criticism, leisure, readiness for dialogue, orientation according to interest and aesthetic formation are marks of this academic form of life. Ministers should have experienced and continue to experience this as part of their educational socialization.

Individuals must take responsibility for their theological competence. Forms of mediation which leave space for independent and biographically oriented learning and reflection lead in this direction. Important here are personal encounters and the exchange of ideas by students among themselves and with their teachers. The acquisition, exercise and development of specific communicative and social skills deserve particular attention – such as, for example, self-awareness and awareness of others, or facing conflict and working through it. These are supported by many churches with appropriate measures. This can involve offering particular courses, but also possibilities for »life together« in student residences. Churches appreciate and support students' capacity to organize themselves and recognize independent representation of their interests.

2.4 Lived Faith

2.4.1 Theological Students on the Way to the Profession of Ministry – A Changing Background

The reasons why young people today choose to study theology are extremely diverse. On the one hand there are students who even before beginning their studies have a lively congregational contact and participate regularly in church life. On the other, students with significantly less church experience, even entirely without religious socialization, also take up theological study. Against this background the form and praxis of spiritual life encountered by students during their studies is of greater significance than in the past. It has proved beneficial when the churches already cultivate the contact with future ministers during their studies.

2.4.2 Lived Faith and the Ministry

Ministers – like all Christians – should cultivate a Christian form of life and act accordingly. A recognizably Christian way of living corresponds to Jesus' commission to win people to faith. Ministers are met with especially high expectations. However, the fulfilling of their professional tasks also presupposes that they can adopt a reflective distance towards their own religious socialization and appreciate other forms of Christian life. Already during the years of study the encounter with diverse religious and churchly milieus can supply significant impulses.

2.4.3 Basic Forms of Spiritual Life

Protestant Christianity is marked by the freedom to find one's own ways of maturing into a spiritual personality. Therefore capacity for leading a personal spiritual life should be furthered. Cultivation of the elementary forms of spiritual life deserves particular attention:

– personal prayer
– familiarity with the Bible and the protestant hymn book
– participation in worship services
– communication about spiritual questions in community.

Education should include encounters with various directions of piety. Tolerance and respect for other forms of piety alongside one's own are indispensable.

Students for the ministry need places and forms of spiritual fellowship. That can mean, for example, a residence or diaconal project in which the students form a fellowship corresponding to the evangelical spirit, one which can serve as a kind of spiritual workshop for their future brotherly and sisterly fellowship.

Tasks arise here in the faculties as well: liturgical offerings such as addresses or academic services are suitable to make the ecclesiastical and spiritual dimension of theological training recognizable.

2.4.4 Ways to the Clarification of the *vocatio interna*

There are churches which already ask about motivation, inner call and personal engagement at the start of theological study. Others postpone these questions to a later point in time. In spite of these differences, the years of theological education constitute a relatively long span of time in which the professional awareness and the *vocatio interna* of future ministers can be clarified, formed and deepened. This path does not unfold without greater or lesser crises. Here the responsibility of the educators is particularly great: Future ministers should be given the support in the crises of their calling that will strengthen their own faith and enthusiasm for the ministry. Important here are offers of spiritual accompaniment and pastoral care (individual counselling, community weekends, spiritual exercises, university congregations etc.) – also, too, after their period of training.

2.5 Continuing Education

2.5.1 Fundamentals

In ordaining, churches proceed on the assumption that the ordained are able and in a position to develop their theological competence and their personal capacities further in the context of their own praxis experience in order independently to fulfil the responsibility associated with their particular ministry. This includes the willingness and the ability to review their own experience self-critically, to recognize here their own strengths and gifts, but also to discern and work on weaknesses and dangers. To this extent, ordination commits the ordained to maintain and develop their acquired theological competence and personal skills in the framework of their own continuing study, along with advice from colleagues and possibly also from professional counsellors, and by making use of the particular kinds of continuing education offered by the churches.

Conversely, on the side of the churches, ordination does not only imply the confirmation and recognition that those ordained fulfil the required conditions to be entrusted with a ministry in the church. It commits the churches at the same time to provide appropriate counselling and continuing education to assist them in renewing and extending their theological competence and personal skills.

Educating oneself further is an integral element in the professional life of the ordained and therefore belongs to the obligations of their service. The church has to support them in this.

2.5.2 Goals of Continuing Education

The task of theological training is to develop the knowledge, insights and skills necessary for the exercise of the ordained ministry as elements of the theological competence which is to be acquired. Continuing education does not simply continue this process of mediation and appropriation. Its contribution is rather that the ordained learn to understand the skills they have already acquired as themselves the significant precondition for being able to undertake the tasks committed to them in the constantly changing and ever more complex situations of European society. The provision made for continuing education should encourage ministers to perform the service entrusted to them in focussed reflection on the central elements of theological competence – theological knowledge, personally won insight into the truth of the Gospel and their acquired methodical skills. They should combine professional ability, lively contemporary awareness and ecumenical openness and learn to understand their diverse changing situations of encounter as occasions for communication of the Gospel. Continuing education can help the ordained to recognize and use the special capacity of theological competence to open diffuse, unclear, fluctuating practical situations for the transmission of faith.

This definition of the goal of continuing education for the ordained includes three complementary aspects: recalling and reflecting on the interplay of theological competence, piety and the personal identity of the ordained, development of special fields, and fostering of personal strengths.

2.5.2.1 Development of Strengths and Intensification of Reflection on Praxis

The churches in Europe stand before challenges which are above all also challenges for the ordained working in them: new missionary challenges – such as the necessity to perform church work appropriately to the milieu as well as higher quality demands on the activity of the ordained – require new concepts for action, new styles of work and new structures. In this context, continuing education supports individuals in developing their own corresponding strengths for each task and contributing these to the work for which they share responsibility.

Proven and current methods for the directed development of strengths, the intensification of reflection on praxis and the further development of cooperation are, among others: Brotherly/sisterly strengthening and counselling, visitations, modern forms of personnel leadership (e. g. performance appraisal interviews and target agreements) and professional counselling (e. g. coaching and supervision).

2.5.2.2 Development of Specializations

To be able to take up new challenges and fulfil the tasks they involve, it is additionally the task of continuing education to develop offerings for the acquisition of knowledge and skills for special activities. These include:

- Continuing education as required to take on special services (pastoral work in hospitals or prisons, school work, activity in diaconal organizations etc.),
- Preparation for service in congregations with particular problem emphases (e. g. youth churches, city churches),
- Preparation for particular leadership and management tasks,
- Continuing education together with other colleagues, e. g. for the planning or evaluation of jointly conducted projects.

2.5.2.3 Reflection and Confirmation

Above and beyond the development of individual strengths and the acquisition of particular knowledge and skills, reflection and confirmation of the connection between theological competence and personal piety remains a defining mark of their identity for the individuals ordained. A mere collection of individual competences does not by itself make the ordained capable of realizing the church's mission under the circumstances of the present. Necessary as the development of individual skills also is, they only then unfold in the ordained ministry if they are mediated by an attitude to life which understands how to combine theological competence with the conduct of one's own life into a specific form of identity. Continuing education therefore also has to do with supporting the ordained in the formation of that form of personal identity without which comprehensive theological competence cannot develop into the ability for a convincing exercise of the ministerial profession.

In this context, continuing education measures serve on the one side the acquisition of new and the deepening of old knowledge as well as the testing, further unfolding and confirming of fundamental insights into the truth of the church's proclamation in the face of current challenges through developments in the sciences, the transformations of European societies and the developments in the field of religion and world-views in Europe.

On the other side its offers of times of quiet, of contemplation and spiritual exercises, as well as programmes for taking personal account of one's life so far, enable clarification of the personal and professional stage one has reached and assurance about one's commission.

2.5.3 On the Commitment to Continuing Education and its Profile

The churches realize their responsibility for the further education of the ordained in that they do not only enable participation in continuing education events by making financial means available and granting leave of absence for them, but also reinforce the requirement of professional continuing education through appropriate regulations.

Organs of church leadership improve the readiness for continuing education if they therefore convey the necessity of participation in its events and make adequate personal and financial means available for continuing and further education.

To meet the need for continuing pastoral education and the high quality expected of it, models should be developed and promoted for cooperation between the different institutions for the continuing education of the ordained. This is already largely practiced successfully within churches, but could in the future take place more intensively between individual churches and their institutions. The theological faculties should be included in this task. In view of the highly specialized requirements for continuing education – for example, for management in church and diaconal organizations – one could work for the development of forms of offers involving several churches in a European region. In the interplay of various institutions and churches, a differentiated and profiled continuing educational landscape could be developed within the CPCE.

2.6 Further Paths to the *ministerium verbi*

2.6.1 Introduction

For the churches of the Reformation the professional image of the academically trained, full-time minister is characteristic. Alongside this, in protestant churches, especially in times of persecution and minority situations, there have always also been other models to ensure the ministry of proclamation of the word and administration of the sacraments. In many churches these alternative models have gained considerably in significance in the last hundred years. Generally there are to be distinguished:

– the alternative path to a ministry exercised full-time;
– commissioning to an non-stipendiary exercise of the ministry of proclamation of the word;
– commissioning of church workers having another professional specialism (catechesis, diaconal work etc.) to the ministry of word and sacrament.

For all these cases many churches have issued legal regulations governing conditions of admission, training, entrance to service and its exercise, which, however, in their details differ – sometimes widely – from each other. Not all churches include these persons in the ordained ministry; a difference is often made between ordination for theologians with a full academic training and commissioning to a non-stipendiary ministry of preaching. Since, however, all these cases involve the exercise of the *minis-*

terium verbi, the question of appropriate training for all the alternative approaches must be carefully considered.

2.6.2 Alternative Paths to the Ministry

In the 20th century it was made possible in many churches for those educationally qualified for another career (and sometimes without university admission) to be given a route of their own to the ministerial profession. For this, centres or courses of education were created in which candidates follow a compact course, which, however, lasts several years and in its content approximates to the study of theology. This training is mostly followed alongside the individual's own occupation, but is occasionally also a full-time training in seminary form.

Regarding the demands on this type of training, it is to be observed that those exercising such forms of ministry[5] (regardless of their legal position and payment) generally have to cover the entire range of tasks of a minister (and are also seen in the public eye as standing on the same level). Therefore an equivalence of theological qualification is indispensable. It is certainly true that the professional and life experience of candidates who mostly first begin with the training in middle life is not only an enrichment for their subsequent ministerial work but already too for their approach to learning. Nevertheless so far as possible no concessions should be made on the academic level of their training.

This is also the case when the candidates do not come from a »secular« profession but from one in the church for which they have already completed a course of training in religious or congregational education. The academic study of theology for only one year can under certain circumstances be enough, but an extension would also be advisable in these cases.

---

[5] The designations and the juridical position of the persons entering the ministry in this way are not standardized. In many German churches the designation ›Pfarrverwalter/in‹ (›ministerial administrator‹) has become established.

2.6.3 Non-Stipendiary Ministry of the Proclamation of the Word

In many protestant churches members of the congregation can be commissioned or ordained to the ministry of the free proclamation of the word. The condition for commissioning as a ›preacher‹[6] is in each case the completion of several years of training alongside the exercise of one's occupation, for which there are different models. In general, however, practical instruction by a mentor is combined with theoretical and practical courses.

Even those who only occasionally conduct services and deliver sermons under the accompaniment of a minister have a part in the public ministry of proclamation. They are also directly involved in an event that belongs to the trade-marks of a protestant church. Even if it is understandable that a reduced measure of theological knowledge is expected of such preachers, the high standards of protestant sermon culture should as far as possible not be reduced. This means for their training that not only Liturgics and Homiletics but also Exegesis and Systematic Theology and, to a limited extent, Church History should stand in their plan of studies. Whoever preaches must understand Holy Scripture, interpret it appropriately for a given situation, and also be able to answer for his or her own proclamation with arguments from Scripture. Whoever stands in the pulpit is also seen and expected to act as a pastor and therefore pastoral care too must be taught theoretically and practically. Even after the commissioning, continuing accompaniment by mentors and the offering of further education are essential.

---

[6] Again, the terminology here is not uniform. Some churches have here ›lay preachers‹ or ›readers‹ (who, however, may be commissioned after further study to the free preaching of the word and administration of the sacraments).

2.6.4 Ministry of the Word by Church Workers

In many churches other workers (for instance deacons and deaconesses or church teachers) are also often involved to a large
degree alongside the ministers in the work of proclamation.
Apart from the question of whether these persons should be ordained, the question of their training also arises. It cannot necessarily be assumed that the theological qualification is already
ensured through diaconal or teacher training. When it is normal
in a church for deacons or deaconesses or church teachers to
conduct services, this fact should be taken account of through
increased attention to the core theological disciplines. Where it
is rather only in exceptional cases that services and sermons
belong to the tasks of such full-time workers, additional specialized training is still advisable.

2.6.5 Summary

These alternative paths are to be valued, for according to the
protestant view »the proclamation of the Gospel and the offer of
saving fellowship are entrusted to the congregation as a whole
and its individual members«[7]. Without relativizing the *ministerium verbi*, which »according to Reformation understanding
[...] rests upon a particular commission of Christ«[8], this underlines the joint responsibility of the people of God. It is important,
however, in view of the high importance of proclamation for the
protestant church, that an appropriately demanding training
and continuing education are assured.

---

[7] Theses on the Current Discussion about Ministry (n. 2), Thesis 2.
[8] Loc. cit.

3 Recommendations

3.1 Mutual Recognition of Training for the Ordained Ministry

This document describes the marks of good theological training for the ordained ministry. It contains a series of suggestions for testing and, where appropriate, reforming a church's particular practice of training. The specific shaping of the training will depend on the circumstances and needs of the situation. However, if the churches can agree on the principles of good training suggested here, it will be easier to reach mutual recognition of programmes of education and of qualifications. This will deepen the solidarity and community between the churches. This will also simplify the mutual recognition by faculties of study performances.

Good theological education strives to bring scholarly reflection, relation to praxis and lived faith into a balanced relationship to each other. The churches need to observe this balance in all measures for reform and shaping of training.

There are considerable differences in the shaping of church training (e.g. congregational assistantships or praxis phases during studies). Member churches should discuss questions of its future development together on the CPCE level.

For the faculties: the graduates of theological study should learn more intensively than before to combine the individual theological disciplines and relate scholarly biblical, historical, systematic and practical perspectives to each other. The interdisciplinary connexion must be significantly intensified in all areas of training.

Admission to the service of ministry generally presupposes an examination on the level of a master's degree.[9]

---

[9] ›Master‹ here refers to the concluding stage in the two-tier system – Bachelor level being followed by that of Master – now widely used in European universities but not generally employed in precisely this way in Britain and Ireland.

3.2 International Exchange and Cooperation

Study abroad during theological education is already accepted as natural in many churches of CPCE. Churches and universities should encourage this further. Partnerships already existing between faculties (e. g. through the Erasmus Programme) can be supplemented by partnerships between churches and church training institutions.

Internships and congregational assistantships should also be more often served abroad in future. Where there are assistantships in congregations, possibilities of internationalizing them should be developed.

Programmes are desirable to enable the temporary exchange of ministers and ensure the greatest possible enrichment of the experiences and perspectives of the exchange partners. In this connexion thought must also be given to the recognition of qualifications and degrees acquired outside the CPCE. Long-term transfers from one church to another serve to deepen church fellowship between the member churches of CPCE. This will be made easier if programmes are offered which assist the rapid acquisition of familiarity with the new context. An example would be courses introducing the history, law and liturgy of the particular church.

Against the background of today's challenges the continuing education of ministers requires a didactical conception and significant intensification. For this the area of CPCE offers valuable possibilities: transnational exchange programmes for continuing education, the development of international pastoral colleges and multilateral continuing education partnerships. Additionally, appropriate instruments should be created for coordination and consultation. With regard to the needs of specialized further education – for example for leadership in church and diaconal work – forms of offer should be developed in which several churches in a region can participate. Continuing education offerings throughout Europe can be made known on the website of CPCE.

3.3 Further Work

The churches of CPCE should commit themselves to further work on the common task of training for the ordained ministry, to the realization of the suggestions contained in this document and to agreements on further specific steps. This applies especially to the continuing education of ministers. Regular consultations on the CPCE level are an appropriate instrument for this.

Participants in the Consultation Project

Delegates from the Member Churches

Benjamin Apsel, Theological Student, Evangelical Church in Germany
Prof. Dr Jörg Barthel, United Methodist Church in Germany
Prof. Dr Dr h.c. Michael Beintker, Evangelical Church in Germany*
Revd Marit Bunkholt, Church of Norway
Prof. Dr Gordon Campbell, Presbyterian Church in Ireland
Revd John Chalmers, Church of Scotland
Dr Daniel Cyranka, Lecturer, Evangelical Church in Germany
Dr Harm Dane, Protestant Church in the Netherlands
Anna-Katharina Diehl, Theological Student, Evangelical Church in Germany
Revd Pál Erdélyi, Reformed Christian Church of Slovakia
Prof. Dr Sándor Fazakas, Reformed Church in Hungary
Oberkirchenrat Dr Bernhard Felmberg, Evangelical Church in Germany
Revd Dr David Field, United Methodist Church, Central Conference Central and Southern Europe
Prof. Dr Ermanno Genre, Waldensian Evangelical Church in Italy
Prof. Dr Christian Grappe, Protestant Lutheran-Reformed Communion in France
Provost Aivars Gusevs, Evangelical-Lutheran Church of Latvia
Rector Eberhard Harbsmeier, Evangelical-Lutheran Church in Denmark
Rector Revd Dr Martin Hoffmann, Evangelical Church in Germany
Prof. Dr Jenő Kiss, Reformed Church in Romania, District of Transylvania
General Bishop Miloš Klátik, Evangelical Church of the Augsburg Confession in the Slovak Republic
Revd Hilke Klüver, Evangelical Reformed Church (Germany)
Revd Donald McCorkindale, Church of Scotland
Oberkirchenrat Joachim Ochel, Evangelical Church in Germany
Revd Indulis Paics, Evangelical Lutheran Church of Latvia
Prof. Dr Georg Plasger, Reformed Alliance (Germany)
Oberkirchenrätin Dr Hannelore Reiner, Evangelical Church of the Augsburg Confession in Austria*
Revd Antoine Reymond, Federation of Swiss Protestant Churches
Revd Dr Jan Roskovec, Evangelical Church of the Czech Brethren

Kirchenrat Christoph Saumweber, Evangelical Lutheran Church in Bavaria

Revd Dr Ove Sander, Estonian Evangelical Lutheran Church

Revd Thomas Schaufelberger, Federation of Swiss Protestant Churches

Prof. Dr Robert Schelander, Evangelical Church of the Augsburg Confession in Austria*

Prof. Dr Peter Scherle, Evangelical Church in Hesse and Nassau*

Oberkirchenrat Karl Schiefermair, Evangelical Church of the Augsburg Confession in Austria

Oberlandeskirchenrat Dr Frithard Scholz, Evangelical Church of Kurhessen-Waldeck

Prof. Dr Jens Schröter, Evangelical Church in Germany

Revd Dr Regina Sommer, Lecturer, Evangelical Church of Kurhessen-Waldeck

Revd Jean-Michel Sordet, Federation of Swiss Protestant Churches

Prof. Dr Lajos Szabó, Evangelical-Lutheran Church in Hungary*

Mrs Moira Whyte, Church of Scotland

Oberlandeskirchenrat Michael Wöller, Evangelical Church in Germany*

CPCE Office Staff

Bishop Dr Michael Bünker, General Secretary

Revd Adél Dávid*

Prof. Dr Martin Friedrich*

* Members of the editorial group